Erben ohne Ärger

campus concret
Band 49

Andrea Przyklenk ist Mitinhaberin einer Agentur für Unternehmenskommunikation. Sie arbeitete acht Jahre lang in der Redaktion der Zeitschrift *Das Beste aus Reader's Digest* und ist Autorin zahlreicher Ratgeber.
Michael Brückner ist freier Finanzpublizist und Kommunikationsberater. Zuvor war er mehrere Jahre lang für die Mainzer Allgemeine, dann als Chefredakteur für die Zeitschrift Europa tätig. Bisher hat er rund 30 Bücher zu Finanz- und Wirtschaftsthemen veröffentlicht.

Michael Brückner, Andrea Przyklenk

Erben ohne Ärger

Steuern sparen – Verluste vermeiden – Konflikte umgehen

Campus Verlag
Frankfurt/New York

In diesem Buch wurde überwiegend mit DM-Beträgen gearbeitet. Die Umstellung auf Euro wird in einer späteren Auflage erfolgen, wenn unter anderem die Freibeträge neu festgelegt worden sind. Sie können die angegebenen Beträge mit Hilfe des offiziellen Kurses (1,95583 DM entsprechen einem Euro) gegebenenfalls auch selbst umrechnen.

Die Deutsche Bibliothek – CIP-Einheitsaufnahme

Brückner, Michael:
Erben ohne Ärger : Steuern sparen – Verluste vermeiden –
Konflikte umgehen / Michael Brückner ; Andrea Przyklenk. –
Frankfurt/Main ; New York : Campus Verlag, 1999
(Campus concret ; Bd. 49)
ISBN 3-593-36296-1

Umschlaggestaltung: Guido Klütsch, Köln
Umschlagmotiv: © The Stock Market Photo Agency, Düsseldorf
Satz: TypoForum GmbH, Singhofen
Druck und Bindung: Media-Print, Paderborn
Gedruckt auf säurefreiem und chlorfrei gebleichtem Papier.
Printed in Germany

Inhalt

1.

Erben – ein Tabu?

In Deutschland ist eine Generation von Erben herangewachsen: In den kommenden vier Jahren werden nach Expertenschätzung rund eine Billion Mark vererbt, dabei handelt es sich nicht nur um Einfamilienhäuser oder Sparverträge, sondern um Hunderttausende oder Millionen von Mark, um Grundbesitz und Unternehmen. Quelle des Geldsegens ist ein privates Vermögen, das Ende 1997 einen Wert von fast 14000 Milliarden Mark (etwa 7150 Milliarden Euro) erreichte. Nach Abzug aller Schulden bleiben immerhin noch 12,1 Billionen Mark (knapp 6,2 Billionen Euro) übrig – weit mehr als das deutsche Bruttoinlandsprodukt.

Trotzdem regelt nur eine Minderheit der Deutschen ihre Hinterlassenschaft per Testament – nur jeder fünfte Deutsche verfasst eine schriftliche Verfügung. Der Rest verlässt sich auf die gesetzliche Erbfolge, die durch das fünfte Buch des Bürgerlichen Gesetzbuchs (BGB) bestimmt ist.

Für den Erblasser ist dies die bequemste Regelung, für die Erben bringt der Hang zum Nichtstun allerdings meist Ärger und finanzielle Verluste. 72 Prozent der kinderlosen Ehegatten müssen ihr Erbe mit Verwandten teilen, 69 Prozent der Selbständigen bringen ihr Lebenswerk in Gefahr, 95 Prozent wissen nicht, wie man Erbschaftsteuer spart.

Hinzu kommt, dass Erben auf der einen Seite mit Abschied nehmen, Tod und Verlust und auf der anderen Seite mit Geld und Gewinn verbunden ist, denn meistens wird von Ehegatte zu Ehegatte oder von Eltern auf Kinder vererbt. Das heißt, die emotionalen Bindungen und familiären Konflikte sind eine zusätzliche Belastung für ein objektives Gespräch im Voraus. Denn nur dies sowie ein klares, rechtlich einwandfreies Testament garantieren, dass das Erben nicht zu einer Last wird.

Erben ist also ein sehr brisantes Thema, das sich nicht nur auf die materielle Frage beschränkt, sondern zahlreiche Facetten des persönlichen Lebens berührt. Deshalb fällt es sowohl Erblassern als auch Erben sehr schwer, rechtzeitig über den Tod, das Erbe oder das Testament zu sprechen.

Die gesellschaftliche Meinung tut ein Übriges: Große Teile der Bevölkerung sind der Meinung, wer sich zu Lebzeiten mit seinem möglichen Erbe befasse, gehöre in die Kategorie Erbschleicher. In einer Umfrage gaben 83 Prozent der Befragten unter 65 Jahren an, sie würden gerne offen mit der Familie über das Thema Vermögensübertragung und Erbschaft reden, scheuten aber letztlich davor zurück, um sich nicht dem Verdacht der Erbschleicherei auszusetzen.

Ältere Leute sind dagegen sehr schnell unangenehm berührt, wenn die erwachsenen Kinder das Thema Erben anschneiden. Das liegt zum einen daran, dass niemand gern mit der eigenen Sterblichkeit konfrontiert wird, zum anderen spielt nach Meinung von Psychologen auch das neue Selbstverständnis der älteren Generation eine Rolle. Ein heutiger Sechzigjähriger, der sich gesund fühlt, Mountainbike fährt, joggen geht und im Urlaub Fernreisen unternimmt, sieht keinen Grund, sich mit dem eigenen Alterungsprozess oder gar mit dem Tod zu beschäftigen. Subjektiv fühlen sich nur die wenigsten Menschen alt.

Erschwerend kommt hinzu, dass in unserer vom Jugend- und Erfolgskult geprägten Gesellschaft der Tod ein Tabuthema ist. Die wenigsten von uns kommen überhaupt mit dem Tod in Berührung, denn heutzutage verbringen die meisten Menschen ihre letzten Tage nicht mehr zu Hause, sondern in Krankenhäusern, Pflegeheimen und Hospizen. Wer sich nie mit dem Tod befasst, für den ist er etwas Schreckliches, Unbegreifliches. Der Tod nimmt uns die weg, die wir lieben. Er lässt uns zurück mit einem großen Gefühl der Leere, des Verlassenseins, der Verzweiflung. Wir möchten nichts mit ihm zu tun haben.

Kann der Tod Gesprächsthema sein?

So schwierig es für den potentiellen Erblasser ist, sich auf der Höhe seines Lebens mit der eigenen Sterblichkeit zu befassen, so problematisch und peinlich ist es für die Erben, gegenüber dem Partner oder den Eltern das Thema anzuschneiden. Fachleute halten es trotzdem für unabdingbar, um Vermögensverluste, Streit und finanzielle Schwierigkeiten zu vermeiden. Doch wie das heikle Thema angehen?

Fünf gute Gründe für eine Aussprache zum Thema Erben

1. Der Partner könnte der Verlierer sein:
   Verfassen Ehepartner kein Testament, dann kann es sein, dass der überlebende Partner durch die Auszahlung der anderen Erbberechtigten in finanzielle oder gar existentielle Not gerät.
2. Die Familie könnte in Streit geraten:
   Der überlebende Partner und die Kinder oder andere Verwandte könnten über das Erbe in Streit geraten. Schnell wird ein Erbe durch einen solchen Streit aufgezehrt.
3. Ein Unternehmen könnte ruiniert werden:
   Sollten zum Beispiel die Kinder nicht zur Führung des Unternehmens in der Lage oder nicht willens sein oder gibt es zu viele gleichberechtigte Erben, könnte das Unternehmen ohne genaue Regelungen in den Konkurs getrieben werden. Das ist nicht nur für die Erben ein herber Verlust, sondern bedeutet für die Angestellten des Unternehmens möglicherweise den Verlust des Arbeitsplatzes.
4. Menschen, die der Erblasser versorgen möchte, könnten durch Unkenntnis der Erben ausgeschlossen werden:
   Für viele Ehepartner oder Eltern ist es beruhigend zu wissen, dass ihre Familie nach ihrem Tod versorgt sein wird. Es ist eine Sorge weniger, die ein alter oder kranker Mensch oder ein besorgter Familienvater zu tragen hat.
5. Die potentiellen Erben könnten durch die Ansprüche bisher unbekannter weiterer Erben überrascht werden und in Schwierigkeiten geraten.

Geeignete Anlässe für ein Gespräch zum Thema Erben

- Der Antritt einer größeren Reise:
  Reisen bringt Gefahren mit sich. Für Ehepartner oder Eltern und Kinder ist dies ein Anlass, um über den »Fall der Fälle« zu sprechen. Wo sind die Versicherungsunterlagen? Gibt es jemanden, der für den Notfall eine Bankvollmacht hat? Existiert ein Testament?
- Der Abschluss einer Lebensversicherung:
  Wer eine Lebensversicherung abschließt, drückt damit den Wunsch aus, seine Familie für den Fall seines Todes zu schützen. Gegenüber der Versicherungsgesellschaft muss ein Nutznießer der Versicherung genannt werden. Ein geeigneter Anlass, um sich intensiver mit einem möglichen Todesfall zu befassen.
- Eine Krankheit:
  Wer krank wird oder sogar schwer erkrankt, hat oft das Bedürfnis, über die Absicherung seiner Angehörigen zu sprechen. Dieses Ansinnen sollte aufgegriffen werden.
- Ein Todesfall in der Verwandtschaft oder im Freundeskreis:
  Ein solches Ereignis macht nachdenklich und führt viele Leute dazu, über die eigene Sterblichkeit nachzusinnen.
- Die Geburt eines Kindes:
  Wer eine Familie gründet, wird sich Gedanken über den weiteren Lebensweg seines Kindes machen. Er empfindet besondere Verantwortung gegenüber dem winzigen neuen Leben und wird normalerweise über die Absicherung seiner Familie nachdenken.
- Der Schritt in die Selbstständigkeit, zum Beispiel eine Unternehmensgründung:
  Selbstständigkeit ist immer ein Wagnis. Jeder, der dieses Wagnis eingeht, stellt mit Sicherheit Überlegungen über die Absicherung seines Partners oder seiner Familie an. Außerdem drückt der Wunsch nach Selbstständigkeit das Bestreben aus, etwas zu erreichen und etwas Eigenes zu schaffen, das man auch bewahren möchte.
- Der Eintritt eines Kindes in das elterliche Unternehmen:
  Unter steuerlichen Gesichtspunkten ist es sinnvoll, das Kind am Unternehmen zu beteiligen, auch im Hinblick auf eine zu erwartende Erbschaft und die Erbschaftsteuer.

Viele Ehepartner oder Kinder, die das Thema Erben angesprochen haben, machten damit erstaunlich gute Erfahrungen. Häufig sind Partner oder Eltern froh darüber, dass jemand wagt, das Thema aufzugreifen. Allzu oft reagieren nämlich die Erben und nicht die Erblasser ablehnend.

Beispiel:
Anna B. berichtet: »Ich habe fünf Kinder. Seit vor zwanzig Jahren mein Mann gestorben ist, lebe ich alleine. Ich bin jetzt 85 Jahre alt und habe allerlei Zipperlein. Viel habe ich nicht zu vererben, aber ich möchte nicht, dass es unter meinen Kindern Streit gibt, und außerdem habe ich einige Menschen, denen ich gerne etwas als Andenken hinterlassen möchte, weil sie mir sehr viel bedeuten. Aber sobald ich mit jemandem darüber sprechen möchte, flüchten sich alle in Floskeln. Für mich ist das eine große Belastung.«

Die Floskeln, die Anna B. zu hören bekam, sind weit verbreitet und nützen niemandem. Ein alter Mensch oder ein Partner, der das Bedürfnis hat, über das zu sprechen, was nach seinem Tod passiert, sollte nicht zurückgewiesen werden. Betrachten Sie ein solches Gespräch nicht als böses Omen oder als etwas Schmerzliches, sondern nehmen Sie es als Vertrauensbeweis eines Ihnen nahestehenden Menschen. Ein solches Gespräch ist ein Geschenk und birgt die Möglichkeit, sich näher zu kommen.

Beispiel:
Elisabeth J.: »Mein Mann und ich hatten früher eine florierende kleine Firma. Als mein Mann starb, habe ich die Firma verkauft. Von dem Erlös lebe ich jetzt, aber es ist noch genug übrig, das einmal meine Kinder erben sollen. Keiner von ihnen ist bereit, darüber zu sprechen. ›Ach Mutter‹, sagen sie immer, ›du lebst noch hundert Jahre‹. Das ist natürlich Unsinn. Ich bin deshalb richtig froh, dass ich eine Enkelin habe, die der ganzen Sache aufgeschlossen gegenübersteht. Sie hat sich für mich informiert und ist mit mir zum Steuerberater und zum Notar gegangen. Ich habe jetzt ein Testament gemacht und fühle mich damit viel besser. Das Verhältnis zu meiner Enkelin hat sich verändert. Sie ist 27 Jahre alt, aber ich glaube, wir sind trotz des großen Altersunterschieds Freundinnen geworden. Dadurch, dass ich ihr Einblick in mein Leben, in meine Ängste gegeben habe, hat sie sich auch für mich geöffnet.«

Floskeln bedeuten immer eine Ablehnung eines Gesprächs. Sie zerstören das Vertrauen, das der andere in Sie setzt. Nehmen Sie ein Gesprächsangebot immer an. Was daraus wird, ist eine andere Sache. Wenn jemand mit Ihnen über das Thema Erben sprechen möchte, sollten Sie die folgenden Floskeln vermeiden:

- »Du lebst noch hundert Jahre.«
- »Du wirst uns alle überleben.«
- »Ich habe doch selbst genug. Mach dir eine schöne Zeit mit deinem Geld.«
- »Denkst du, ich bin auf dein Geld aus?«
- »So viel hast du doch gar nicht zu vererben. Wozu brauchst du ein Testament?«

Fingerspitzengefühl ist erforderlich

Allen positiven Erfahrungen zum Trotz kann es dennoch vorkommen, dass Sie, sollten Sie das Thema Erben anschneiden, verletzende Reaktionen erfahren. Wenig Probleme gibt es normalerweise, wenn Sie das Thema gegenüber Ihrem Partner, Ihrer Partnerin anschneiden. Wer gemeinsam ein Leben aufbaut und eine Familie gründet, der ist offen für ein solches Gespräch.

Die meisten Probleme gibt es zwischen Kindern und Eltern. Aus Reaktionen wie:

- »Dir geht es wohl nicht schnell genug.«
- »Du brauchst wohl dringend Geld.«
- »Es ist dir wohl nicht recht, dass wir uns etwas gönnen.«
- »Dir wäre es am liebsten, wir wären bald unter der Erde.«

ergeben sich sehr schnell unerquickliche Situationen. Ein Wort gibt das andere. Daraus entstehen mitunter lebenslange Zwistigkeiten, die sich letztlich natürlich auch nachteilig für den Erben auswirken können.

Doch seien wir ehrlich: Wenn Eltern auf diese Weise auf ein Gesprächsangebot reagieren, stimmt in der Eltern-Kind-Beziehung schon vorher einiges nicht.

Um ein Gespräch zum Thema Erben erfolgreich zu beginnen, sollten Sie sich vorab einige Gedanken über die psychologische Seite des Gesprächs machen.

1. Was sind meine Motive für dieses Gespräch?
2. Was verspreche ich mir davon?
3. Wie ist mein Verhältnis zum Erblasser?

Die Antworten auf die beiden ersten Fragen wird wahrscheinlich Ihr Gesprächspartner einfordern. Wenn man davon ausgeht, dass das Verhältnis zu Ihren Eltern gut ist, lauten die Antworten auf Frage 1: Besorgnis um die Eltern und das Familienvermögen, auf Frage 2: klare Regelungen zum Nutzen der Eltern (die schließlich bestimmte Vorstellungen darüber haben, wer einmal das, was sie im Laufe ihres Lebens angespart und angeschafft haben, bekommen soll) und Ihrer selbst.

Die Antwort auf die letzte Frage ist entscheidend für den Verlauf und den Ausgang des Gesprächs. Haben Sie ein offenes, vertrauensvolles Verhältnis zu Ihren Eltern, dürften die Eltern ebenfalls ein Interesse an einem solchen Gespräch haben. Ist das Verhältnis nicht besonders gut, aber auch nicht besonders schlecht – eben belastet von den kleinen Reibereien des Alltags, bedarf es vielleicht einiger Erklärungen. Ein Gespräch wird jedoch voraussichtlich zustande kommen. Ist das Verhältnis zu den Eltern jedoch zerrüttet, wird ein Gespräch sehr schwierig in Gang kommen oder im schlimmsten Fall nicht möglich sein.

Praxistipp

Zerrüttete Eltern-Kind-Beziehungen basieren auf vielen seelischen Verletzungen, die man sich im Laufe der Jahre gegenseitig zugefügt hat und aus denen Unverständnis, Intoleranz, Ablehnung und Angst vor weiteren Verletzungen entstanden sind. In einem solchen Fall ist es nötig, zuerst die zwischenmenschliche Beziehung wieder auf eine positive Basis zu stellen. Das ist nicht leicht und erfordert in manchen Fällen die Hilfe von Fachkräften, wovor meist sowohl Eltern als auch Kinder zurückscheuen.

Die Bereiche Tod, Erben und Testament gehören zu den sensibelsten zwischenmenschlichen Themen – sie eignen sich nicht dazu, eine angeschlagene Beziehung wieder ins Lot zu bringen. Tun Sie zuerst etwas für Ihre Beziehung.

Gesprächsleitfaden für Kinder

- Warnen Sie Ihre Gesprächspartner vor:
  »Vater, seit einiger Zeit mache ich mir Gedanken darüber, was ist, wenn euch einmal auf einer eurer Reisen etwas passiert. Ich weiß nicht, ob ihr eine Lebensversicherung habt, bei welcher Bank ihr seid oder ob es ein Testament gibt. Ich denke nicht gern an so etwas und es ist sicher kein angenehmes Thema, aber vielleicht könnten wir doch einmal darüber sprechen.«
- Lassen Sie Ihren Eltern Zeit, über Ihren Vorschlag nachzudenken, bedrängen Sie sie nicht:
  »Ich könnte mir vorstellen, dass du erst mit Mutter darüber sprechen willst. Vielleicht habt ihr selbst euch noch gar keine Gedanken darüber gemacht. Ich rufe dich nächste Woche an, damit wir etwas ausmachen können.«
- Nehmen Sie sich genug Zeit für das Gespräch:
  Schlagen Sie einen Zeitpunkt und einen Ort vor, der allen Beteiligten angenehm ist. Es hat keinen Sinn, solche privaten Dinge in einem Restaurant zu besprechen oder zwischen Tür und Angel.
- Klären Sie, wer an dem Gespräch teilnehmen soll:
  Wenn Sie nicht das einzige Kind sind, ist es den Eltern höchstwahrscheinlich angenehm, dass alle Kinder dabei sind. Vielleicht möchten Sie oder Ihre Eltern auch einen Anwalt, einen Steuerberater oder einen Freund hinzuziehen.
- Nehmen Sie eine Ablehnung gelassen:
  Manchmal ist einfach nichts zu machen – oder nicht sofort. Nehmen Sie eine Ablehnung Ihrer Eltern gelassen hin. Sie haben sich wahrscheinlich noch nicht mit dem Thema befasst oder haben eine unbestimmte Angst davor. Verwahren Sie sich gegen Unterstellungen, aber werden Sie nicht aggressiv.

»Ich sehe, dass es im Moment kein Thema für euch ist. Ihr könnt gerne später auf mich zukommen.«
»Ich glaube, ihr seht das falsch. Ich freue mich, dass es euch gut geht und ihr euer Leben genießen könnt. Ich mache mir nur Gedanken über die Zukunft. Schließlich könnte es auch sein, dass einer von euch plötzlich durch einen Unfall stirbt. Weiß dann der andere, wie es weitergeht? Ich bitte euch, euch wenigstens darüber Gedanken zu machen. Solltet ihr später mit mir darüber sprechen wollen, bin ich jederzeit dazu bereit.«

- Versorgen Sie ihre Gesprächspartner mit neutralen Informationen:
  Es ist sinnvoll, dass vor einem Gespräch alle Teilnehmer zumindest über Basiswissen verfügen (siehe hierzu Kapitel 2, ab Seite 23). Es gibt von Banken, Versicherungsgesellschaften und Ministerien, aber auch im Buchhandel umfangreiches Informationsmaterial. Besorgen Sie Ihren Gesprächspartnern solche Informationen oder weisen Sie sie darauf hin.

Praxistipp

Viele ältere Menschen besprechen das Thema Tod und Sterben nicht einmal in ihrer Partnerschaft. Wenn Sie das Gespräch mit Ihren Eltern suchen, ist es am Anfang hilfreich, darüber zu sprechen, was passiert, wenn einer der Eltern stirbt. Viele kennen nicht einmal die Rechtslage, wenn ein Ehepartner stirbt, Kinder vorhanden sind, aber nie ein Testament gemacht wurde.

Manche Eltern bringen das Thema Erben selbst zur Sprache, indem sie zum Beispiel darauf hinweisen, dass der Sohn oder die Tochter ja einmal alles erben wird. Das ist eine gute Gelegenheit, das Thema aufzugreifen. Wiegeln Sie nicht ab, sondern sprechen Sie darüber. Es erspart Ihnen späteren Ärger und Ihre Eltern haben die Sicherheit, dass das Erbe an die richtige Adresse kommt.

»Darüber freue ich mich natürlich, obwohl es mir weh tun wird, euch zu verlieren. Sollten wir nicht einmal ausführlicher darüber reden? Was ist zum Beispiel, wenn nur einer von euch stirbt? Sicher soll doch dann der andere optimal abgesichert sein. Habt ihr dafür vorgesorgt? Gibt es ein Testament, das bei einem Notar hinterlegt ist?«

Gesprächsleitfaden für Ehe- und Lebenspartner

Enorm wichtig ist ein Gespräch zum Thema Erben und Testament für Ehepaare. Oft unterliegen sie dem Irrtum, dass bei Tod eines der der beiden Partner der andere automatisch alles erbt. Dem ist nicht so. Die gesetzliche Erbfolge sieht auch für die Kinder oder – wenn keine lebenden Kinder da sind – für die Eltern des Verstorbenen einen Anteil vor. Noch wichtiger ist das Thema für Paare, die zwar zusammen leben, aber nicht verheiratet sind. Sichern Sie sich nicht gegenseitig durch ein Testament ab, haben Sie im Falle des Todes Ihres Partners große Nachteile zu befürchten. In der gesetzlichen Erbfolge sind Sie nicht vorgesehen. Und wenn Sie per Testament bedacht werden – die Steuern, die Sie als »Fremde« zu bezahlen haben, sind existenzbedrohend, denn die Freibeträge sind extrem gering. In solchen Fällen sind konkrete Absprachen oder Verträge zu Lebzeiten unbedingt nötig.

- Machen Sie Ihrem Partner/Ihrer Partnerin klar, weshalb ein Gespräch nötig ist:
  »Wir sollten darüber sprechen, was passiert, wenn einem von uns beiden etwas zustößt. Ich möchte, dass wir ein Testament machen, damit du abgesichert bist, falls ich einmal vor dir sterbe. Es erscheint dir vielleicht im Moment ein seltsamer Gedanke, aber so abwegig ist er gar nicht. Ein Autounfall ist heutzutage nicht so ungewöhnlich.«
- Nehmen Sie sich Zeit für das Gespräch und informieren Sie sich vorab zum Beispiel über gesetzliche Erbfolge, steuerliche Aspekte und Möglichkeiten der Absicherung. Lassen Sie auch Ihrem Partner/Ihrer Partnerin Zeit, sich ebenfalls zu informieren:

»Ich möchte dir keine Angst einjagen, aber hast du schon einmal darüber nachgedacht, was mit unserer Wohnung geschieht, wenn einer von uns zum Beispiel bei einem Autounfall stirbt? Meine Eltern haben dann genau wie du einen Anspruch auf einen Teil. Wenn du sie auszahlen musst, kannst du vielleicht die Wohnung nicht mehr halten. Wir sollten uns unbedingt darüber unterhalten und ein Testament aufsetzen.«

- Ehepartner sollten ein gemeinsames Testament entwerfen, Lebenspartner für jeden eines. Der Entwurf sollte mit einem Steuerberater, Anwalt oder Notar besprochen werden:
  »Ich habe mir Gedanken darüber gemacht, was eigentlich ist, wenn ich sterbe. Wir sind nicht verheiratet. Du hast keinerlei Erbansprüche, aber ich möchte dich trotzdem gut versorgt wissen. Ich glaube, wir sollten fachkundigen Rat einholen. Was meinst du?«

Praxistipp

Ein Gespräch zum Thema Erben gibt Ihnen die Möglichkeit, sich mit Sterben und Tod in einer Lebensphase zu befassen, in der Sie noch gesund und geistig rege die Möglichkeiten überschauen können. Auch für die potentiellen Erben ist ein Gespräch zu einem frühen Zeitpunkt vorteilhaft, da sie emotional noch nicht durch den Verlust eines geliebten Menschen betroffen sind. Kaum einer von uns weiß, was nach dem Tod an ganz praktischen Handlungen von den Überlebenden erwartet wird. Informieren Sie sich darüber.

Tipp für unsichere Erben

Wird Ihnen ein Erbe angeboten, gibt es keinen Grund, sich nicht darüber zu freuen. Bringen Sie das auch gegenüber demjenigen, der Ihnen etwas vererben möchte, zum Ausdruck. Bedanken Sie sich und sagen Sie, dass Sie sich später bestimmt über das Erbe freuen werden. Genauso sollten Sie es ansprechen, falls Ihnen die Aussicht auf ein Erbe Bauchgrimmen verursacht, zum Beispiel, weil Sie

Schulden oder Auseinandersetzungen befürchten oder weil Sie mit der Ferienwohnung an der Costa del Sol nichts anfangen können. Erben ist nichts Verwerfliches.

Vor dem Erbe steht der Tod

Grund für ein Erbe ist immer der Tod, meist der eines nahestehenden Menschen. Die meisten Menschen haben denn auch zunächst einmal anderes im Kopf als den Gedanken an das Erbe. Andere Dinge sind ungleich wichtiger, obwohl teilweise auch profaner Natur – und manchmal genauso schwierig. Kaum jemand weiß genau, was zu tun ist, wenn ein Mensch stirbt. Dabei ist eine ganze Menge zu erledigen. Der Gesetzgeber verpflichtet die nächsten Angehörigen zur »Totenfürsorge«. Das heißt, Sie haben sich – egal ob Sie Erben des Verstorbenen sind oder nicht – darum zu kümmern, dass nach seinem Tod alle Formalitäten geregelt werden. Die folgende Checkliste soll Ihnen hierbei helfen.

- Stirbt ein Mensch, muss von einem Arzt ein Totenschein ausgestellt werden. Im Krankenhaus geschieht dies automatisch. Stirbt jemand zu Hause, sollte sofort ein Arzt gerufen werden, damit er die Todesursache feststellen und den Totenschein ausfüllen kann.
- Am ersten Werktag, der dem Todestag folgt, muss der Tod auf dem zuständigen Standesamt (also bei dem Standesamt, in dessen Bezirk der Verstorbene lebte) gemeldet werden. Dazu ist »das Familienhaupt« verpflichtet. Darunter verstehen die Behörden zum Beispiel den überlebenden Ehepartner, die Eltern oder die Kinder des Toten.
  Folgende Dokumente sind zur Ausstellung der Sterbeurkunde notwendig:
  - Personalausweis,
  - Totenschein,
  - Geburtsurkunde,
  - Heiratsurkunde, sofern verheiratet,

  – Sterbeurkunde des Ehepartners, sofern verwitwet,
  – Scheidungsurteil, sofern geschieden.
- Die Angehörigen müssen sich um die Bestattung des Toten kümmern. Verantwortlich dafür ist bei Verheirateten an erster Stelle der Ehegatte, danach Kinder oder Eltern und Geschwister des Toten. Sofern der Tote keine Anweisungen hinterlassen hat, bestimmen sie über den Verlauf der Beisetzung. Sollte der Tote einen Dritten zum Erben eingesetzt haben, bedeutet dies nicht, dass dieser über die Beisetzung bestimmen und zum Beispiel die Wünsche der überlebenden Ehefrau übergehen kann.

Praxistipp

Ein gutes Bestattungsinstitut nimmt Ihnen nahezu alle mit der Beerdigung zusammenhängenden Aufgaben ab, allerdings steigen die Kosten entsprechend. Holen Sie mehrere Angebote ein, auch wenn es schwerfällt.

- Findet sich im Nachlass des Toten ein Testament oder ein Erbvertrag, muss das Dokument beim zuständigen Gericht (Nachlassgericht beim Amtsgericht, in dessen Bezirk der Verstorbene seinen Wohnsitz hatte) abgeliefert werden. Wird das Schriftstück beispielsweise in einem verschlossenen Briefumschlag mit der Aufschrift »Testament« aufbewahrt, darf der Finder den Umschlag nicht öffnen. Selbst wenn Sie Zweifel an der Echtheit oder der Gültigkeit eines gefundenen Testaments haben, müssen Sie es ungeöffnet abgeben.

Praxistipp

Wenn Sie nicht wissen, welches Gericht zuständig ist, liefern Sie das Schriftstück einfach beim nächsten Amtsgericht ab. Das Gericht leitet das Dokument an die zuständige Stelle weiter.

- Existiert eine Lebens- oder Unfallversicherung, so muss die Versicherungsgesellschaft innerhalb von 24 bis 72 Stunden nach dem Tod schriftlich davon erfahren. Ansonsten kann sie die Leistung verweigern. Informieren Sie sich also rechtzeitig darüber, wo die Versicherungsverträge Ihres Partners oder Ihrer Eltern aufbewahrt werden.
- Andere Versicherungen oder beispielsweise eine Mietwohnung müssen gekündigt werden. Für die Versicherung reicht ein kurzer Brief mit Angabe der Versicherungsnummer und eine Kopie der Sterbeurkunde. Der Vermieter gibt sich normalerweise mit einer schriftlichen Kündigung zufrieden. Benachrichtigt werden müssen in der Regel auch der Arbeitgeber, Geschäftspartner oder der Rentenversicherungsträger.
- Zuletzt werden meist Daueraufträge, Abonnements und die Mitgliedschaften in Parteien, Vereinen und Verbänden gekündigt.

Praxistipp

Wirklich wichtig sind die Sterbeurkunde, die Bestattung und die Lebensversicherungen. Alles andere können Sie nach und nach erledigen. Falls Sie Erbe sind und der Verstorbene in einen Rechtsstreit verwickelt war, sollten Sie prüfen, ob er einen Prozessbevollmächtigten ernannt hat. Der führt nämlich den Prozess weiter, als ob nichts passiert wäre. Sofern Sie nicht genau wissen, worum es geht, und Zeit brauchen, um zu entscheiden, ob überhaupt weiter prozessiert werden soll, müssen Sie veranlassen, dass er die Aussetzung des Prozesses beantragt. Das passiert automatisch, wenn es keinen Prozessbevollmächtigten gibt. Sie haben dann Zeit bis zur Annahme der Erbschaft, um sich zu entscheiden.

2.

Basiswissen für Erben

Wer mit allen Beteiligten über Erbschaft und Testament sprechen will, sollte sich vorab informieren und sich mit diesem Thema schon etwas auskennen. Dazu ist es nötig, über die gesetzliche Erbfolge, die Ansprüche Dritter, über Form und Nutzen eines Testaments, über steuerliche Aspekte etc. Bescheid zu wissen. Der Erbe muss umfassend informiert sein, um tatsächlich gemeinsam mit dem Erblasser Strategien zu entwickeln, die den Wünschen von Erblasser und Erbe optimal entsprechen.

Wer erbt was?

Niemand ist dazu verpflichtet, ein Testament zu machen. Im Bürgerlichen Gesetzbuch (BGB) ist eine gesetzliche Erbfolge festgelegt, die eintritt, sobald kein Testament vorliegt. Gibt es keinerlei gesetzliche Erben, fallen Besitz und Vermögen des Verstorbenen an den Staat, an den Fiskus des Bundeslands, in dem der Erblasser zum Zeitpunkt seines Todes lebte (§ 1936).

Die Erbfolge ist geregelt im Fünften Buch des BGB »Erbrecht«, Abschnitt »Erbfolge« § 1922 bis 1941. Die gesetzlichen Erben sind Verwandte des Erblassers. Sie werden in verschiedene Ordnungen eingeteilt. Anhand der folgenden Tabelle können Sie erkennen, wo der Gesetzgeber Sie einordnet.

Erben 1. Ordnung	*Erben 2. Ordnung*	*Erben 3. Ordnung*	*Erben 4. Ordnung*
direkte Abkömmlinge des Erblassers	die Eltern des Erblassers und deren Abkömmlinge	die Großeltern des Erblassers und deren Abkömmlinge	die Urgroßeltern des Erblassers und deren Abkömmlinge
Kinder	Geschwister	Onkel, Tanten	Großonkel, Großtanten
Enkel	Neffen, Nichten usw.	Cousins, Cousinen usw.	Großcousins, Großcousinen usw.
Urenkel usw.			

Folgende Regeln gilt es zu beachten:

- Es gilt eine Erbfolge nach Stämmen. Das heißt erstens: Verwandte aus der nächst folgenden Ordnung erben immer erst dann, wenn es aus der vorhergehenden Ordnung keine Überlebenden mehr gibt. Zweitens: Die Kinder eines Erbberechtigten können erst erben, wenn der eigentlich Erbberechtigte verstorben ist. Ist ein Erblasser also nicht verheiratet und hat keine direkten Abkömmlinge (Söhne oder Töchter bzw. deren Nachkommen), erben seine Eltern. Die Geschwister des Erblassers können nur erben, wenn auch die Eltern verstorben sind.
- Ab der 4. Ordnung schlägt die Erbfolge in ein Gradualsystem um. Das heißt, dass für einen bereits verstorbenen Abkömmling nicht mehr dessen Abkömmlinge eintreten. Die nächsten Verwandten erben in diesem Fall alles. Sind alle möglichen Erben außer der Urgroßmutter und deren Kindern verstorben, erbt die Urgroßmutter alles. Der Anteil des Urgroßvaters geht nicht auf dessen Kinder über, sondern fällt an die Urgroßmutter.

Beispiel I

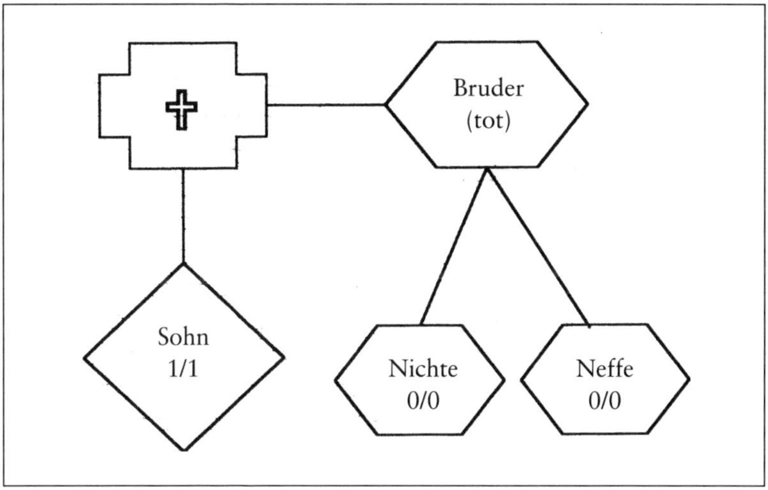

Der Sohn des Erblassers erbt alles, weil der Bruder des Erblassers und dessen Abkömmlinge Erben 2. Ordnung sind, die erst dann erben können, wenn die Erben erster Ordnung ebenfalls verstorben sind. Würde die Ehefrau des Erblassers noch leben, bekäme der Sohn nur 1/2 des Erbes, die andere Hälfte würde der Ehefrau zustehen.

Beispiel II

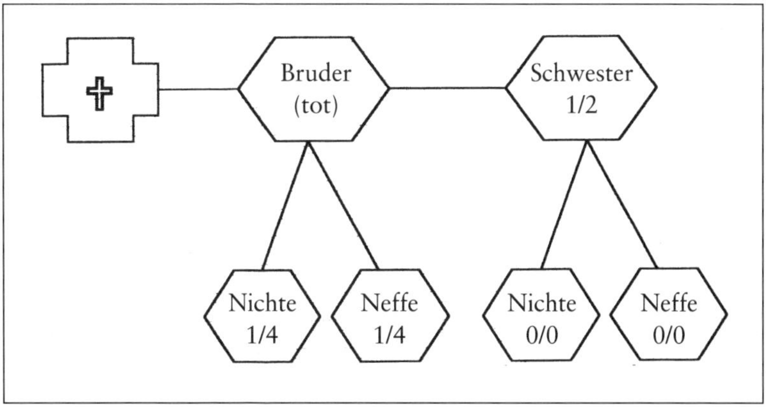

Zum Zeitpunkt des Todes lebt nur noch die Schwester des Erblassers, die Eltern und der Bruder sind schon verstorben. Die Kinder des toten Bruders (Nichte und Neffe des Erblassers) erben den Erbteil des verstorbenen Bruders zu gleichen Teilen. Die Kinder der Schwester gehen leer aus, denn das Erbteil steht der Schwester komplett zu. Sie muss nichts abgeben.

Beispiel III

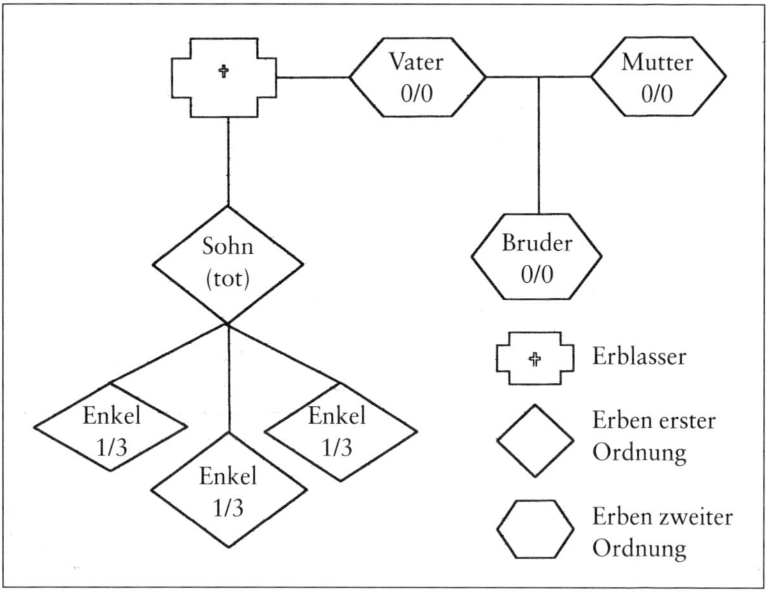

Obwohl der Sohn des Erblassers tot ist und die Eltern sowie der Bruder noch leben, gehen sie alle leer aus. Die Abkömmlinge des Sohnes, also die Enkel des Erblassers, erben zu gleichen Teilen. Würde noch eine Ehefrau des Erblassers leben, würde sie die Hälfte erben, die drei Enkel müßten sich die andere Hälfte aufteilen.

Auch ungeborene und uneheliche Kinder erben

Seit dem 1. April 1998 gilt für nicht eheliche Kinder und ihre Väter dasselbe Erbrecht wie für ehelich geborene Kinder. Das bedeutet, dass uneheliche Kinder genau dieselben Ansprüche haben wie eheliche. Und auch der Vater kann sein uneheliches Kind beerben. Voraussetzung: Der Erblasser ist nach dem 31. März 1998 gestorben.

Ausnahmen:

1. Uneheliche Kinder, die vor dem 1. Juli 1949 geboren wurden, erben in den alten Bundesländern nichts, es sei denn, sie wurden explizit in einem Testament bedacht.
2. Ist der Erblasser vor dem 1. April 1998 gestorben, gilt das alte Recht nach BGB aus dem Jahre 1970 weiter. Das Erbrecht für nicht eheliche Kinder sah darin für das erbende Kind den Erbersatzanspruch oder den vorzeitigen Erbausgleich vor. Der Erbe wurde nicht Mitglied der Erbengemeinschaft, sondern konnte gegenüber den Erben seines Vaters nur einen Geldanspruch geltend machen oder zwischen dem 21. und 27. Geburtstag einen Erbausgleich in Geld verlangen. Damit waren alle Erbansprüche abgegolten. Wurden solche Vereinbarungen in der Vergangenheit getroffen, können Sie heute nichts mehr daran ändern. Rechtskräftige Urteile dazu können nicht in Frage gestellt werden.
3. In den neuen Bundesländern bleibt für Erbfälle, die vor dem 3. Oktober 1990 lagen, das frühere DDR-Recht gültig.

Praxistipp

Wurden Sie unehelich geboren, können Sie nur erben, wenn die Vaterschaft einwandfrei feststeht. Hat Ihr leiblicher Vater die Vaterschaft offiziell anerkannt, entstehen keine Probleme. Ansonsten bleibt Ihnen nur der Weg über die gerichtliche Vaterschaftsfeststellung.

Eine besondere Stellung im Erbrecht nehmen noch nicht geborene Kinder ein, die vom Erblasser vor seinem Tod gezeugt wurden. Steht die Vaterschaft zweifelsfrei fest, haben sie dieselben Ansprüche wie bereits lebende Kinder.

Beispiel:
Jens B. stirbt bei einem Autounfall, es gibt kein Testament. Seine Frau Ingrid ist im vierten Monat schwanger. Erben von Jens B. sind je zur Hälfte seine Frau Ingrid und das ungeborene Kind. Die Eltern von Jens B. gehen leer aus.

Sonderfall Ehegatte

Der Ehegatte zählt nicht zu den Blutsverwandten. Er genießt jedoch aufgrund der Ehe besonderen Schutz. Prinzipiell haben Ehegatten drei Möglichkeiten. Sie können im »gesetzlichen Güterstand der Zugewinngemeinschaft« leben oder Gütertrennung oder Gütergemeinschaft vereinbaren. Der gesetzliche Güterstand der Zugewinngemeinschaft gilt immer dann, wenn nichts anderes vereinbart wurde. Die anderen beiden Möglichkeiten müssen durch einen Ehevertrag geregelt werden.

Der Normalfall: die Zugewinngemeinschaft

Diese Variante ist die am weitesten verbreitete, denn sie erfordert keinen speziellen Vertrag. Hier bestimmt das Gesetz, dass der überlebende Ehegatte, sofern Kinder, Enkelkinder usw. da sind, immer die Hälfte des Erbes erhält. Dies setzt sich zusammen aus 1/4 des Erbes, aufgestockt durch ein weiteres Viertel, das pauschal den während der Ehe erzielten Zugewinn repräsentiert. Die andere Hälfte geht an die Erben 1. Ordnung, also an Kinder oder Enkelkinder des Erblassers. Hatte der verstorbene Ehegatte keine leiblichen Abkömmlinge, haben die Verwandten 2. Ordnung Erbansprüche. Allerdings erhält der Ehepartner dann 3/4 des Nachlasses. Das vierte Viertel geht zu gleichen Teilen an die Eltern des Verstorbenen. Vater und Mutter erhalten danach je ein Achtel. Sind die Eltern des Erblassers verstorben, gehen ihre Ansprüche auf seine Geschwister und deren Kinder über, auf Nichten und Neffen des Erblassers.

Haben auch keine Verwandten der 2. Ordnung oder die Großeltern den Erblasser überlebt, fällt das gesamte Erbe an den Ehepartner.

Damit können sich besonders für den überlebenden Ehepartner diverse Schwierigkeiten im Erbfall ergeben. Die Kinder und Enkel des Erblassers, selbst die Urenkel, sind in jedem Fall geschützt, denn die Verwandten der 2. Ordnung können erst zugreifen, wenn alle Verwandten 1. Ordnung verstorben sind. Anders sieht es für den Ehepartner aus. Ihm kann es passieren, dass er wegen der Ansprüche anderer Erbberechtigter in finanzielle oder existentielle Schwierigkeiten gerät. Dieses Problem der gesetzlichen Erbfolge ist vielen Erblassern nicht bekannt. Deshalb sollten Ehepaare – insbesondere kinderlose – sich auf keinen Fall auf die gesetzliche Erbfolge verlassen, sondern sich zusätzlich absichern. Fälle, in denen die Ehepartner aus Unwissenheit die großen Verlierer sind, gibt es zuhauf.

Beispiel:
Mira S. und ihr Mann Peter hatten keine Kinder. Im Alter von 45 Jahren kam Peter S. bei einem Autounfall ums Leben. Er hatte kein Testament gemacht. Das Erbe umfasste das Einfamilienhaus des Paares, von dem Mira S. sowieso die Hälfte gehörte. Die andere Hälfte hatte einen Wert von 300 000 Mark, der ins Erbe einging. Darüber hinaus hatte Peter S. noch 200 000 Mark auf seinen Namen angelegt, zusammen 500 000 Mark. Nach der gesetzlichen Erbfolge standen Mira S. 375 000 Mark zu, der Rest (125 000 Mark) ging an Peters Eltern. Mira S. war in der glücklichen Lage, diesen Betrag aus der Geldanlage zu bezahlen, aber nur, weil Peters Eltern zustimmten, sich ihr Erbteil in Geld auszahlen zu lassen.

Sie hätten darauf bestehen können, das Haus zu verkaufen, um einen optimalen Gewinn zu erzielen. Ehefrau und Eltern bildeten eine Erbengemeinschaft, die nur mit Zustimmung aller handeln kann. Hätte Peter S. ein Testament gemacht und seine Frau als Alleinerbin eingesetzt, hätten die Eltern nur einen Pflichtteilanspruch von 62 500 Mark gehabt. Mira S. hätte sich um ihre Altersversorgung wesentlich weniger Sorgen machen müssen.

Beispiel:
Anne E. und ihr Mann Paul hatten mit ihren drei Kindern nie viel Geld zurücklegen können. Als Paul starb, blieb als Erbe lediglich das Haus im Wert von etwa 400 000 Mark übrig. Die Kinder von Anne und Paul E. bestanden auf der Auszahlung ihres Erbteils, der insgesamt immerhin die Hälfte, also 200 000 Mark, betrug. Das Haus musste verkauft werden, denn Anne wäre nicht in der Lage gewesen, einen Kredit aufzunehmen und abzuzahlen, der es ihr ermöglicht hätte, das Haus zu halten.

Der Fall von Anne E. zeigt überdies, dass es nicht einmal etwas genützt hätte, wenn Paul E. ein Testament hinterlassen hätte. Die Kinder des Paares hätten in diesem Fall immer noch Pflichtteilansprüche von insgesamt 100 000 Mark gehabt, die Anne E. ebenfalls nicht hätte aufbringen können. Abhilfe hätte nur ein Erbverzicht der Kinder bei einer Auszahlung noch zu Lebzeiten durch Paul E. schaffen können. Doch wer rechnet im Normalfall schon damit, dass sich die eigenen Kinder oder Eltern so verhalten?

Die Hintergründe für solche und ähnliche Verhaltensweisen im Erbfall sind vielfältig:

- Die Kinder haben sich mit den Eltern überworfen.
- Die Kinder brauchen gerade dringend Geld.
- Die Kinder hegen einen heimlichen Groll gegen die Eltern.
- Die Kinder sind über die wahren finanziellen Verhältnisse nicht richtig informiert oder haben nie darüber nachgedacht.
- Die Ehegatten der Kinder sind an dem Geld interessiert.
- Die Eltern konnten die Schwiegertochter oder den Schwiegersohn noch nie leiden.
- Die Schwiegertochter oder der Schwiegersohn hat sich nicht gemäß den Erwartungen der Eltern verhalten.
- Die Eltern sind der Meinung, dass der Ehepartner den eigenen Sohn/die eigene Tochter sowieso nur ausgenommen habe.

So können sich Ehegatten gegen die Erbansprüche von Verwandten schützen:

- durch ein Testament (mehr dazu ab Seite 49),
- durch klärende Gespräche mit den potentiellen Erben, also in erster Linie Kinder, Eltern und Geschwister,

- durch Auszahlung des Erbes noch zu Lebzeiten und entsprechende Verträge mit den ausgezahlten Erben,
- durch Erbverzicht der Erbberechtigten,
- durch eine sorgfältige Aufteilung des gemeinsamen Eigentums. Ist beispielsweise die gemeinsame Eigentumswohnung oder das Haus im Grundbuch auf beide Ehegatten je zur Hälfte eingetragen, gehört immer nur die Hälfte, die der Verstorbene besaß, zum Erbe.
- durch den Abschluss von Lebensversicherungsverträgen, die es dem überlebenden Partner ermöglichen, eventuelle Miterben oder Pflichtteilberechtigte auszuzahlen, ohne selbst dabei zu verlieren.

Praxistipp

Lebensversicherungsverträge niemals auf den Partner abschließen, sondern immer auf sich selbst, aber auf den Tod des Partners. Die ausbezahlte Versicherungssumme zählt dann nicht zum Erbe und unterliegt deshalb auch nicht der Erbschaftsteuer.

Konkret: Michael M. schließt auf seinen Namen eine Lebensversicherung ab, die im Todesfall seiner Frau an ihn ausbezahlt wird. Für seine Frau wird die Versicherung auf ihren Namen abgeschlossen und, falls Michael M. vor ihr sterben sollte, an sie ausgezahlt. Der Versicherungsnehmer ist damit gleichzeitig der Begünstigte.

Empfehlungen an Ehepartner

- Sprechen Sie mit Ihrem Partner über den Todesfall.
- Machen Sie eine Liste Ihrer Vermögenswerte und stellen Sie eine Berechnung des momentan zu erwartenden Erbes auf.
- Überlegen Sie sich, wie die Erbfolge aussehen würde, wenn einer von Ihnen oder Sie beide sterben würden.
- Rechnen Sie aus, was der überlebende Ehepartner nach der gesetzlichen Erbfolge bekommen würde und wieviel er den anderen Erben auszahlen müsste.

- Berechnen Sie zusätzlich, wie hoch der Pflichtteil für die anderen Erbberechtigten wäre, wenn Sie sich gegenseitig per Testament als Alleinerben einsetzten.
- Überlegen Sie sich die jeweiligen Folgen und ob Sie sie tragen können und wollen.

Vermutlich wird bei den meisten Paaren am Ende dieser Überlegungen die Einsicht stehen, dass es besser ist, ein Testament zu verfassen, denn dann können Sie das Erbe der Miterben zumindest auf den Pflichtteil reduzieren.

Praxistipp

Warten Sie damit nicht, bis Sie noch älter sind. Der Tod kann Sie immer und überall ereilen, zum Beispiel bei einem Unfall oder durch eine Krankheit. Je früher Sie ein Testament verfassen, desto besser. Im Zweifelsfall genügt eine Kurzvariante, in der sich Sie und Ihr Ehepartner gegenseitig als Alleinerben einsetzen. Es muss handgeschrieben und von beiden Ehepartnern mit vollem Vor- und Zunamen unterschrieben sowie mit Ort und Datum versehen sein. Legen Sie es an einen Ort, an dem es gefunden wird oder übergeben Sie es einem Menschen, dem Sie vertrauen. Später können Sie sich dann ausführlicher damit befassen.

Das bleibt dem Ehegatten immer

Noch eine Besonderheit sieht das Gesetz zum Schutz des Ehepartners vor. In § 1932 des BGB ist das »Voraus« des Ehegatten festgeschrieben. Danach stehen dem Ehepartner zusätzlich zu seinem Erbe, wenn er neben Verwandten der zweiten Ordnung oder neben Großeltern gesetzlicher Erbe ist, »die zum ehelichen Haushalt gehörenden Gegenstände, soweit sie nicht Zubehör eines Grundstücks sind, und die Hochzeitsgeschenke« zu. Ist er neben Verwandten der ersten Ordnung, also Söhnen, Töchtern und Enkeln des Verstorbenen, gesetzlicher Erbe, erhält er die oben erwähnten Gegenstände, »soweit er sie zur Führung eines angemessenen Haushalts« benötigt.

Der Teufel steckt auch hier im Detail. Was zählt zum »ehelichen Haushalt« und was braucht man zur Führung eines angemessenen Haushalts? Gehört der BMW des Ehemannes dazu? Was ist mit den Gemälden, die im Wohnzimmer an der Wand hängen – Nachlass oder Haushalt? Ist das Verhältnis zwischen dem überlebenden Ehepartner und den anderen Erben schlecht, gibt es mit Sicherheit Streit über das Voraus. Die Gerichte haben bisher folgende Entscheidungen getroffen:

- Möbel, Teppiche, Haushaltsgeräte und Bücher gehören zum Haushalt.
- Bilder oder Gemälde zählen nur dann zum Haushalt, wenn sie nicht Teil einer Sammlung sind.
- Das Familienauto gehört ebenfalls zum Haushalt.
- Nicht zum Haushalt gehört zum Beispiel der Schmuck des Ehemannes, ein Auto, das nur geschäftlich genutzt wurde, oder ein Auto, das die normalen Verhältnisse des Ehepaares weit übersteigt.
- Als angemessen gilt prinzipiell auch ein großes oder außergewöhnliches Auto, wenn es dem normalen Lebensstandard des Ehepaares entsprach.

Das Voraus wird vom Erbe abgezogen. Es wird damit nicht zur Berechnung der Pflichtteile herangezogen.

Praxistipp

Ehepartner, die mit dem Verstorbenen in Scheidung lebten bzw. gerade dabei waren, sich scheiden zu lassen, haben weder einen Anspruch auf das gesetzliche Erbe noch auf das Voraus. Mehr dazu erfahren Sie in Kapitel 5 ab Seite 124.

Erben bei Gütertrennung

Haben Sie in einem Ehevertrag Gütertrennung vereinbart, steht dem überlebenden Ehepartner der pauschale Zugewinnausgleich nicht zu. Es gelten folgende Regeln:

- Hat das Ehepaar Kinder, erben der überlebende Ehegatte und die Kinder zu gleichen Teilen. So hat der Ehegatte bei einem Kind Anspruch auf die Hälfte des Nachlasses, bei zwei Kindern auf ein Drittel. Sind drei Kinder erbberechtigt, erhält der Ehegatte nur noch ein Viertel, drei Viertel teilen sich die Kinder.
- Sind andere Verwandte erbberechtigt, richtet sich der Anteil des Ehegatten nach den gesetzlichen Bestimmungen ohne Zugewinnausgleich. Leben zum Beispiel die Eltern des Erblassers noch, erhält der Ehegatte lediglich die Hälfte und nicht drei Viertel.

Praxistipp

Ehepaare, die Gütertrennung vereinbart haben, sollten auf jeden Fall beide ein Testament aufsetzen. Die Beratung durch einen Fachmann ist hier anzuraten. Gütertrennung ist auch unter steuerlichen Aspekten nicht immer die beste Lösung, denn sie kann zu höherer Erbschaftssteuer als bei der Zugewinngemeinschaft führen. Der Zugewinnausgleich im Rahmen einer Zugewinngemeinschaft ist nämlich erbschaftsteuerfrei. Prüfen Sie bereits vor der Heirat, ob es tatsächlich sinnvoll ist, Gütertrennung zu vereinbaren. Eine rückwirkende Vereinbarung erkennt das Finanzamt nicht an.

Selten: Gütergemeinschaft

Bei der Gütergemeinschaft bleibt das reguläre gesetzliche Erbrecht des überlebenden Ehepartners bestehen, allerdings ohne Zugewinnausgleich. Gibt es Kinder, erbt der Ehegatte also ein Viertel. Wichtig:

Damit der Ehepartner geschützt ist, muss im Ehevertrag die fortgesetzte Gütergemeinschaft festgelegt werden. Das bedeutet: Die Gütergemeinschaft wird auch nach dem Tod eines Ehepartners zwischen dem überlebenden Ehegatten und den Kindern fortgesetzt. Das gesamte Vermögen, das die Ehepartner gemeinsam besessen haben, wird in diesem Fall als Gemeinschaftseigentum durch den Ehegatten verwaltet.

Vorteil:

- Die Kinder erben erst, wenn auch der überlebende Elternteil stirbt.
- Das Vermögen muss nicht aufgeteilt werden.
- Die Familie kann so weiterleben wie bisher – sie muss für das Gemeinschaftsvermögen nicht einmal Erbschaftssteuer bezahlen, weil bereits bei Vereinbarung der Gütergemeinschaft Schenkungssteuer bezahlt wurde.

Nachteil:

- Die Gütergemeinschaft gilt als Schenkung des vermögenderen Ehegatten an den anderen. Dafür muss möglicherweise Schenkungssteuer bezahlt werden. Für Ehepartner gilt derselbe persönliche Freibetrag wie bei der Erbschaftssteuer: 600 000 Mark.
- Vermögenswerte, die dem Erblasser allein gehörten, zählen zum Nachlass und werden vererbt. Juristisch handelt es sich um Vorbehalts- und Sondergut. Notare und Anwälte empfehlen Ehepaaren, die eine Gütergemeinschaft in Erwägung ziehen, unbedingt professionelle Beratung in Anspruch zu nehmen.

Praxistipp

Haben Sie vor dem 30. Juni 1958 geheiratet, sollten Sie sich vergewissern, in welchem Güterstand Sie mit Ihrem Partner tatsächlich leben. Bis zu diesem Zeitpunkt konnte in den alten Bundesländern der gesetzliche Güterstand der Zugewinngemeinschaft von einem Ehepartner einseitig abgelehnt werden. Dazu musste er lediglich eine Erklärung vor dem Amtsgericht abgeben. Hat Ihr Ehepartner dies getan, leben Sie jetzt, obwohl es keinen Ehevertrag gibt, in Gütertrennung.

Ostdeutsche Besonderheit

In den neuen Bundesländern galt bis zum 3. Oktober 1990 als gesetzlicher Güterstand die Eigentums- und Vermögensgemeinschaft der Eheleute nach dem Familiengesetzbuch der DDR (DDR-FGB). Für Eheleute, die bis zum 3. Oktober 1992 vor dem Kreisgericht die Zugewinngemeinschaft ablehnten, gelten nach wie vor die Regelungen des DDR-FGB. Alle anderen Ehepaare leben seit der Wiedervereinigung sozusagen automatisch im gesetzlichen Güterstand der Zugewinngemeinschaft.

Schwierig: Erben von Ausländern

In Deutschland gibt es viele Ehen zwischen Partnern unterschiedlicher Nationalitäten. Kinder von Ausländern haben die deutsche Staatsbürgerschaft angenommen. Das wirft Probleme beim Erben auf. Wenn Sie von einem in Deutschland lebenden Ausländer erben, gilt nach deutschem Recht das Erbrecht, das im Heimatland des Verstorbenen herrscht. Schwierig wird diese Regelung dadurch, dass einige Länder ihrerseits festlegen, dass für ihre Bürger, die im Ausland leben, das Erbrecht des Gastlandes gilt.

Mit Sicherheit gilt das deutsche Erbrecht nur, wenn alle folgenden vier Bedingungen erfüllt sind:

- Der Erblasser ist Deutscher.
- Er hat seinen Wohnsitz in Deutschland.
- Sein gesamtes Vermögen liegt in Deutschland.
- Er stirbt in Deutschland.

Verwechseln Sie jetzt nicht das Erbrecht mit den steuerlichen Gegebenheiten. Für das Finanzamt gilt nämlich jeder als »Inländer«, der sich sechs Monate in Deutschland aufhält, auch wenn er die deutsche Staatsangehörigkeit nicht besitzt. Mehr zu den steuerlichen Aspekten, wenn Sie von Ausländern oder Besitz im Ausland erben, lesen Sie in Kapitel 7 ab Seite 159.

Praxistipp

Besteht die Möglichkeit, dass Ihnen eine Erbschaft von einem Ausländer ins Haus steht, sollten Sie sich entweder vorab gemeinsam Rat bei einem spezialisierten Rechtsanwalt und/oder bei der Botschaft des Herkunftslandes des Erblassers einholen. Wenn feststeht, dass Sie Erbe sind, dann sollten Sie dies sofort tun. Möglicherweise sollte auch in beiden Ländern – in Deutschland und im Herkunftsland des Erblassers – ein Fachanwalt konsultiert werden.

Kann man die gesetzliche Erbfolge außer Kraft setzen?

Die gesetzliche Erbfolge kann man nur durch ein Testament außer Kraft setzen, allerdings nicht komplett, denn die Ansprüche auf den Pflichtteil, der übrigens ein reiner Geldanspruch ist, bleiben auch dann bestehen, wenn es ein Testament gibt. Allerdings belaufen sich diese Ansprüche nur auf die Hälfte der Ansprüche aus der gesetzlichen Erbfolge.

Würde den Kindern des Erblassers normalerweise die Hälfte des Erbes zustehen, ist es, falls es ein Testament zugunsten der Ehefrau gibt, nur ein Viertel in Geld.

Nur die nächsten Verwandten und der Ehepartner können im Falle eines Testaments, das sie ausschließt, den Pflichtteil beanspruchen. Allerdings nur dann, wenn sie ohne Testament auch tatsächlich gesetzliche Erben geworden wären.

Beispiel:
Verfügt der Erblasser in einem Testament, dass seine beiden Söhne zu gleichen Teilen erben sollen, könnte nur die Ehefrau einen Pflichtteil beanspruchen, denn sie würde ohne ein Testament laut Gesetz in der Zugewinngemeinschaft die Hälfte erben. Lebt die Ehefrau nicht mehr, so kann in diesem Fall niemand einen Pflichtteil geltend machen. Die Eltern des Erblassers wären auch nach der gesetzlichen Erbfolge nicht erbberechtigt, solange die Söhne noch leben. Selbst wenn die Söhne einen Tag vor ihrem Vater gestorben wären, wären als die nächsten gesetzlichen Erben deren Kinder dran und nicht die Eltern ihres Vaters.

Als nächste Verwandte betrachtet der Gesetzgeber die Abkömmlinge (Kinder, Enkel usw.) und Eltern des Erblassers.

Beispiel:
Herr Maier, kinderlos, setzt seine Frau Elsbeth als Alleinerbin ein. Seine Eltern sind bereits verstorben, aber es leben noch zwei Brüder. Diese können von Elsbeth Maier keinen Pflichtteil verlangen. Sie gelten nicht als nächste Verwandte.

Allerdings ist der Pflichtteilanspruch erblich. Würden Herrn Maiers Eltern bei seinem Tod noch leben, ihren Pflichtteilanspruch anmelden und dann sterben, ginge der Anspruch auf ihre Kinder, also Herrn Maiers Geschwister, über.

Der Anspruch auf den Pflichtteil ist übrigens immer ein Anspruch auf Geld, den man gegenüber den Erben geltend machen muss. Der Pflichtteilberechtigte erhält aus der Erbmasse nur Geld, keine Immobilien oder ähnliches. Deshalb sind auch die Folgen mitunter dramatisch, zum Beispiel dann, wenn das Erbe in einem Haus besteht, in dem der Erbe wohnt. Verlangt dann zum Beispiel der ebenfalls erbberechtigte Sohn oder Vater die Auszahlung seines Pflichtteils und sind keine weiteren finanziellen Ressourcen vorhanden, gerät der Erbe schnell in Schwierigkeiten.

Praxistipp

Potentielle Erben, die mehrere Geschwister haben, sollten versuchen, solche Situationen zu vermeiden. Das geschieht am

Besten durch rechtzeitige Gespräche zwischen Eltern und Kindern. Selbst wenn das versäumt wurde, besteht immer die Möglichkeit, sich privat zu einigen, zum Beispiel, indem der Pflichtteilberechtigte einer Ratenzahlung zustimmt oder indem man sich gemeinsam zum Verkauf des Hauses entschließt.

Die Frage, ob Sie das tun möchten, ist letztlich eine sehr private Entscheidung, die Sie persönlich treffen müssen und die abhängig von der Qualität der Familienbeziehungen ist.

Voraussetzungen für den Anspruch auf einen Pflichtteil

- Sie gehören zum Kreis der Pflichtteilberechtigten, sind also ein Abkömmling des Verstorbenen, sein Ehepartner oder seine Eltern.
- Sie sind erbberechtigt. Das bedeutet: Sind Sie zum Beispiel der Vater des Erblassers, sind Sie nur erbberechtigt, wenn dessen Kinder, Enkelkinder usw. nicht mehr leben.
- Sie wurden per Testament oder Erbvertrag von der gesetzlichen Erbfolge ausgeschlossen.

Beispiel:
Ihr Vater stirbt. Er hat mit Ihrer Mutter ein gemeinschaftliches Testament aufgesetzt, in dem sie sich beide gegenseitig im Falle des Todes zu Alleinerben einsetzen. Damit wurden Sie als Kind von der gesetzlichen Erbfolge ausgeschlossen. Gäbe es das Testament nicht, würden Sie bzw. Sie und Ihre Geschwister die Hälfte erben. Sie und Ihre Geschwister können jetzt den Pflichtteil beanspruchen, der einem Viertel des Erbes in Geld entspricht.

So sichern Sie sich Ihren Pflichtteil

Halten Sie Fristen ein. Möchten Sie eine Erbschaft ausschlagen und stattdessen den Pflichtteil verlangen, haben Sie nur sechs Wochen Zeit, gerechnet ab dem Zeitpunkt, zu dem Ihnen der Tod des Erblassers oder die Existenz eines Testaments bekannt wurde. Sechs Monate sind es, wenn entweder der Erblasser im Ausland lebte oder sich der Erbe zu Beginn der Frist im Ausland aufhielt. Pflichtteilansprüche verjähren innerhalb von drei Jahren. Die Frist läuft aber erst ab dem Tag, an dem der Berechtigte vom Tod und dem Testament erfährt. Erst nach 30 Jahren verjährt der Anspruch völlig, wenn der Erbe nicht über den Tod des Erblassers Bescheid wusste.

Beispiel:
Sie sind in Australien verheiratet. Ihr Vater in Deutschland stirbt 1999. Ihr Vater hat in einem Testament seine Lebensgefährtin als Alleinerbin eingesetzt. Sie hatten keinen Kontakt zu Ihrem Vater, andere Verwandte gibt es nicht. Da Ihr Vater mit seiner Lebensgefährtin nicht verheiratet war, hätten Sie Anspruch auf das gesamte Erbe. Ihr Pflichtteil würde immerhin die Hälfte des Erbes umfassen.

In diesem Fall können Sie, selbst wenn Sie erst 2004 vom Tod Ihres Vaters erfahren, den Anspruch auf Ihren Pflichtteil geltend machen. Setzen Sie sich dann möglichst schnell mit einem Fachanwalt oder einem Notar in Verbindung. Sorgen Sie für eine möglichst zügige Bewertung des Vermögens. Das hilft Ihnen bei der Entscheidung, denn Sie wissen dann, was Sie zu erwarten haben. Sie haben gegenüber der Erbin einen Anspruch auf Auskunft über den Umfang des Nachlasses. Sie können sogar verlangen, an der Aufstellung eines Verzeichnisses persönlich beteiligt zu werden. Bei größeren Vermögen empfiehlt sich, die Wertermittlung durch einen Fachmann vornehmen zu lassen.

Ein Erbe wird meist ausgeschlagen, weil es zum Beispiel durch Vermächtnisse oder eine angeordnete Nachlassverwaltung »beschwert« ist. Mehr dazu erfahren Sie in Kapitel 6 ab Seite 145.

Praxistipp

Sie sollten gut überlegen, ob der Einsatz eines Sachverständigen tatsächlich nötig ist. Die Kosten werden aus dem Nachlass getragen. Das Gutachten ist nicht verbindlich und wird vor

Gericht nicht endgültig anerkannt. Das Gericht oder die Erben können weitere Gutachten verlangen. Ein Gutachten lohnt sich nur, wenn das Erbe tatsächlich beträchtlich oder sehr kompliziert ist.

Ihren Anspruch müssen Sie entweder in Form einer Klage vor Gericht einreichen oder vom Erben eine schriftliche Erklärung verlangen, in der er Ihren Anspruch anerkennt. Es reicht nicht aus, ihm lediglich einen Brief zu schicken, in dem Sie ihn zur Auszahlung Ihres Pflichtteils auffordern.

Leistet Ihnen der Erbe zum Beispiel eine Abschlagszahlung, Zinszahlungen oder stimmt einer Sicherheitsleistung zu, wird dadurch die Verjährung unterbrochen. Sie können dann auch später klagen.

Prüfen Sie, ob Sie eventuell Anspruch auf eine Pflichtteilergänzung haben. Das ist dann der Fall, wenn der Verstorbene bereits zu Lebzeiten Geschenke gemacht hat, die das Erbe schmälerten. Die Berechnung ist im Einzelfall recht kompliziert.

Beispiel:
Herr Gleich, der mit seiner Frau in einer Zugewinngemeinschaft lebte, hinterlässt bei seinem Tod 600 000 Mark. Seine Frau erbt davon 300 000 Mark, seine beiden Kinder je 150 000 Mark, der Pflichtteil beträgt also 75 000 Mark pro Kind. Vor seinem Tod hat Herr Gleich seiner Frau bereits ein Konto mit 200 000 Mark angelegt, weil er sie optimal versorgt wissen wollte. Mit diesem Kontoguthaben würde sich der gesamte Nachlass auf 800 000 Mark belaufen. Der Pflichtteil pro Kind läge dann bei 100 000 Mark. Da das hinterlassene Erbe von 150 000 Mark jedoch darüber liegt, besteht kein Pflichtteilergänzungsanspruch.

Hätte Herr Gleich seine Frau zur Alleinerbin eingesetzt, würde der Pflichtteil pro Kind bei einem Nachlass von 600 000 Mark 75 000 Mark betragen, bei einem Nachlass von 800 000 Mark jedoch 100 000 Mark. In diesem Fall könnten die beiden Kinder einen Pflichtteilergänzungsanspruch von je 25 000 Mark geltend machen.

Praxistipp

Viele Leute versuchen, ihren Ehepartner für den Todesfall abzusichern. Miterbende Kinder oder Enkel sollten diesen Wunsch nicht als gegen ihre Person gerichtet sehen. Natürlich geht es um Geld, manchmal um viel Geld, trotzdem sollte man sich im Zweifelsfall überlegen, welche Ziele der Verstorbene mit seinen Regelungen verfolgte und ob man die Auswirkungen nicht doch akzeptieren kann.

In vielen Fällen sollten Sie genau abwägen und natürlich auch nachrechnen, wie Sie sich im Einzelfall verhalten, um Ihren Pflichtteilanspruch durchzusetzen. Zum Beispiel wurden Sie zwar im Testament bedacht, aber das Erbe ist mit Auflagen versehen oder geringer als der Pflichtteil.

Beispiel 1:
Ihr Vater stirbt und hinterlässt Ihnen und Ihrem Bruder je die Hälfte seines Vermögens. Er traut Ihnen beiden jedoch in Geldangelegenheiten nicht und hat deshalb einen Testamentsvollstrecker zur Verwaltung des Erbes eingesetzt. Sie sind darüber empört und möchten sich das nicht gefallen lassen oder Sie benötigen das Geld dringend für Ihren Hausbau. In diesem Fall können Sie die Erbschaft ausschlagen und den Pflichtteil beanspruchen. Das sind dann allerdings nur 25 Prozent des Erbes in Geld. Geben Sie sich damit zufrieden, müssen Sie auf keinen Vermögensverwalter Rücksicht nehmen. Er kommt nicht zum Einsatz.

Beispiel 2:
Ihr Vater hinterlässt Ihnen und Ihren zwei Schwestern 900 000 Mark. Von den Schwestern erhält jede 400 000 Mark, Sie erhalten, zum Beispiel weil Sie in den letzten fünf Jahren »nicht einmal zu Besuch kamen«, nur 100 000 Mark. Jetzt können Sie entweder das Erbe ausschlagen – und machen gegen Ihre Schwestern den Pflichtteilanspruch von 150 000 Mark geltend – oder Sie nehmen an und verlangen von Ihren Schwestern die Auszahlung des Restbetrages von 50 000 Mark, der noch zum Pflichtteil fehlt. Diese müssen in jedem Fall zahlen, denn Sie haben einen Pflichtteil- oder einen Restpflichtteilanspruch.

Der Pflichtteil in der Zugewinngemeinschaft

Leben Ehegatten beim Tod des Erblassers in einer gesetzlichen Zugewinngemeinschaft, kann der überlebende Partner je nach den individuellen Gegebenheiten einen großen oder einen kleinen Pflichtteil beanspruchen. Der große Pflichtteil umfasst, wenn Kinder vorhanden sind, ein Viertel des Erbes (die Hälfte aus dem gesetzlichen Erbe plus Zugewinnausgleich). Der kleine Pflichtteil entspricht nur einem Achtel des Erbes, zusätzlich kann der überlebende Partner jedoch den konkret errechneten Zugewinnausgleich beanspruchen.

Praxistipp

Schlägt ein Ehegatte das Erbe aus, zum Beispiel weil es unzumutbare Auflagen enthält, kann er trotzdem den kleinen Pflichtteil und den Zugewinnausgleich beanspruchen. Wurde ihm per Testament weniger zugedacht als der große Pflichtteil, kann er die Ergänzung seines Erbes bis zum Wert von einem Viertel des Erbes fordern.

Falls Sie sich in einer solchen Situation befinden, sollten Sie nicht zögern, sofort juristischen Rat einzuholen, denn speziell die Berechnung des Zugewinns ist keine einfache Angelegenheit und für Laien schwer durchschaubar.

Strenge Vorschriften für die Entziehung des Pflichtteils

Selbst wenn Sie Anspruch auf einen Pflichtteil haben, kann er Ihnen unter besonderen Voraussetzungen entzogen werden. Sie sind in den § 2333 bis § 2335 BGB konkretisiert. In diesen Fällen geht es um grobe Vergehen der potentiellen Erben. So kann der Erblasser zum Beispiel seinen Kindern den Pflichtteil entziehen, wenn sie sich einer der im § 2333, Absatz 1,3,4 bezeichneten Verfehlungen schuldig gemacht haben. Dieser Paragraph bezieht sich auf die Entziehung des Pflichtteils eines Abkömmlings. Die aufgeführten Verfehlungen sind im Einzelnen:

- Der Abkömmling trachtet dem Erblasser, dem Ehegatten oder einem anderen Abkömmling des Erblassers nach dem Leben.
- Er macht sich einer vorsätzlichen körperlichen Misshandlung des Erblassers oder dessen Ehepartners schuldig.
- Er ist eines Verbrechens oder eines schweren vorsätzlichen Vergehens gegenüber dem Erblasser oder dessen Ehepartner schuldig.
- Er verletzt gegenüber dem Erblasser seine gesetzliche Unterhaltspflicht böswillig.
- Er führt gegen den Willen des Erblassers einen ehrlosen oder unsittlichen Lebenswandel.

Auch dem Ehepartner kann unter bestimmten Umständen der Pflichtteil entzogen werden. Nämlich dann, wenn er

- dem Erblasser oder einem Abkömmling nach dem Leben trachtet,
- sich einer vorsätzlichen körperlichen Misshandlung des Erblassers schuldig macht,
- sich eines Verbrechens oder eines schweren vorsätzlichen Vergehens gegen den Erblasser schuldig macht,
- die gesetzliche Unterhaltspflicht gegenüber dem Erblasser böswillig verletzt.

Praxistipp

Diese Probleme treten besonders häufig im Zusammenhang mit Pflegefällen auf. Wer also seine Eltern pflegt und sie tatsächlich oder vermeintlich schlecht behandelt, muss damit rechnen, dass sie ihm per Testament den Pflichtteil entziehen. Allerdings wird kein Richter einer Pflichtteilentziehung zustimmen, weil der Sohn oder die Tochter die Eltern nur alle vier Wochen besucht hat.

In manchen Fällen kann durch eine deutliche Verhaltensänderung des Pflichtteilberechtigten die Pflichtteilentziehung wegen ehrlosem und unsittlichem Lebenswandel rückgängig gemacht werden.

Beispiel:
Wenn Sie Anfang 20 kräftig über die Stränge geschlagen sind, sich jeden Abend betrunken haben, bei wüsten Raufereien mitmachten und sich ständig im Rotlichtviertel herumtrieben, kann das durchaus ein Grund sein, Ihnen den Pflichtteil zu entziehen. Wird das Testament allerdings erst zehn Jahre später eröffnet und Sie sind inzwischen ein braver Familienvater geworden, gilt die Pflichtteilsentziehung nicht mehr. Das Gesetz gesteht hier jedem die Möglichkeit zur Besserung zu.

Auch wenn der Erblasser demjenigen, dem er den Pflichtteil einmal entzogen hat, später verzeiht, wird der Pflichtteilentzug unwirksam. Das bedeutet für Sie, dass Sie, sobald Sie einen Pflichtteilanspruch geltend machen, beweisen müssen, dass Ihnen der Erblasser verziehen hat. Das kann natürlich zu Prozessen führen, denn zumeist möchten sich die Miterben ihren Anteil nicht durch ein reumütig zurückgekehrtes schwarzes Schaf schmälern lassen. Wenn Ihnen der Pflichtteil aus einem Grund entzogen wurde, der nicht mehr zutrifft, sollten Sie mit dem Erblasser darüber sprechen.

Haltlose Verschwender erben nicht

Keinem Menschen kann zugemutet werden, sein Geld an jemanden zu vererben, der es sinnlos verschwendet. Verschwender, Bankrotteure oder Spielsüchtige brauchen sich keinerlei Hoffnung auf ein Erbe zu machen. Ist der Erblasser über die Verhältnisse informiert, wird er sicherlich Vorkehrungen treffen, um einen Zugriff des missratenen Erben zu verhindern. Das Gesetz bietet ihm dazu mit § 2338 »Pflichtteilbeschränkung in guter Absicht« die Möglichkeit.

Der Paragraph greift, wenn sich zum Beispiel der Sohn so der Verschwendung ergeben hat oder so überschuldet ist, dass das Erbe erheblich gefährdet scheint. In einem solchen Fall kann es sein, dass dem Erben der Zugriff auch auf den Pflichtteil verweigert wird. Konkret kann das heißen, dass er »übergangen« wird, dass erst seine Abkömmlinge nach seinem Tod in den vollen Genuss der Erbschaft kommen, oder er muss sich mit einem Testamentsvollstrecker abfinden, der das Erbe verwaltet und dem missratenen Sprössling nur jeweils die jährlichen Erträge auszahlt.

Auch in diesem Fall gilt: Ändert der Sohn seinen Lebenswandel rechtzeitig (bis zum Erbfall) oder bekommt er nachweislich seine Schulden in den Griff und gelingt es ihm, zu beweisen, dass dies dauerhaft so bleibt, können die Beschränkungen aufgehoben werden.

Praxistipp

Haben Sie einen solchen Fall in der Familie, zum Beispiel einen Bruder, mit dem Sie gemeinsam erben sollen, sollten Sie darüber rechtzeitig sowohl mit Ihrem Bruder als auch mit Ihren Eltern sprechen. Das mag zwar für alle Seiten peinlich und schmerzlich sein, nützt aber letztlich auch dem Bruder oder gar seiner Familie. Die Einsetzung eines neutralen Testamentsvollstreckers ist für alle Beteiligten der beste Weg. Ist der Testamentsvollstrecker ein Familienmitglied, verschlechtern sich die familiären Beziehungen meist dramatisch, denn in das Verhalten gegenüber Verwandten mischen sich häufig persönliche Konflikte, die das Verhältnis zusätzlich belasten.

Die persönliche Entscheidung zählt

Sie haben gesehen, das Gesetz schränkt den Erblasser in der Wahl seiner Erben und der Ausgestaltung seines letzten Willens in gewisser Weise ein. Nicht nur durch die gesetzliche Erbfolge und Pflichtteilansprüche, sondern auch durch die Regelungen zur Erbschaftsteuer. Denn wer sein Geld zum Beispiel einem Menschen vermacht, der nicht mit ihm verwandt oder verheiratet ist, muss damit rechnen, dass der großzügig Bedachte so viel Erbschaftsteuer bezahlen muss, dass das Erbe hauptsächlich dem Fiskus nützt. Ausführlich informieren wir Sie darüber in Kapitel 7 ab Seite 158.

Letztlich geht es doch immer darum: Wer sich etwas geschaffen oder erspart hat, möchte es an die »richtigen« Leute weitergeben, also an diejenigen, die er liebt, zu denen er eine besondere Verbindung hat, die eventuell sein Lebenswerk weiterführen, an die, die

»es brauchen können« – kurz: an diejenigen, die er persönlich für würdig befindet, sein Erbe anzutreten. Das mag vielleicht dramatisch oder sentimental klingen, aber Sie sollten auch bedenken, dass jedes Erbe das Lebenswerk eines Menschen ist, unter Umständen steht ein Leben voller Entbehrungen dahinter.

Ein rechtzeitiges Gespräch mit Ihren Eltern, Ihrem Ehe- oder Lebenspartner, Ihren Geschwistern (potentiellen Miterben) oder auch Ihren eigenen Kindern hilft allen dabei, den Stand Ihrer Beziehungen kennenzulernen. Sie können niemandem einen bestimmten Erben aufzwingen, aber Sie können über die Notwendigkeit eines Testaments sprechen, Sie lernen die Gedanken kennen, die sich die anderen machen, und welche Erwartungen Erblasser und Erben mit dem Thema verbinden.

Gesprächsinhalte:

- Wer erbt ohne Testament?
- Wer soll nach dem Willen des Erblassers erben? Warum?
- Wer könnte sich dadurch zurückgesetzt fühlen? Kann man etwas dagegen unternehmen?
- Gibt es weitere Leute, die Ansprüche erheben könnten?
- Wie hoch wird das Erbe voraussichtlich sein? Lohnen sich Schenkungen vorab, um die Steuerlast der Erben zu senken?
- Bestehen Schulden?
- Gibt es bereits ein Testament? Wo wird es aufbewahrt? Sollte es zusätzlich mit einem Notar besprochen werden?
- Ist das Testament korrekt aufgesetzt?
- Welche Vorbehalte haben die potentiellen Erben gegen das Testament? Was meint der Erblasser dazu?

Praxistipp

Vergessen Sie bei einem solchen Gespräch nie, dass der Erblasser ein freier Mensch ist, der seine Entscheidungen selbst treffen kann und soll – schließlich geht es um seinen Besitz und sein Vermögen, nicht um das der Erben. Drängen Sie ihn nicht in die

Rolle des Angeklagten. Es geht in einem solchen Gespräch lediglich um den Austausch von Informationen und darum, Vererben und Erben als durchdachte Angelegenheit zu sehen, in der nichts durch den Zufall bestimmt wird.

Das Gespräch bietet außerdem die Möglichkeit, über alle anderen Bereiche zu sprechen, die mit Sterben und Tod zusammenhängen. Vielen älteren Menschen ist es ein Bedürfnis, die Kinder über ihre Wünsche bezüglich der Bestattung zu informieren oder mitzuteilen, dass für die Beerdigungskosten separat Geld angespart wurde und ähnliches.

Tipps für die Gesprächsführung

- Bleiben Sie sachlich, aber sparen Sie Gefühle nicht aus.
- Geben Sie älteren Menschen die Gelegenheit, ihre Wünsche und Gedanken bezüglich Sterben, Tod und Beerdigung zu äußern und auch ihre Ängste zu artikulieren.
- Wenn Sie unterschiedliche Meinungen haben, streiten Sie kultiviert: Lassen Sie jeden ausreden, fallen Sie niemandem ins Wort, hören Sie genau zu, bleiben Sie in Ihren Aussagen und Fragen konkret.
- Nehmen Sie Wünsche der Erblasser ernst, auch wenn Sie sie nicht nachvollziehen können. Vielen Menschen ist es zum Beispiel wichtig, dass einzelne Gegenstände, an denen ihr Herz hängt, oder gar das elterliche Haus nach ihrem Tod nicht verkauft werden. In solchen Fällen ist oft eine Einigung möglich, die ohne ein Gespräch nie zustande gekommen wäre.

Beispiel:
Das Ehepaar G. lebte auf einem Aussiedlerhof und hatte vier Kinder. Der jüngste Sohn Alfred lebte mit seiner Familie ebenfalls auf dem Hof. An seinem 60. Geburtstag rief Vater G. alle Kinder zusammen, um mit ihnen über das Erbe zu sprechen, das sie einmal erwarten würde. Das Erbe waren der Hof mit dem dazu gehörigen Land und 200 000 Mark. Der Hof sollte nach dem Willen des Ehepaars erhalten bleiben, zumindest so lange, bis sie beide sterben würden. Sollte einer früher sterben,

sollte der andere sicher sein, auf dem Hof bleiben zu können. Sohn Alfred wollte ebenfalls gerne mit seiner Familie auf dem Hof bleiben.

Gemeinsam fanden Kinder und Eltern eine Lösung, die alle mittragen konnten. Der Hof einschließlich des Landes in unmittelbarer Nähe wurde auf Alfred überschrieben. Dafür verpflichtete er sich, seine Eltern bis zu ihrem Tod auf dem Hof zu versorgen. Das restliche Land wurde verkauft und der Erlös sowie die 200 000 Mark zwischen den anderen Geschwistern aufgeteilt.

Diese Lösung war zwar finanziell betrachtet nicht ganz gerecht, aber keines der anderen Kinder hatte ein Interesse daran, den Hof zu behalten. Außerdem konnten so alle sicher sein, dass die Eltern bis zu ihrem Tod gut versorgt sein würden.

Diese Vorteile hat ein Testament

- Die Wünsche des Erblassers werden erfüllt.
- Erblasser und Erben wissen, woran Sie sind.
- Familiäre Streitereien werden im Keim erstickt.
- Gerichtliche Auseinandersetzungen um das Erbe können weitgehend vermieden werden.

Ein Testament ist eigentlich nur in einem Fall überflüssig: Wenn es nur einen gesetzlichen Erben gibt, den der Erblasser sowieso als Erben einsetzen würde. In zwei Fällen ist es jedoch unerlässlich:

- Der Erblasser ist mit der gesetzlichen Erbfolge nicht einverstanden.
- Es gibt mehrere Erben, die sich vermutlich nicht einigen können.

So sollte ein Testament aussehen

Wenn sich der Erblasser entscheidet, ein Testament aufzusetzen, muss er einige grundsätzliche Regeln beachten. Sucht er einen Notar auf, wird dieser darauf achten, dass formal alles stimmt.

Die wichtigste Regel: Ein Testament muss, sofern es nicht von einem Notar beurkundet wurde, immer handschriftlich sein und mit Vor- und Zunamen unterschrieben werden. Juristen nennen das ein »eigenhändiges Testament«. Ein maschinengeschriebenes Testament, das der Erblasser lediglich unterschreibt, wird nicht anerkannt. Übrigens: Auch eine Tonbandaufnahme zählt nicht. Manche Leute unterschreiben ihr Testament mit einem Kosenamen, den der Ehepartner ihnen gab, oder mit »Euer Vater« oder »Eure Mutter«. So schön es für die Erben ist – das Testament ist deswegen möglicherweise ungültig. Eine letztwillige Verfügung sollte immer mit vollem Vor- und Zunamen unterzeichnet werden.

Halten Sie ein Testament in Händen, auf dem die Unterschrift nicht unter dem Text steht, das eventuell Nachträge und Zusätze enthält, die nicht noch einmal unterschrieben und datiert sind, stehen Ihnen Schwierigkeiten bevor. Ein solches Testament ist nicht eindeutig als letzter Wille des Betreffenden erkennbar. Die Zusätze könnten von jemand anderem geschrieben worden oder nur Überlegungen sein.

Das Testament mit einem Datum zu versehen ist zwar nicht zwingend vorgeschrieben, erleichtert aber die Entscheidung über die Gültigkeit, falls mehrere Testamente gefunden werden, was gar nicht so selten der Fall ist. Prinzipiell gilt das Testament jüngsten Datums.

Praxistipp

Viele Leute fühlen sich dazu verpflichtet, sich in ihrem Testament von allen Familienmitgliedern zu verabschieden oder zu erklären, weshalb sie wem wieviel vermachen. Unnötig: Dies hat mit einem Testament nichts zu tun. Wer sich von seinen Verwandten oder Freunden sozusagen posthum noch einmal verabschieden möchte, sollte dies besser in einem persönlichen Brief tun. Das schützt auch die Privatsphäre der Adressaten.

Das eigenhändige Testament kann der Erblasser an einem beliebigen Ort aufbewahren: im Schreibtisch, hinter dem Foto von Tante Elfriede, im Handschuhfach des Autos – wo auch immer. Es bleibt ihm überlassen. Normalerweise ist es sinnvoll, dass entweder die Erben oder eine andere Vertrauensperson über den Aufbewahrungsort Bescheid wissen. Manche Leute haben Angst davor, den Erben mitzuteilen, dass es ein Testament gibt und wo es aufbewahrt wird. Dafür sollten die Erben Verständnis zeigen. Tatsächlich gab es in der Vergangenheit genug Fälle, in denen ein unliebsames Testament vernichtet wurde.

Praxistipp

Experten empfehlen, auch ein eigenhändiges Testament beim Amtsgericht oder in Baden-Württemberg bei den Notariaten zu hinterlegen. Dort wird es im Todesfall mit Sicherheit »gefunden«, denn sobald ein Testament hinterlegt wird, informiert das Amtsgericht darüber das Standesamt des Geburtsortes des Erblassers. Falls sich der Geburtsort im Ausland befindet, wird das Amtsgericht Berlin-Schöneberg benachrichtigt. Sollte der Erblasser sterben, gibt das Standesamt seinerseits diese Nachricht an das zuständige Amtsgericht weiter. Außerdem erhält der Erblasser vom Amtsgericht einen Hinterlegungsschein.

Schafft Klarheit: das notarielle Testament

Wer befürchtet, etwas falsch zu machen, dem empfehlen Fachleute die Abfassung eines öffentlichen bzw. notariellen Testaments. Auch für die Erben ist ein solches Testament eine klare Sache. Die Vorteile liegen auf der Hand:

- Das Testament ist rechtlich einwandfrei.
- Es wird an einem neutralen Ort aufbewahrt.
- Es gibt keine Probleme mit nicht unterschriebenen Zusätzen etc.

In diesem Fall geht der Erblasser zu einem Notar und erklärt ihm, wie er sich seinen letzten Willen vorstellt. Der Notar bringt diese

Erklärung in eine korrekte schriftliche Form. Das Ergebnis liest er dem Erblasser dann noch einmal vor. Hat er keine Änderungswünsche mehr, unterschreiben Erblasser und Notar. Stattdessen kann der Erblasser dem Notar auch ein Schriftstück übergeben, in dem er seinen letzten Willen selbst zu Papier gebracht hat. Er muss dem Notar nur erklären, dass das Schriftstück sein letzter Wille sei. Der Notar muss das Schriftstück nicht lesen. Es kann offen oder in einem verschlossenen Umschlag übergeben werden.

Nachteil: In diesem Fall entfällt die Beratung durch den Notar. Es kann also sein, dass das Testament aus formalen Gründen nicht gültig ist.

Diese Art von Testament muss übrigens nicht vom Erblasser handschriftlich verfasst sein. Durch seine Unterschrift bestätigt der Notar, dass das Schriftstück tatsächlich vom Erblasser stammt.

Die Gültigkeit des Testaments ist abhängig von der Testierfähigkeit

Zusätzlich prüft der Notar die sogenannte Testierfähigkeit, das heißt, ob der Erblasser in der Lage ist, ein Testament aufzusetzen. Denn nicht jeder wird als testierfähig angesehen. Ist der Erblasser zum Beispiel schwer erkrankt, leidet unter Bewusstseinstrübung oder an den Folgen eines Schlaganfalls, muss der Notar davon ausgehen, dass er die Bedeutung seiner Erklärung nicht mehr erkennen und beurteilen kann. Selbst wenn sich der Zustand des Kranken wieder bessert, ist ein Testament, das erstellt wurde, als er nicht testierfähig war, ungültig. Er muss ein neues Testament aufsetzen.

Möchten Sie als Erbe ein Testament für unwirksam erklären lassen, weil Sie die Testierfähigkeit des Erblassers bezweifeln, liegt die Beweislast bei Ihnen. Helfen kann Ihnen dabei zum Beispiel ein ärztliches Attest.

Beispiel:
Ida M. war nach einem Schlaganfall halbseitig gelähmt und wurde von ihrer Tochter Margot gepflegt. Nach der gesetzlichen Erbfolge hätten die Töchter Margot und Gertrud je die Hälfte geerbt. Nach dem Tod von Ida

M. fand Margots Tochter ein Testament der Großmutter, in dem sie als Alleinerbin eingesetzt war. Ida M.s Töchter hätten in diesem Fall nur den Pflichtteil, also jede ein Viertel des Erbes, in Geld erhalten. Margot und Gertrud wiesen mit Hilfe des Arztes ihrer Mutter nach, dass sich Ida M. zu dem Zeitpunkt, als sie das Testament schrieb, in einem geistigen Dämmerzustand befand, der es ihr unmöglich machte, die Folgen ihres Handelns zu erkennen. Das Gericht gab ihnen Recht, das Testament wurde für ungültig erklärt, die Enkelin erhielt nichts.

Praxistipp

Viele Erben haben Zweifel, wenn ein Testament zugunsten der netten Nachbarin oder der Pflegekraft gefunden wird, die den Erblasser in den letzten Lebensjahren betreut hat. Diese Zweifel sind zumeist unbegründet, denn gerade ältere Menschen haben häufig das Bedürfnis, demjenigen, der ihnen sozusagen direkt und vor Ort in den letzten Jahren Zuwendung entgegen bringt, etwas Gutes zu tun.

Sprechen Sie deshalb mit Ihren Eltern über das Thema Erben. Nur so können Sie sich rechtzeitig Klarheit über deren Wünsche verschaffen – und vielleicht auch über das Gefühlsleben Ihrer Eltern.

Beispiel:

Anna B. meldete sich im Alter von 83 Jahren selbst in einem Altenwohnheim an. Begründung: Sie wolle keinem ihrer Kinder zur Last fallen. Die Kinder besuchten sie regelmäßig. Alle bezeichneten das Verhältnis zur Mutter als sehr gut und waren erstaunt, wie gut sich die alte Dame in das neue Leben im Altenheim einfügte.

Eines Tages bat die Heimleiterin den ältesten Sohn der alten Dame um ein Gespräch. Frau B. habe ein Testament aufgesetzt, in dem sie ihren gesamten Besitz dem Heim vermacht habe. Man sei der Meinung, die Familie solle das wissen.

Nach einem Gespräch zwischen dem Sohn und der Mutter war klar, dass sich Anna B., obwohl der Umzug ins Altenheim ihr eigener Entschluss gewesen war, abgeschoben fühlte. Gemeinsam wurde eine Lösung gefunden.

Anna B. zog zu ihrem ältesten Sohn, verbrachte aber vier Tage die Woche im Altenheim. Sie setzte ein neues Testament auf, in dem sie ein Viertel ihres Vermögens dem Heim vermachte, denn – so Anna B.: »Dort hat man sich von Anfang an sehr liebevoll um mich gekümmert. Ich möchte mich dafür erkenntlich zeigen.«

Als nicht testierfähig gilt, wer noch nicht 16 Jahre alt ist. Nach dem Betreuungsgesetz vom 1. Januar 1992 sind betreute Personen testierfähig, sofern ihr Gesundheitszustand dem nicht entgegen steht. Für ein Testament ist die Zustimmung des Betreuers nicht nötig. § 2233 BGB legt außerdem fest, dass derjenige, der ein Testament aufsetzen lassen möchte, entweder schreiben oder sprechen können muss. Diese Bestimmung hat das Bundesverfassungsgericht kürzlich für verfassungswidrig erklärt (Aktenzeichen 1 BvR 2161/94). Testierunfähig ist nach diesem Urteil nur der, mit dem eine zuverlässige Verständigung in irgend einer Form nicht möglich sei oder wenn dem Betroffenen das »nötige geistige Verständnis« fehle.

Das Testament stimmt nicht mehr

Nicht selten passiert es, dass jemand ein Testament aufsetzt und sich nach Jahren die Verhältnisse so geändert haben, dass das Testament nicht mehr dem Willen des Erblassers entspricht. In diesem Fall ist ein neues Testament nötig. Macht es der Erblasser richtig, haben die Erben keine Probleme damit. Manchmal führen jedoch gerade mehrmals geänderte oder mehrere verschiedene Testamente zu den schlimmsten Streitigkeiten. Jeder, der einmal bedacht und später als Erbe gestrichen wurde, ärgert sich natürlich doppelt. Verdächtigungen der übelsten Sorte sind dann schnell geäußert, die Familienbeziehungen dauerhaft zerrüttet. Als potentieller Erbe sollten Sie sich jedoch vor Augen führen, dass

- es tatsächlich Menschen gibt, die ihre Meinung häufig ändern bzw. sich nicht entscheiden können,
- Zuneigung und Liebe, die sich im Erbe niederschlagen, nun mal sehr subjektive Dinge sind,

- gerade ältere Menschen es manchmal allen Recht machen wollen und dabei vielleicht nicht mehr ganz überblicken, was ihr Tun für Folgen hat.

Beispiel:
Rudolf W. hatte vier Kinder. Nach seinem Tod hielt jedes der vier Kinder ein undatiertes Testament in der Hand, das eindeutig aus Rudolf M.s Feder stammte und das jeweilige Kind zum Alleinerben einsetzte. Der Wortlaut der Testamente war absolut gleich. Die Geschwister stellten später sogar fest, dass alle die Testamente an einem Wochenende erhalten hatten. Die Kinder einigten sich untereinander darauf, das Erbe zu gleichen Teilen aufzuteilen.

Doch genauso gut kann dies Anlass zu tiefgehenden Zerwürfnissen und jahrelangen gerichtlichen Auseinandersetzungen sein. Deshalb der dringende Rat:

Haben Sie Geschwister und verfügen die Eltern tatsächlich über Vermögen, sollten Sie sich nicht nur mit den Eltern zusammensetzen und das Thema Erben anschneiden, sondern auch die Geschwister hinzuziehen. Wenn zwischen Eltern und Geschwistern Klarheit herrscht, kann auch ein Testament aufgesetzt werden, das von allen anerkannt wird. Gerichtliche Auseinandersetzungen erübrigen sich.

Dasselbe gilt, wenn Sie zusammen mit Ihrem Ehepartner ein Testament aufsetzen wollen und Kinder haben. Beziehen Sie die Kinder unbedingt mit ein. Sie sollten wissen, dass es ein Testament gibt, wo es aufbewahrt wird und was darin steht. Wollen Sie ganz sicher gehen, dringen Sie darauf, dass ein Testament immer beim Amtsgericht hinterlegt und von einem Notar aufgesetzt wird.

Ein Testament ist nicht für die Ewigkeit

Wenn Sie ein eigenhändiges Testament korrekt ändern möchten, sollten Sie Einiges beachten.

Wer sein Testament komplett ändern bzw. ein völlig neues verfassen möchte, sollte das alte am besten zerreißen und wegwerfen. Dann kann wirklich nichts passieren.

Will man das alte Testament aus irgendeinem Grund nicht völlig vernichten, muss ein Widerrufstestament verfasst werden. Darin muss eindeutig das betreffende Testament widerrufen werden. Der Verfasser muss darauf achten, dass er in seinem Widerruf das Testament, um das es geht, unverwechselbar bezeichnet, zum Beispiel: »Hiermit widerrufe ich mein am 15. Mai 1999 von mir eigenhändig verfasstes Testament, in dem ich meinen Neffen Otto zum Alleinerben eingesetzt habe. Es ist ungültig.« Das Widerrufstestament eignet sich besonders dann, wenn der Erblasser kein neues Testament verfassen möchte.

Zusätze zu einem bestehenden Testament müssen ebenfalls eigenhändig geschrieben, gesondert unterschrieben und mit Datum versehen werden.

Praxistipp

Ein neues Testament widerruft nicht automatisch ein früheres. Wurde zum Beispiel im ersten Testament der Neffe Otto zum Erben eingesetzt und im zweiten Testament verfügt, dass Nichte Anna ein Vermächtnis in Höhe von 20000 Mark erhalten soll, sind beide Testamente gültig. Die Bestimmung von Otto zum Alleinerben wird durch das Vermächtnis für Anna nicht beeinträchtigt.

Anders sieht es aus, wenn im zweiten Testament eine andere Person als Alleinerbe eingesetzt wird. Dann ist das zweite Testament gültig. Allerdings sollte man beachten, dass die zeitliche Reihenfolge der Testamente nur dann festzustellen ist, wenn beide Testamente mit Datum versehen wurden.

Hat der Erblasser sein Testament beim Amtsgericht hinterlegt, sollte er das alte Testament aus der amtlichen Verwahrung zurück nehmen, sobald er ein neues verfasst hat. Es gilt damit automatisch als widerrufen.

Praxistipp

Jeder der ein Testament hinterlässt, sollte sich darüber im Klaren sein, welches Testament das gültige ist, und vor allem sollte dies auch für die Erben eindeutig sein. Ist es das nicht und liegen sich widersprechende Testamente ohne erkennbares Datum vor, kann es passieren, dass die gesetzliche Erbfolge zum Zug kommt – und das ist in der Regel genau das, was der Erblasser mit seinem Testament vermeiden wollte.

Ein Testament und die Folgen

Beispiel 1:
Dieter Kraft ist ledig, hat keine Kinder, seine Eltern sind verstorben, andere Verwandte leben nicht. Er hinterlässt folgendes Testament:
Ich, Dieter Kraft, setze als meinen Alleinerben meinen langjährigen treuen Freund Jan Schmidt ein.
Stade, den 01. April 1999

Eine klare Sache: Jan Schmidt erbt alles.

Problem: Jan Schmidt zahlt enorm viel Erbschaftssteuer (siehe Kapitel 7 ab Seite 158).

Beispiel 2:
Otto Maier hinterlässt zwei Kinder. Seine Frau ist bereits verstorben. Sein Testament lautet wie folgt:
Ich, Otto Maier, setze als meine Alleinerbin meine Tochter Greta Müller, geborene Maier, ein.
München, den 01. April 1999

Ebenfalls eine klare Sache, auch wenn sich Sohn Alfred nicht freuen wird, denn er erhält nur seinen Pflichtteil, also ein Viertel des Erbes, in Geld. Tochter Greta bekommt den Rest.

Beispiel 3:
Nach dem Tod von Anna Haug finden sich zwei Testamente.

Testament 1
Ich, Anna Haug, setze meine beiden Söhne Christoph und Karl Haug zu meinen Alleinerben ein. Meine Tochter Klara Klee, geborene Haug, soll nur den Pflichtteil erhalten.
Köln, den 01. April 1998

Testament 2
Ich, Anna Haug, setze meine Nichte Bettina Haug und meinen Sohn Karl Haug zu gleichen Teilen als meine Alleinerben ein.
Köln, den 01. April 1999

Gültig ist das zweite Testament, denn es ist das neuere. Obwohl ihre Kinder Christoph, Karl und Klara alle drei noch leben, hat Anna Haug nur einen Sohn und ihre Nichte Bettina zu ihren Erben gemacht. Das bedeutet für Klara und Christoph, dass sie nur ihren Pflichtteil, also jeweils $1/6$ des Gesamterbes in Geld von den Erben verlangen können. Karl und Bettina Haug erhalten je die Hälfte des Erbes. Ohne Testament würde den Geschwistern je $1/3$ zustehen, der Nichte gar nichts.

Beispiel 4:
Hugo Groß hinterlässt einen Sohn und seine Eltern. Er hat sich vor einigen Jahren mit seinem Sohn überworfen. Er trifft folgende letztwillige Verfügung:
Ich, Hugo Groß, setze als Alleinerben meine Eltern ein oder deren Abkömmlinge. Meinen Sohn Fritz schließe ich als gesetzlichen Erben aus. Das gilt auch für seine Abkömmlinge.
Karlsruhe, den 01. April 1999

Hugo Groß stirbt am 30. Mai 1999. Sein Vater starb bereits am 15. Mai 1999, also vor ihm. Das bedeutet: Die Mutter von Hugo erbt die Hälfte, ihre Kinder Klaus und Peter, also die Geschwister von Hugo, erhalten je ein Viertel. Da sie jedoch Fritz Pflichtteilansprüche erfüllen müssen, bleibt der Mutter in der Praxis nur ein Viertel, den Kindern je ein Achtel. Hugos Sohn Fritz kann den Pflichtteil beanspruchen, der dem Gegenwert des halben Erbes in Geld entspricht, denn nach der gesetzlichen Erbfolge hätte er alles erhalten.

Ärgernis für Erben und Gerichte: Das unklare Testament

Zu bedauern sind Erben und Gerichte, die sich mit unpräzisen Testamenten herumärgern müssen. Ein solches unklares Testament kommt meist dann zustande, wenn der Verstorbene versucht hat, alles bis ins kleinste Detail zu regeln.

> ***Beispiel:***
> *Testament von Theo Sorge:*
> Ich setze meine Tochter Ingrid zur Alleinerbin ein.
> Weil sie sich immer um mich gekümmert hat, soll meine Nachbarin den Teppich erhalten, den sie so bewundert hat.
> Außerdem dürfen sich meine besten Freunde jeder ein Stück aus meiner Zinnbechersammlung aussuchen.
> Weil Ingrid eine Katzenallergie hat, soll meine Katze Schmusepeter, die nicht zu Fremden soll, von meinem Neffen versorgt werden. Dafür erhält er 5 000 Mark aus meinem Erbe.

Das einzig Klare an diesem Testament ist, dass Tochter Ingrid Alleinerbin werden soll. Um welche Nachbarin und um welchen Teppich es geht, ist unklar, denn Theo Sorge hatte mehrere Nachbarinnen. Alle haben sich um den alten Mann gekümmert. Wie soll entschieden werden, welche von ihnen den Teppich erben soll? Außerdem hat Theo Sorge fünf Neffen. Welcher soll die Katze und das Geld erhalten?

Im Testament von Theo Sorge geht es nicht um riesige Beträge, aber es gibt nach Erfahrung von Notaren und Gerichten tatsächlich Leute, die auf diese Art und Weise Hunderttausende von Mark vermachen. Als Erbe haben Sie dann unter Umständen mit den Ansprüchen mehrerer Leute zu kämpfen, die alle der Meinung sind, sie seien die Begünstigten.

Praxistipp

Wer mit dem Erblasser vorher über sein Testament spricht, weiß, welche Personen er bedenken möchte, und kann darauf hinwirken, dass die betreffenden Personen mit Namen genannt werden und so eindeutig identifiziert werden können.

Sonderfall: Gemeinschaftliches Testament

Dies ist eine Sache, die Sie interessieren muss, wenn Sie verheiratet sind, denn wie Sie inzwischen wissen: Nach der gesetzlichen Erbfolge ist der Ehepartner nicht automatisch Alleinerbe, sondern muss mit Kindern, Enkeln oder Eltern teilen.

Zur Erinnerung: Die gesetzliche Erbfolge sieht vor, dass der Ehegatte, sofern es Kinder gibt, die Hälfte erbt, die Kinder sich die andere Hälfte teilen. Gibt es keine Kinder, erhält der Ehepartner drei Viertel, die Eltern des Verstorbenen ein Viertel zu gleichen Teilen. Dies gilt für die in Zugewinngemeinschaft lebenden Ehepaare.

Diese Regelung ist für den Ehepartner mitunter nicht sehr günstig, deshalb setzen sich viele Ehepartner in einem gemeinschaftlichen Testament gegenseitig zu Alleinerben ein. Die anderen gesetzlichen Erben erhalten dann nur den Pflichtteil. Das gemeinschaftliche Testament unterliegt denselben Regeln und Formvorschriften wie das Testament einer Einzelperson. Die Regelungen unterscheiden sich lediglich im Falle eines Widerrufs.

Praxistipp

Nur Ehepartner können diese Form des gemeinschaftlichen Testaments wählen. Für Lebenspartner, die ohne Trauschein zusammen leben, ist dies bislang nicht möglich. (Mehr dazu in Kapitel 5 ab Seite 135.)

Beispiel:

Gemeinschaftliches Testament von Gerd und Charlotte Huhn:

Wir setzen uns gegenseitig als Alleinerben ein. Erbe desjenigen, der am längsten lebt, sollen unsere Kinder Monika und Jürgen sein.
Bonn, den 01. April 1999
Gerd Huhn

Dies ist auch mein Testament.
Bonn, den 01. April 1999
Charlotte Huhn

Das Ehepaar Huhn hat das sogenannte »Berliner Testament« gewählt. Der überlebende Ehepartner ist damit gegen hohe Ansprüche der Kinder geschützt. Stirbt Gerd Huhn zuerst, erbt Charlotte Huhn alles, die Kinder können nur ihren Pflichtteil, je ein Achtel in Geld, beanspruchen. Stirbt später Charlotte, erben die beiden Kinder zu gleichen Teilen, also je die Hälfte. Stirbt Charlotte zuerst, erbt zunächst Gerd.

Allerdings hat dieses Testament auch einen Nachteil: Nach dem Tod eines Partners hat der überlebende Partner keine Möglichkeit mehr, das Testament abzuändern. Beispielsweise könnte es sein, dass sich eines der Kinder negativ entwickelt oder eines sich besonders für den Vater oder die Mutter einsetzt und der überlebende Elternteil deshalb eigentlich den Wunsch hätte, das Testament entsprechend zu ändern. Doch das ist nicht mehr möglich: Ist der Partner tot, gilt das gemeinsam verfasste Testament. Eine solche Entwicklung kann umgangen werden, indem sich das Ehepaar im gemeinschaftlichen Testament nur gegenseitig zu Alleinerben einsetzt oder eine Klausel aufnimmt, die es dem überlebenden Partner gestattet, das Testament zu ändern. In beiden Fällen kann der überlebende Partner sich die Freiheit nehmen, die Bestimmungen die Kinder betreffend zu ändern.

Praxistipp

Möchte aus unserem Beispiel Gerd Huhn nach Charlottes Tod seine Tochter Monika zur Alleinerbin einsetzen, kann er dies nur tun, indem er Charlottes Erbe ausschlägt. Dann beansprucht er den Zugewinnausgleich plus einem kleinen Pflichtteil, Monika und Jürgen bekämen den Rest. Gerd Huhn könnte dann in einem eigenen Testament für den Fall seines Todes Monika zur Alleinerbin einsetzen.

Viele Ehepaare versuchen, der Pflichtteilforderung der Kinder durch Klauseln im Testament vorzubeugen. So könnte das Ehepaar Huhn beispielsweise festlegen, dass das Kind, das seinen Pflichtteil fordert, auch beim Tod des Überlebenden auf den Pflichtteil beschränkt wird.

Praxistipp

Ein eigenhändiges gemeinschaftliches Testament muss von einem der Ehepartner handgeschrieben und von beiden unterschrieben werden. Aus unserem Beispiel geht klar hervor, dass auch Charlotte Huhn einverstanden ist. Besser noch ist, wenn sie in diesem Fall den Zusatz selbst schreibt.

Ein gemeinschaftliches Testament ändern

Dies stellt kein Problem dar, wenn sich die Ehepartner einig sind. Anders sieht es aus, wenn nur einer der beiden nicht mehr zu der getroffenen Übereinkunft steht. Er hat dann die Möglichkeit, das gemeinschaftliche Testament einseitig außer Kraft zu setzen, indem er vor einem Notar den Widerruf erklärt. Allerdings wird diese Erklärung erst dann wirksam, wenn der andere Ehepartner sie erhalten hat. Das geschieht am besten durch den Notar.

Hat der andere Ehepartner die Widerrufserklärung erhalten, ist grundsätzlich das gesamte gemeinschaftliche Testament zunichte. Würde also in unserem Beispiel Gerd Huhn die Einsetzung von Charlotte als Alleinerbin widerrufen, wäre er automatisch auch nicht mehr Alleinerbe seiner Frau.

Praxistipp

Haben Sie mit Ihrem Ehepartner ein gemeinschaftliches Testament verfasst und lassen sich dann scheiden, wird das gemeinschaftliche Testament schon in dem Moment, in dem Sie die Scheidung beantragt oder ihr zugestimmt haben, ungültig. Jeder der ehemaligen Ehepartner muss dann ein eigenes Testament verfassen.

Auflagen für den Erben

Sicherlich haben Sie es auch schon gehört: Der reiche Vater setzt den Sohn zum Erben ein, aber nur, wenn der die Firma weiterführt oder seine Freundin nicht heiratet etc. Tatsächlich kann der Erblasser in seinem Testament allerlei Auflagen machen, die dem Erben das Leben schwer machen. Er kann das Erbe sogar zeitlich begrenzen oder bestimmen, welcher der Erben was bekommt. Fachleute nennen das »ein Erbe beschweren«.

Beispiel:
Klaus Klein vermacht seinem Sohn Peter seine Eigentumswohnung. Er legt aber gleichzeitig fest, dass Peter die Eigentumswohnung an seine Schwester Maria abgeben muss, sobald er seine Ausbildung beendet hat und eigenes Geld verdient.

Ein solches Testament nennt man ein Nachvermächtnis. Der Erblasser legt darin einen Zeitpunkt fest, zu dem der vermachte Gegenstand an eine weitere Person überzugehen hat.

Der Erblasser kann in einem Testament so ziemlich alles bestimmen, was ihm in den Sinn kommt, zum Beispiel wie das Grab gepflegt werden soll, wie lange das ererbte Haus nicht verkauft werden darf, wer den Familienbetrieb weiterführen soll etc. Er kann verfügen, dass der Erbe jeden Monat eine bestimmte Summe an ein Kinderkrankenhaus zahlen, die Katze versorgen oder einen Gärtner für die Rosen bestellen muss. Nicht erlaubt sind lediglich Auflagen, die zum Zeitpunkt des Erbfalls unmöglich sind oder kriminelle Handlungen verlangen.

Der Erblasser kann auch eine bestimmte Aufteilung des Vermögens anordnen (Teilungsanordnung). Das heißt, er kann zum Beispiel das Haus dem Sohn, die Wohnung der Tochter und die Yacht der Ehefrau vermachen. Ist der Wert von Haus, Wohnung und Yacht unterschiedlich, haben die Benachteiligten einen Anspruch auf Ausgleich entweder durch den Rest des Nachlasses oder – sofern keine weiteren Vermögenswerte vorhanden sind – gegenüber den anderen Erben.

Daraus möglicherweise erwachsenden Streitereien kann der Erblasser zuvorkommen, wenn er den benachteiligten Erben in Höhe des Ausgleichs ein Vorausvermächtnis zukommen lässt.

Praxistipp

Auflagen oder eine Teilungsanordnung dürfen nicht dazu führen, dass Erben benachteiligt werden, also weniger bekommen, als ihnen zusteht. Der Erblasser muss darauf achten, dass jeder zumindest den ihm zustehenden Pflichtteil erhält, sonst können die Erben, die weniger bekommen, einen Restpflichtteil verlangen.

Sind sich die Erben über eine andere als die angeordnete Aufteilung einig, können sie von der im Testament angeordneten Aufteilung abrücken und nach ihren eigenen Vorstellungen aufteilen. Voraussetzung dafür ist, dass der Erblasser dagegen keine Vorkehrungen getroffen hat.

Beispiel 1:
Hildegard H. hinterlässt ihren drei Kindern ein Einfamilienhaus, eine Etagenwohnung mit drei Zimmern, eine Gemäldesammlung und ein Ferienhaus in Spanien. Sie möchte, dass Sohn Gerhard das Einfamilienhaus erhält, Sohn Wolfgang die Etagenwohnung und die Gemäldesammlung, Tochter Monika das Ferienhaus in Spanien.

Den drei Kindern passt diese Aufteilung ganz und gar nicht. Monika ist es in Spanien zu heiss, Wolfgang interessiert sich nicht für Kunst, aber für das Ferienhaus in Spanien, Gerhard will das Einfamilienhaus nicht, weil er bereits im eigenen Haus wohnt. Da Hildegard H. keine weiteren Auflagen gemacht hat, bekommt Wolfgang das Ferienhaus, Monika das Einfamilienhaus, die Etagenwohnung und die Gemäldesammlung werden verkauft und der Erlös so verteilt, dass der Geldwert des Erbes für jedes der drei Kinder gleich ist.

Beispiel 2:
Hildegard H. hat zusätzlich zur Aufteilung des Erbes verfügt, dass die Gemäldesammlung frühestens nach zehn Jahren verkauft werden darf. Außerdem soll Wolfgang nur den Pflichtteil erhalten, wenn er die Etagen-

wohnung nicht übernimmt. Eine andere Aufteilung ist unter diesen Umständen nicht möglich, weil Wolfgang dann wesentlich schlechter dastehen würde und sicher nicht einverstanden wäre.

Praxistipp

Manche Menschen treffen Verfügungen, die den Erben ungerecht und unlogisch vorkommen. Sie empfinden es als ärgerlich und mitunter erniedrigend, den Auflagen nachzukommen, nur um das Erbe nicht zu verlieren. Besonders ärgerlich ist es, wenn Eltern ihre Kinder im Nachhinein per testamentarischer Auflage von Dingen zu überzeugen versuchen, bei denen es ihnen zu Lebzeiten nicht gelungen ist. Hinzu kommt das Dilemma zwischen dem Wunsch, den letzten Willen eines Menschen zu respektieren, sich aber selbst treu zu bleiben. Können Sie sich als Erbe absolut nicht mit Auflagen anfreunden, besteht immer die Möglichkeit, sofern Sie anspruchsberechtigt im Sinne der gesetzlichen Erbfolge sind, das Erbe auszuschlagen und nur den Pflichtteil zu beanspruchen. Das ist jedoch ein Schritt, den Sie nie spontan tun sollten, sondern nur nach reiflicher Überlegung. Ein offenes und rechtzeitiges Gespräch zwischen Eltern und Kindern kann die Aufteilung zur Zufriedenheit aller steuern.

Ein Dritter bestimmt

Manche Erblasser bestimmen zwar per Testament ihre Erben, überlassen jedoch die Aufteilung des Erbes einem Dritten, zum Beispiel einem guten Freund, einem Verwandten, einem Mitarbeiter oder einem der Erben. Der Hintergrund für eine solche Entscheidung kann zum Beispiel das Alter der Kinder sein, die erben. Soll ein Unternehmen vererbt und durch die Kinder weitergeführt werden, und sind die Kinder zum Zeitpunkt des Erbfalls noch in der Ausbildung, könnte sich der Erblasser dafür entscheiden, den Betrieb fünf

Jahre lang durch seinen engsten Mitarbeiter und Freund weiterführen zu lassen mit der Auflage, danach das geeignetste der Kinder zur Leitung des Betriebs auszuwählen und auszubilden. Möglich ist auch, dass zum Beispiel einer der Erben für die besten Freunde des Verstorbenen je ein Erinnerungsstück aussuchen soll.

Solche Verfügungen sollten sehr genau beschrieben sein und am Besten mit demjenigen, der damit belastet wird, im Voraus besprochen werden. Falls es um die Aufteilung des Erbes geht, sollte möglichst eine außenstehende Person gewählt werden, denn jemand aus dem Kreis der Erben wird unter Umständen von den anderen Erben nicht als uneigennützig akzeptiert.

Auch in der Funktion eines Testamentsvollstreckers kann ein Dritter eingesetzt werden, der eigentlich nicht zum Kreis der Erben gehört. Testamentsvollstrecker werden von Menschen bestimmt, die Angst haben, dass die von ihnen getroffenen Verfügungen nicht oder nicht korrekt umgesetzt werden. Bei einem sehr umfangreichen Nachlass und mehreren oder unerfahrenen Erben kann ein Testamentsvollstrecker ebenfalls sinnvoll sein, weil er relativ schnell und (hoffentlich) objektiv das Erbe weitergeben oder auch begrenzte Zeit verwalten kann.

Zum Testamentsvollstrecker kann im Prinzip jede Person ernannt werden. Je nach Aufgabe ist es allerdings sinnvoll, einen Fachmann zu wählen, zum Beispiel einen Anwalt, einen Steuerberater, einen Bankfachmann oder einen Vermögensverwalter. Eltern setzen häufig für ihre minderjährigen oder – ihres Erachtens unreifen Kinder – einen Testamentsvollstrecker ein.

Aufgaben des Testamentsvollstreckers

§ 2216 BGB regelt die Aufgaben des Testamentsvollstreckers. Darin heißt es:

»(1) Der Testamentsvollstrecker ist zur ordnungsmäßigen Verwaltung des Nachlasses verpflichtet.« Das bedeutet: Der Testamentsvollstrecker muss gewissenhaft und sorgfältig arbeiten. Das ihm anvertraute Vermögen des Erblassers muss er erhalten und mehren – so wollen es die Gerichte. Die Aufgaben eines Testamentsvollstreckers sind im Einzelnen:

- Ausführung der Verfügungen des Verstorbenen,
- Verteilung des Nachlasses an die Erben (Abwicklungsvollstreckung) und
- Verwaltung des Nachlasses (Dauervollstreckung).

Um diese Aufgaben zu erfüllen, hat der Testamentsvollstrecker weitreichende Vollmacht; er kann

- Schulden machen,
- Konten verwalten,
- Grundstücke und Immobilien verkaufen und
- Prozesse führen.

Eigentlich kann der Testamentsvollstrecker – von wenigen Ausnahmen abgesehen – so handeln, als ob er der Erblasser wäre. Die Erben haben kein Recht, an den Entscheidungen des Testamentsvollstreckers mitzuwirken. Das führt häufig zu Streit zwischen Erben und Testamentsvollstrecker, der dann meist vor Gericht ausgetragen wird. Für die Erben ebenfalls ein Ärgernis: Der Testamentsvollstrecker muss für seine Arbeit aus dem Nachlass bezahlt werden.

Vergütung Abwicklungsvollstreckung		*Vergütung Dauervollstreckung*
Wert des Erbes	*Vergütung in %*	
Ca. 30 000 DM	4	1. Konstituierungsgebühr für die Ermittlung und Bewertung des Nachlasses wie Gebühr bei Abwicklungsvollstreckung
Ca. 200 000 DM	3	2. Verwaltungsgebühr: 0,33 bis 0,5 % vom Nachlasswert oder 2 bis 4 % der laufenden Einkünfte aus dem Nachlass
Ca. 1 000 000 DM	2	
Mehr als 1 000 000 DM	1 oder mehr	

Das Gesetz spricht von einer »angemessenen« Vergütung. Nur wenige Erblasser legen die Vergütung im Testament fest, deshalb mussten in der Vergangenheit die Gerichte tätig werden. Sie haben Anhaltspunkte für die Vergütung festgelegt, die Sie in der Tabelle auf Seite 67 finden. Letztlich wird die Vergütung des Testamentsvollstreckers jedoch von Fall zu Fall und individuell festgelegt.

Praxistipp

Soll ein Testamentsvollstrecker eingesetzt werden, ist es sinnvoll, eine außenstehende Person dafür einzusetzen, zum Beispiel den Familienanwalt oder den Bankfachmann, mit dem der Erblasser schon jahrelang zusammengearbeitet hat. Kennen die Erben den Testamentsvollstrecker und sind sie von seiner Integrität überzeugt, lassen sich viele Schwierigkeiten vermeiden. Der Testamentsvollstrecker sollte am Besten vorab über seine Aufgabe informiert werden und auch einverstanden sein. Außerdem ist es vernünftig, sein Honorar mit ihm gemeinsam festzulegen und auch im Testament festzuhalten.

Erbe annehmen – ja oder nein?

Wie Sie bereits wissen, müssen Sie innerhalb relativ kurzer Zeit nach Bekanntwerden (sechs Wochen) entscheiden, ob Sie ein Erbe annehmen oder nicht. Während dieser Frist sollten Sie sich einen Überblick über das Erbe verschaffen, denn als Erbe winken Ihnen nicht nur Guthaben, sondern auch Verbindlichkeiten. Als Erbe übernehmen Sie ebenfalls die Schulden des Verstorbenen. Dazu zählen nicht nur die Schulden bei der Bank, sondern auch gegenüber anderen sowie gegebenenfalls Unterhaltsverpflichtungen gegenüber dem geschiedenen Ehegatten des Verstorbenen.

Das Schwierige bei der Regelung der Nachlassverbindlichkeiten ist die Frage, wofür Sie als Erbe haften und in welchem Umfang. Haften Sie nur mit dem geerbten Vermögen oder auch mit Ihrem eigenen?

Kein Problem, wenn das Erbe zur Deckung der Verbindlichkeiten ausreicht und sogar noch etwas übrig bleibt. Doch was ist, wenn das Erbe nicht ausreicht? Die Gläubiger des Verstorbenen werden auf jeden Fall versuchen, sich an Sie als den Erben zu halten.

Hinzu kommt die Auflage an den Erben, alle mit dem Erbfall zusammen hängenden Schulden zu regeln. Dazu gehört:

- die Befriedigung von Pflichtteil-, Restpflichtteil- und Pflichtteilergänzungsansprüchen,
- die Erfüllung eventueller Auflagen des Erblassers,
- der Dreißigste,
- die Befriedigung der Ansprüche von Stiefkindern,
- die Befriedigung von Unterhaltsansprüchen einer werdenden Mutter, deren Kind vom Erblasser gezeugt wurde,
- die Kosten der Beerdigung,
- die Kosten der Testamentseröffnung,
- diverse Gerichtskosten,
- eventuell Kosten für einen Testamentsvollstrecker oder Nachlassverwalter,
- Erbschaftsteuer.

Manchmal ist es nicht möglich, sich vorab einen umfassenden Überblick über den Nachlass in kurzer Zeit zu verschaffen. Optimal ist es, wenn der Erblasser zusammen mit dem Testament eine Aufstellung seiner Vermögenswerte vornimmt, die er von Zeit zu Zeit überarbeitet und ergänzt. Stehen Sie als Erbe, zum Beispiel Ihrer Eltern, fest, sollten Sie sich eine Kopie dieser Aufstellung geben lassen.

Praxistipp

Sollten Ihre Informationen über den Nachlass trotz aller Versuche, mehr zu erfahren, nicht ausreichend sein, sollten Sie das Erbe nicht in jedem Fall ausschlagen, denn das Gesetz sieht Möglichkeiten vor, die den Erben entlasten bzw. seine Haftung begrenzen.

Abgesehen von zu hohen Verbindlichkeiten des Erblassers, für die Sie haften müssen, können zahlreiche andere Gründe bestehen, ein Erbe auszuschlagen:

- moralische Gründe, wenn durch Ihre Erbschaft andere Erben benachteiligt werden und Sie das nicht wollen,
- finanzielle Gründe, wenn Sie sich zum Beispiel als Ehepartner mit errechnetem Zugewinn und kleinem Pflichtteil besser stellen,
- Auflagen, die Sie nicht akzeptieren können oder wollen etc.

So gewinnt der Erbe Zeit

Sie haben das Erbe angenommen und brauchen Zeit, um Ordnung in das Chaos zu bringen, das Sie vorfinden. Die Höhe der Schulden können Sie nicht exakt feststellen, Gläubiger, von denen Sie nichts wussten, präsentieren ihre Forderungen. Das ist jedoch noch kein Grund zur Panik, denn das Gesetz gibt den Erben die Möglichkeit, sich Zeit zur Information zu verschaffen.

- Dreimonatseinrede:
  In den ersten drei Monaten nach Annahme der Erbschaft müssen Sie nichts an die Gläubiger bezahlen (§ 2014 BGB). Wichtig: Während dieser Zeit sollten Sie – sofern Sie nicht müssen – kein Inventar errichten, denn dann endet die Dreimonatsfrist vorzeitig.
- Einrede des Aufgebotsverfahrens:
  Falls Sie während des ersten Jahres nach Annahme der Erbschaft bei Gericht ein Aufgebotsverfahren beantragt haben und das Gericht das Verfahren zulässt, müssen Sie bis zur Beendigung des Verfahrens nichts an die Gläubiger zahlen (§ 2015).
- Erschöpfungseinrede:
  Falls sich nach dem Aufgebotsverfahren weitere Gläubiger mit Forderungen bei Ihnen melden und der Nachlass bereits verbraucht ist, können Sie die Zahlung mit dem Hinweis auf den nicht mehr vorhandenen Nachlass ablehnen. Dasselbe gilt, wenn

ein Nachlassinsolvenzverfahren stattgefunden hat und der Nachlass verbraucht ist (§ 1973f).

- Einrede der Dürftigkeit:
  Das Gericht lässt die Nachlassverwaltung oder ein Nachlassinsolvenzverfahren nur zu, wenn die Verwaltungs- bzw. Verfahrenskosten dafür durch das Erbe gedeckt sind. Ist dies nicht der Fall, werden die Verfahren eingestellt. Der Erbe kann sich dann gegenüber den Gläubigern auf die »Dürftigkeit des Nachlasses« berufen und muss ihre Forderungen nicht erfüllen. Allerdings: Alle vorhandenen Werte, und seien sie noch so gering, müssen für die Tilgung der Schulden des Verstorbenen verwendet werden (§ 1990).

Schutz des Erben und seines Vermögens

Wenn alle Anstrengungen nichts nützen und Sie es einfach nicht schaffen, einen Überblick über das Erbe zu gewinnen, sollten (und müssen) Sie sofort handeln, um Ihr eigenes Vermögen und sich selbst zu schützen. Besonders wenn sich herausstellt, dass die Verbindlichkeiten unerwartet hoch sind und möglicherweise nicht aus dem Erbe getilgt werden können, sollten Sie den Antrag auf Anordnung der Nachlassverwaltung oder im schlimmsten Fall den Antrag auf ein Nachlassinsolvenzverfahren stellen.

Den Antrag auf Nachlassverwaltung müssen Sie nicht begründen. Stellen Sie ihn rechtzeitig, denn sobald Sie gegenüber den Gläubigern unbeschränkt – also mit Ihrem eigenen Vermögen – haften, können Sie diesen Antrag nicht mehr stellen.

Wann haftet der Erbe unbeschränkt?

Die Haftungsfrage ist sehr komplex und hängt mit der Aufstellung eines Inventars zusammen, das Auskunft über die vorhandenen Vermögenswerte des Erblassers und seiner Verbindlichkeiten gibt. Jeder Nachlassgläubiger kann von dem Erben verlangen, dass eine

Inventarliste beim Nachlassgericht eingereicht wird. Setzt das Gericht dem Erben dafür eine Frist, muss diese unbedingt eingehalten werden. Versäumt er sie, haftet er für alle Verbindlichkeiten unbeschränkt, das heißt mit seinem eigenen Vermögen.

Die unbeschränkte Haftung kommt auch zum Tragen, wenn der Erbe bei der Erstellung des Inventars Vermögenswerte bewusst verschweigt, wissentlich falsche oder unvollständige Informationen weitergibt, Auskünfte verweigert oder verzögert. Der Erbe kann dazu verpflichtet werden, an Eides statt die Richtigkeit des Inventars zu bestätigen. Erfüllt er diese Verpflichtung nicht, haftet er gegenüber dem Gläubiger, der das Inventar beantragt hat, unbeschränkt.

Der Erbe kann ein Inventar nicht alleine erstellen. § 2002 BGB verlangt, dass er »eine zuständige Behörde oder einen zuständigen Beamten oder Notar« hinzuzieht. Als Alternative kann er beantragen, dass das Inventar komplett von einer Amtsperson aufgestellt wird. Der Antrag dafür muss innerhalb der vom Gericht gesetzten Frist eingereicht werden.

Für das Nachlassgericht gibt es ansonsten nur einen Grund, den Antrag auf Nachlassverwaltung abzulehnen: Wenn der Nachlass nicht zur Deckung der Kosten der Nachlassverwaltung ausreicht.

Der Nachlassverwalter übernimmt die Aufgaben des Erben

Der Nachlassverwalter wird vom Nachlassgericht eingesetzt und übernimmt die Verwaltung des Erbes. Ab diesem Zeitpunkt hat der Erbe keinen Einfluss mehr darauf, wie mit seinem Erbe verfahren wird, aber er kann auch nicht mehr mit seinem eigenen Vermögen haftbar gemacht werden. Die Auslagen, die er bisher im Zusammenhang mit dem Erbe hatte, werden ihm aus dem Nachlass ersetzt.

Der Nachlassverwalter steht unter der Aufsicht des Gerichts und erhält für seine Tätigkeit eine vom Gericht festgesetzte Bezahlung aus dem Nachlass. Er sichtet die vorhandenen Vermögenswerte und die Schulden. Für die Schuldentilgung kann und muss er

Teile des Nachlasses veräußern. Sind alle Schulden bezahlt, übergibt er den Rest des Erbes an den Erben. Damit ist seine Tätigkeit beendet.

Stellt er fest, dass das Erbe nicht ausreicht, um alle Schulden des Verstorbenen zu begleichen, muss er ein Nachlassinsolvenzverfahren beantragen. Auch das kann nur abgelehnt werden, wenn das Erbe nicht zur Deckung der Verfahrenskosten ausreichen würde. Findet das Verfahren statt, setzt das Gericht eine Person ein, die die Geschäfte abwickelt.

Praxistipp

Falls Sie erben und Bedenken hinsichtlich der Schulden des Verstorbenen haben oder sich nicht in der Lage fühlen, mit einem unübersichtlichen Erbe zurecht zu kommen, sollten Sie den Antrag auf Anordnung der Nachlassverwaltung stellen. Sie müssen die Kosten dafür zwar aus dem Nachlass begleichen und haben keinen Einfluss auf die Entscheidungen des Nachlassverwalters, aber im Gegenzug schützen Sie Ihr eigenes Vermögen und können sicher sein, dass alles korrekt abgewickelt wird.

Letzter Ausweg: Nachlassinsolvenzverfahren

Der Antrag auf ein Nachlassinsolvenzverfahren ist die letzte Möglichkeit für Sie, wenn Sie ein Erbe angetreten haben, das völlig überschuldet ist. Das ist immer dann der Fall, wenn die Soll- die Habenseite übersteigt, selbst wenn Vermächtnisse und Auflagen im Testament auf der Sollseite nicht berücksichtigt werden.

Den Antrag muss der Erbe, der Testamentsvollstrecker oder der Nachlassverwalter bei der zuständigen Stelle des Amtsgerichts stellen, in dessen Bezirk der Verstorbene seinen Wohnsitz hatte. Jeder Nachlassgläubiger ist ebenfalls zur Antragstellung berechtigt. Das Gericht prüft dann als erstes, ob tatsächlich eine Überschuldung vorliegt und ob der Nachlass überhaupt ausreichend ist, um das Verfahren zu bezahlen. Trifft beides zu, wird das Verfahren eröffnet.

Praxistipp

Gegen gerichtliche Entscheidungen im Zusammenhang mit Ihrem Erbe können Sie Einspruch einlegen. Hat zum Beispiel ein Gläubiger die Nachlassverwaltung beantragt, können Sie Einspruch einlegen, ebenso gegen die Festsetzung einer Inventarfrist etc. Allerdings müssen Sie Fristen und Wirkungen der Beschwerden beachten. Holen Sie sich besser anwaltlichen Rat ein.

Umsonst gibt es nichts – auch nicht das Erbe

Wir haben immer wieder darauf hingewiesen: Erblasser und Erben können sich eine Menge Ärger ersparen, wenn sie von der Abfassung des Testaments bis hin zur Abwicklung des Erbfalls die Hilfe von Notaren, Rechtsanwälten und Gerichten in Anspruch nehmen. Bares Geld können Sie sparen, wenn Sie Ihren Streit selbst austragen, denn jeder, der Ihnen dabei hilft, möchte bezahlt werden.

Rechtsanwälte berechnen ihre Honorare nach der Rechtsanwaltsgebührenordnung, Gerichte und Notare nach der Kostenordnung. In allen Fällen bemessen sich die Kosten nach der Höhe des Streitwerts, also nach der Höhe des Erbes. In den neuen Bundesländern liegen die Kosten um etwa zehn Prozent niedriger als in den alten.

Zusätzlich berechnen Anwälte und Notare Kostenpauschalen, zum Beispiel Schreibgebühren, sowie die gesetzliche Mehrwertsteuer. Gerichte rechnen wie Notare nach der Kostenordnung ab, erheben aber keine Mehrwertsteuer.

Praxistipp

§ 20 Absatz 1 Satz 2 der Bundesrechtsanwaltsgebührenordnung (BRAGO) ermöglicht jedem Klienten eine Erstberatung, für die maximal 350 Mark anfallen dürfen plus Auslagen und Steuern. Der tatsächliche Streitwert spielt bei der Erstberatung keine Rolle. In erster Linie dient ein solches Gespräch dazu, dem Ratsuchenden erste Hinweise dafür zu geben, ob sein Fall überhaupt Erfolgschancen haben könnte und was ihn das Ganze ungefähr kosten würde. Mehr kann der Anwalt ohne genauere Kenntnis des Falles auch nicht tun.

Nehmen Sie die Erstberatung in Anspruch – sie ist nicht allzu teuer und Sie wissen, wo Sie stehen. Sofern Sie über eine Rechtsschutzversicherung verfügen, sollte bei der Erstberatung unbedingt darüber gesprochen werden, inwieweit die Versicherung zur Zahlung herangezogen werden kann.

Die Kostenordnung gilt für die Leistungen von Notaren und Gerichten. Die Notare erheben zusätzlich Mehrwertsteuer.

Auszug aus der Kostenordnung (KostO) alte Bundesländer:

Wert bis Mark	1/1	2/1	1/2	1/4
25 000	110,00	220,00	55,00	27,50
50 000	160,00	320,00	80,00	40,00
100 000	260,00	520,00	130,00	65,00
140 000	320,00	640,00	160,00	80,00
200 000	410,00	820,00	205,00	102,50
300 000	560,00	1 120,00	280,00	140,00
400 000	710,00	1 420,00	355,00	177,50
500 000	860,00	1 720,00	430,00	215,00
740 000	1 220,00	2 440,00	610,00	305,00
1 000 000	1 610,00	3 220,00	805,00	402,50

Diese Gebühren fallen für die verschiedenen Tätigkeiten von Notaren und Gerichten an:

Tätigkeit	Gebühr
Beurkundung eines notariellen Einzeltestaments	1/1
Beurkundung eines gemeinschaftlichen Testaments	2/1
Ausschlagung der Erbschaft beim Nachlassgericht	1/4
Inventarerrichtung	1/2
Erteilung eines Erbscheins	1/1
Testamentseröffnung	1/2
Widerruf eines gemeinschaftlichen Testaments	1/2

Rechtsanwälte berechnen ihre Gebühren ebenfalls nach der Höhe des Streitwerts und nach der Art ihrer Leistung. So dürfen sie beispielsweise für Tätigkeiten vor Gericht in der ersten Instanz maximal $^{40}/_{10}$ (siehe Tabelle) verlangen. Hinzu kommen die Gerichtsgebühren und je nach Ausgang des Prozesses die Anwaltsgebühren des Gegners. Für außergerichtliche Tätigkeiten gibt es verschiedene Sätze, die sich danach richten, wie aufwendig die nötige Leistung ist, maximal dürfen es $^{10}/_{10}$ sein, der mittlere Wert liegt bei $^{7,5}/_{10}$.

Auszug aus der Rechtsanwaltsgebührenordnung (BRAGO) alte Bundesländer:

Wert bis Mark	10/10	7,5/10
25 000	1 025,00	768,80
50 000	1 425,00	1 068,80
100 000	2 125,00	1 593,80
220 000	2 765,00	2 073,80
310 000	3 245,00	2 433,80
400 000	3 725,00	2 793,80
520 000	4 225,00	3 168,80
700 000	4 975,00	3 731,80
1 000 000	6 225,00	4 668,80

Praxistipp

Beanspruchen Sie die Dienste eines Rechtsanwalts, sollten Sie sich immer genau nach den für Sie entstehenden Kosten erkundigen. Vergessen Sie nicht, dass zusätzlich noch Mehrwertsteuer und eventuell Gerichtskosten hinzukommen.

Lassen Sie sich von Ihrem Rechtsanwalt darüber beraten, ob ein Streit vor Gericht wirklich Aussicht auf Erfolg hat. Mitunter ist es besser, auf einen Rechtsstreit vor Gericht zu verzichten und zu einer außergerichtlichen Einigung zu kommen.

Wie kommt der Erbe an sein Erbe?

Gibt es kein Testament, wird der Erbe durch die gesetzliche Erbfolge bestimmt. Sie müssen also prüfen, ob Sie zu den gesetzlichen Erben gehören. Sind Sie der einzige gesetzliche Erbe, können Sie die Erbschaft ohne viel Aufhebens in Besitz nehmen – damit ist sie übrigens angenommen. Sie können nicht zurück. Gibt es mehrere gesetzliche Erben, muss das Erbe gemeinschaftlich angetreten werden.

Ist jemand der Meinung, Sie hätten keinen Anspruch bzw. nur einen Teilanspruch, macht er Ihnen also das Erbe streitig, müssen Sie beim Nachlassgericht einen Erbschein beantragen. Damit geht automatisch eine gerichtliche Prüfung Ihres Anspruchs einher. Gibt es kein Testament, benötigen Sie den Erbschein auch für die Bank, damit Sie Zugang zu den Konten des Verstorbenen bekommen, es sei denn, Sie verfügen über eine vom Erblasser ausgestellte Vollmacht »auf den Todesfall« oder »über den Tod hinaus« (dazu mehr am Ende des Kapitels ab Seite 81).

Anders sieht es aus, wenn ein Testament vorliegt. Finden Sie in der Hinterlassenschaft ein Testament, müssen Sie dieses beim zuständigen Nachlassgericht abliefern. Das Nachlassgericht bestimmt dann einen Termin für die Testamentseröffnung. Dies gilt auch, falls sich ein Testament bereits in amtlicher Verwahrung, also beim Amtsgericht oder bei einem Notar, befindet.

Testamentseröffnung im Stillen

Haben Sie die Filmszenen vor Augen, in denen die Familie gebannt die Eröffnung des Testaments des Familienpatriarchen verfolgt, werden Sie enttäuscht sein. Die Realität sieht in der Regel ganz anders aus. Das Gericht lädt nicht zur Eröffnung ein, sondern setzt sich auf postalischem Weg mit Ihnen in Verbindung. Alle Beteiligten erhalten ein Protokoll der Testamentseröffnung sowie eine Abschrift der eröffneten Schriftstücke. Selbst wenn das Gericht Sie persönlich zur Testamentseröffnung einlädt, brauchen Sie diesen Termin nicht wahrzunehmen. Im Übrigen kann jede Person, die ein Interesse an einem Testament nachweisen kann, Einsicht in die Unterlagen nehmen oder eine Abschrift verlangen. Die Behörde wird natürlich prüfen, ob das Interesse tatsächlich berechtigt ist.

Sind Sie gesetzlicher Erbe und werden im Testament nicht erwähnt oder bedacht, erfahren Sie trotzdem von dem Testament. Das Gericht ist dazu verpflichtet herauszufinden, welches die gesetzlichen Erben des Verstorbenen sind. Personen, die im Testament bedacht bzw. genannt sind, sind verpflichtet, dem Gericht diesbezüglich Auskünfte zu erteilen. Gestaltet sich dieser Prozess als sehr langwierig oder schwierig, kann das Gericht einen Nachlasspfleger einsetzen.

Praxistipp

Durch die Eröffnung des Testaments allein steht noch kein Erbe fest. Das Gericht prüft nicht, ob das Testament rechtsgültig ist. Damit wird erst begonnen, wenn jemand den Antrag auf einen Erbschein stellt oder jemand das Testament anfechtet.

Sie sind als Erbe nicht verpflichtet, einen Erbschein zu beantragen, aber es empfiehlt sich, denn je nachdem, mit welchen Vollmachten Sie ausgestattet bzw. nicht ausgestattet sind und was Sie erben, brauchen Sie den Erbschein. Der Erbschein ist ein amtliches Zeugnis, das Sie gegenüber Dritten als Erben ausweist.

Falls Sie Grundstücke oder Immobilien erben, brauchen Sie auf jeden Fall einen Erbschein, denn Sie werden als Erbe zwar automatisch Eigentümer, müssen sich aber im Grundbuch noch eintragen lassen. Dort wird man den Erbschein verlangen. Dasselbe kann Ihnen auf der Bank passieren, wenn Sie das Konto des Verstorbenen umschreiben lassen möchten.

Können Sie Ihre Erbschaft problemlos antreten, also ohne Auseinandersetzung mit Miterben oder unklaren Verhältnissen, ist ein Erbschein eigentlich überflüssig, sofern es ein notarielles Testament gibt, in dem Sie namentlich genannt sind. Auch das Eröffnungsprotokoll gilt für das Grundbuchamt wie auch für die meisten Banken als Ersatz für den Erbschein.

Praxistipp

Bevor Sie einen Erbschein beantragen, erkundigen Sie sich bei Ihrer Bank, ob er in Ihrem speziellen Fall überhaupt nötig ist. Immerhin müssen Sie bei einem Erbe von 500 000 Mark mit Kosten von 860 Mark allein für die Erteilung des Erbscheins rechnen. Dazu müssen Sie jedoch einen Antrag mit einer eidesstattlichen Versicherung stellen, der Sie noch einmal dieselbe Summe kostet.

So erhalten Sie einen Erbschein

Den Erbschein müssen Sie beim zuständigen Nachlassgericht beantragen. Sie können das selbst oder über einen Rechtsanwalt oder Notar tun. Als potentieller Erbe müssen Sie dem Nachlassgericht beweisen, dass Sie tatsächlich einen Anspruch auf den Nachlass haben. Das geschieht durch die Vorlage von Unterlagen, aus denen hervorgeht, dass Ihr Anspruch berechtigt ist. Je nachdem, ob der Verstorbene ein Testament, einen Erbvertrag oder gar keine Verfügung hinterlassen hat, benötigen Sie dafür unterschiedliche Dokumente.

Beispiel 1: Gesetzliche Erbfolge
Gunther F. ist verstorben, ohne ein Testament oder einen Erbvertrag zu hinterlassen. Das Ehepaar F. ist kinderlos. Weitere Verwandte von Gunther F. leben nicht mehr. Frau F. sucht einen Notar auf und erklärt dort, dass ihr Mann, mit dem sie in Gütergemeinschaft gelebt habe, verstorben und sie nach der gesetzlichen Erbfolge die Alleinerbin sei. Ein Testament habe er nicht hinterlassen. Zum Beweis ihrer Angaben bringt sie ihren Personalausweis, die Sterbeurkunde ihres Mannes und das Familienstammbuch mit. Der Notar setzt daraufhin ein Schriftstück zur Ausstellung eines Erbscheins auf. Darin enthalten ist außerdem eine eidesstattliche Erklärung von Frau F., dass ihr nichts bekannt ist, was ihren Angaben entgegen steht und dass kein Prozess über ihr Erbrecht anhängig ist. Dieses von ihm selbst und Frau F. unterzeichnete Dokument leitet der Notar an das zuständige Gericht weiter.

Beispiel 2: Testament oder Erbvertrag
Existiert ein Testament oder ein Erbvertrag, müssen Sie als Erbe für den Antrag auf einen Erbschein dieses Dokument vorlegen sowie Personalausweis und Sterbeurkunde. Darüber hinaus müssen Sie angeben, ob Ihnen andere letztwillige Verfügungen des Verstorbenen bekannt sind und ob über das Erbrecht ein Prozess anhängig ist.

Das Gericht prüft anhand der Dokumente, ob Ihr Erbanspruch berechtigt ist oder nicht. Möglicherweise wird noch die eine oder andere eidesstattliche Erklärung von Ihnen verlangt. Den Erbschein stellt das Nachlassgericht aus. Sieht das Testament einen Testamentsvollstrecker vor, wird das im Erbschein notiert.

Praxistipp

Die Beurkundung einer eidesstattlichen Erklärung durch einen Notar ist teurer als vor Gericht, denn der Notar berechnet Ihnen zusätzlich die gültige gesetzliche Mehrwertsteuer.

Ein Erbschein gilt bis zum Beweis seiner Ungültigkeit. Das heißt: Sollte sich nach Ausfertigung des Erbscheins herausstellen, dass es ein weiteres Testament gibt, kann das Gericht den alten Erbschein wieder einziehen und einen neuen für die richtigen Erben ausstellen.

Verkauft ein Erbe Teile des Nachlasses und es stellt sich später heraus, dass der Erbschein falsch war, muss der Käufer nicht um seinen Kauf fürchten. Er muss nichts zurückgeben. Er kann sich auf den »öffentlichen Glauben des Erbscheins« berufen.

Vorsorgen für den Erbfall

Ein Testament ist also in vielen Fällen nötig und sinnvoll. Doch auch ein Testament schützt nicht vor Schwierigkeiten im Erbfall. Meist handelt es sich zunächst ganz banal um das liebe Geld. Verfügen zum Beispiel Ehegatte oder Kinder nicht über eine Bankvollmacht für die Konten und Wertpapierdepots des Verstorbenen, wird es unter Umständen schwierig mit der Bezahlung von Bestattung, Leichenschmaus und des täglichen Lebens. Noch immer gibt es Eheleute, die zwar ein gemeinsames Konto führen, aber nicht beide unterschrifts- und verfügungsberechtigt sind. Stirbt der Partner, der alleine verfügungsberechtigt war, hat der andere zunächst Probleme, Zugang zu dem gemeinsamen Geld zu bekommen.

Sinnvoll: Bankvollmacht für die Hinterbliebenen

76 Prozent aller verheirateten Männer haben mit ihrer Bank für den Fall ihres Todes überhaupt keine Regelungen getroffen. Die Witwe steht zunächst einmal ohne Bargeld da. Das muss wirklich nicht sein, denn mit einer Vollmacht lässt sich diese Situation rechtzeitig vermeiden.

Stirbt ein Bankkunde, sperrt das Kreditinstitut zunächst einmal alle Konten. Nur derjenige, der über eine entsprechende gültige Vollmacht oder einen Erbschein verfügt, hat Zugang zu dem Konto. Die Ausstellung eines Erbscheins lässt jedoch etwa drei Monate auf sich warten. Zu einem Gespräch über das Thema Erben gehört deshalb unbedingt auch die Frage nach einer Bankvollmacht, entweder für die zukünftigen Erben oder für eine andere Vertrauensperson.

Praxistipp

Eine Bankvollmacht kann so ausgestellt werden, dass sie erst nach dem Tod des Erblassers zum Tragen kommt. Man nennt das eine Vollmacht auf den Todesfall. Viele Eltern möchten ihren Kindern nicht vor ihrem Tod Zugriff auf das eigene Konto gewähren, denn selbst gegenüber den eigenen Kindern gelten in vielen Familien die finanziellen Dinge als top secret. Formulare für die entsprechenden Vollmachten halten die Kreditinstitute bereit.

Vollmachten können zudem jederzeit widerrufen werden. Viele Leute vergessen das jedoch. So kann es passieren, dass zum Beispiel für die ehemalige Freundin noch eine Bankvollmacht existiert. Als Erbe sollten Sie auf einen solchen Fall vorbereitet sein und sich bei der Bank sofort nach anderen Vollmachten erkundigen und diese widerrufen.

Sollte jemand mit einer alten, aber offensichtlich gültigen, weil nicht widerrufenen Vollmacht das Konto des Verstorbenen abräumen, ist die Bank gegenüber dem Erben nicht schadenersatzpflichtig. Das geht aus einer höchstrichterlichen Entscheidung aus dem Jahr 1994 hervor, die unter dem Titel »Wettlauf der Liebenden« traurige Berühmtheit erreicht hat.

Schutz des Erbes durch Vollmachten

Anwälte und Notare raten jedoch nicht nur zur Bankvollmacht, sondern plädieren besonders bei Ehegatten und im Falle von Selbstständigen bzw. Einzelunternehmern für weitere Vorsorge. Über diese Fragen sollten Sie mit Eltern und Ehepartnern sprechen:

- Wer führt den Betrieb/die Geschäfte im Krankheits- und Todesfall weiter?
- Ist dafür gesorgt, dass der Betrieb weiterarbeiten kann, dass Verbindlichkeiten erfüllt werden?

- Wer nimmt die privaten Geschäfte im Krankheitsfall wahr? Gibt es eine Generalvollmacht?
- Was ist, wenn die Eltern/der Partner Betreuung brauchen? Gibt es für diesen Fall eine Betreuungsverfügung?

Eine Vollmacht bedeutet immer, dass der Bevollmächtigte anstelle desjenigen, der die Vollmacht erteilt hat, handelt. Er hat je nach Art der Vollmacht eingeschränkte oder unbeschränkte Rechte, im Namen des Vollmachtgebers zu agieren.

Welche Vollmacht ist für wen sinnvoll?

Beschränkte Vollmacht

Diese Form der Vollmacht gilt meist für eine bestimmte Handlung, die der Bevollmächtigte im Auftrag erfüllen soll. Ihre Eltern könnten Ihnen zum Beispiel, weil es ihnen selbst zu anstrengend ist, die Vollmacht erteilen, einen Mieter für ihre Wohnung zu suchen und einen Mietvertrag abzuschließen. Dafür reicht eine handschriftliche Vollmacht, die mit Datum und Unterschrift versehen ist. Beauftragen sie Sie jedoch, ein Grundstück zu verkaufen, benötigen Sie dafür eine notariell beglaubigte Vollmacht.

Generalvollmacht

Der mit einer Generalvollmacht Ausgestattete kann in allen Dingen so handeln, als ob er der Vollmachtgebende sei. Er kann den Vollmachtgeber in allen Angelegenheiten vertreten, soweit rechtlich zulässig. Die Einschränkung bezieht sich zum Beispiel auf eine Heirat oder auch auf die Erstellung eines Testaments. Falls er nicht der Erbe ist, ist er gegenüber den Erben rechenschaftspflichtig.

Handlungsvollmacht

Eine Handlungsvollmacht ist besonders sinnvoll, wenn es sich bei dem Vollmachtgeber um einen selbstständigen Einzelunternehmer handelt. Er sollte auf jeden Fall dafür sorgen, dass die Geschäfte des Unternehmens im Krankheits- oder Todesfall weitergeführt werden können. Aufträge müssen abgewickelt, Verbindlichkeiten bezahlt, Rechnungen gestellt werden etc. Denn solange die Auseinandersetzung über das Erbe dauert, ist der Betrieb nicht nur führungslos, sondern auch handlungsunfähig. Das hat schon oft dazu geführt, dass eigentlich gut gehende Unternehmen Konkurs anmelden mussten. Eine solche Vollmacht sollte nicht unbedingt dem Erben erteilt werden, sondern demjenigen, der am kompetentesten ist, also zum Beispiel dem Prokuristen oder einem langjährigen Mitarbeiter, der den Betrieb und die Betriebsabläufe kennt. Die Vollmacht sollte auf jeden Fall notariell beglaubigt werden.

Betreuungsverfügung

Diese Verfügung ist dazu gedacht, einen Menschen Ihres Vertrauens zu bevollmächtigen, im Falle einer schweren Erkrankung Ihrerseits in Ihrem Sinne zu handeln und zu entscheiden. Nicht nur für ältere Menschen ist diese Betreuungsverfügung empfehlenswert, denn ohne sie wird das Vormundschaftsgericht einen Betreuer einsetzen, der sich um die Angelegenheiten des Kranken kümmert.

Beispiel:
Sie sind heute 40 Jahre alt. Morgen erleiden Sie einen Autounfall und liegen im Koma. Liegt keine Betreuungsverfügung und Generalvollmacht vor, wird ein amtlich bestellter Betreuer für Sie handeln. Nicht einmal Ihr Ehepartner kann sich dagegen verwahren. Auch wenn er oder sie mit den Aktivitäten des Betreuers nicht einverstanden ist, hat er oder sie kein Mitspracherecht.

In einer Betreuungsverfügung legen Sie fest, wer bei einer schlimmen Erkrankung oder einem schrecklichen Unfall Ihr Betreuer sein soll. Der Betreuer ist keineswegs dazu verpflichtet, Sie zu pflegen, falls das nötig sein sollte. Er soll Ihre Angelegenheiten ordnen, Ihre Konten führen und darüber wachen, dass Sie Ihren Wünschen entsprechend leben können. Wie Ihre Wünsche aussehen, müssen Sie in der Betreuungsverfügung festlegen. Experten empfehlen, eine zweite

Person als Ersatz für den Betreuer vorzusehen, falls er zum Beispiel durch Krankheit verhindert ist. Eine weitere Person kann auch dafür eingesetzt werden, die Handlungen des Betreuers zu kontrollieren. Oder vielleicht möchten Sie auch bestimmte Entscheidungen durch die zweite Person absichern.

Praxistipp

Die genannten Vollmachten stehen nicht alle in direktem Zusammenhang mit dem Erbfall, sind aber im Hinblick auf ein selbstbestimmtes Leben und geordnete Verhältnisse für jung und alt empfehlenswert.

Jede Vollmacht kann zeitlich beschränkt werden, »über den Tod hinaus« oder »auf den Todesfall« (Ausnahme Betreuungsvollmacht) ausgestellt und jederzeit widerrufen werden.

Weitreichende Vollmachten sollten Sie jedoch immer notariell beglaubigen lassen.

3.

Den Erbfall steuern

Nach den bisherigen Ausführungen ist klar geworden, dass sich ein Testament für Erblasser und Erben lohnt. Darüber hinaus gibt es weitere Möglichkeiten, gezielt zu vererben und zu erben, zum Beispiel über einen Erbvertrag oder den Erbverzicht. Die Materie ist zwar nicht einfach, aber es ist sinnvoll und lohnend, sich damit zu befassen.

Weiterhin gibt es die Möglichkeit, mit gezielten Schenkungen noch zu Lebzeiten die Steuerlast des Erben entscheidend zu minimieren. Darüber informieren wir Sie in Kapitel 7 »Der Fiskus erbt immer mit« ab Seite 158 ausführlich.

Ein Erbvertrag schafft Klarheit

Wozu ein Erbvertrag, wenn es auch ein Testament tut, wird sich so mancher fragen. Zur Beantwortung dieser Frage sollten Sie sich klar machen, welche Unterschiede zwischen einem Testament und einem Erbvertrag bestehen. Hauptsächlicher und alles entscheidender Unterschied ist der Vertragscharakter. Der Erbvertrag ist als Vertrag für die beteiligten Parteien bindend. Er kann nicht einfach zerrissen werden wie ein Testament, das man nicht mehr gut findet. Für die Aufhebung eines Erbvertrags gibt es Regeln, die beachtet werden müssen. Mit dem Erbvertrag geht vor allem der Erblasser eine Bindung ein, die weit stärker ist als ein übliches Testament. Er verpflichtet sich beispielsweise, einer bestimmten Person sein Erbe zu überlassen, während die so bedachte Person die Verpflichtung zur Pflege des Erblassers übernimmt. Für den Erben ist ein Erbvertrag eine angenehme Sache:

- Er weiß bereits zu einem frühen Zeitpunkt, dass er etwas zu erwarten hat und kann zumindest die Größenordnung des Erbes abschätzen.
- Da ein Erbvertrag auf jeden Fall vor einem Notar geschlossen werden muss, der die rechtlichen Fallstricke kennt, wird es nach dem Tod des Vertragspartners kaum Probleme geben.

Praxistipp

Ein Erbvertrag ist für den Erblasser eine Alternative, die gut überlegt werden muss. Schließlich ist es durchaus möglich, dass sich Sympathien, Lebensverhältnisse etc. ändern. Auch der Erbe sollte sich Gedanken darüber machen, ob er die Verpflichtungen, die er sich möglicherweise per Vertrag auferlegt, wirklich tragen will und kann. Denn kommt er seinen Pflichten nachweislich nicht nach, kann der Erblasser die Aufhebung des Vertrags verlangen.

Was der Erbvertrag kann und was nicht

Der Erbvertrag kann prinzipiell mit jeder beliebigen Person abgeschlossen werden. Verwandtschaftliche Beziehungen sind keine Voraussetzung. Das ist besonders positiv für nicht eheliche Lebenspartner, die sich genau wie Ehegatten durch einen Erbvertrag gegenseitig finanziell absichern können. Außerdem gibt ein Erbvertrag die Möglichkeit, Vor-, Nach-, Schluss- und Ersatzerben schon frühzeitig zu bestimmen. Wie in einem Testament können auch in den Erbvertrag Vermächtnisse und Auflagen aufgenommen werden. Sind sich die Vertragspartner einig, können in den Vertrag auch Bestimmungen zum Vorteil des Erblassers aufgenommen werden. So könnte zum Beispiel festgelegt werden, dass der Erbe sozusagen als Gegenleistung die Pflege des Erblassers übernimmt. Der Sohn eines Firmenbesitzers könnte sich per Erbvertrag dazu verpflichten, in der Firma mitzuarbeiten, sofern er dafür nach dem Tod des Erblassers die Leitung der Firma übernehmen kann.

Aber auch der Erbvertrag kann nicht die Ansprüche von pflichtteilberechtigten Personen übergehen. Der Erblasser kann sie im Erbvertrag berücksichtigen oder einen zusätzlichen Vertrag über einen Erbverzicht abschließen.

Praxistipp

Ein Erbvertrag ist ein kompliziertes Gebilde. Holen Sie auf jeden Fall kompetenten fachlichen Rat ein. Melden Sie sich bei einem Notar zum Beratungsgespräch an und ziehen Sie für die steuerliche Seite Ihren Steuerberater zu Rate.

Klarheit über die Absichten des Erblassers

Prinzipiell unterscheidet man in einem Erbvertrag einseitige, das heißt jederzeit abänderbare Verfügungen und bindende Verfügungen, die nicht mehr einseitig abänderbar sind. Zum Beispiel: Sohn Franz wird Alleinerbe, sobald ein Elternteil stirbt, muss aber dem überlebenden Elternteil ein Dauerwohnrecht gewähren sowie die Mieteinkünfte aus einem der ererbten Mietshäuser auszahlen. Diese Bedingung kann nicht einseitig abgeändert werden.

Sehr häufig bricht selbst über einen Erbvertrag Streit aus, weil bei der Abfassung nicht genau geklärt wurde, welche Verfügungen vom Erblasser als bindend betrachtet wurden und welche nicht. Weil nicht bindende Verfügungen vom Erblasser einseitig widerrufen werden können, bindende jedoch nicht, empfiehlt sich deshalb, schon bei der Abfassung klar und eindeutig zu regeln, welche Verfügungen bindend sind. Ansonsten treten im Streitfall die Gerichte in Aktion und müssen den Vertrag auslegen. Vor Gericht gilt als bindend zum Beispiel die gegenseitige Einsetzung von Ehegatten als Erben oder eine Zuwendung an Dritte, an der der Erblasser ein eigenes Interesse hat.

> ***Beispiel:***
> *Olga und Karl T. haben sich in einem Erbvertrag gegenseitig zu Erben eingesetzt. Außerdem soll die Nichte Martina eine größere Summe aus dem Erbe erhalten, weil sie dem Ehepaar den Haushalt führt. Die Hälfte davon, wenn der erste Ehegatte stirbt, die zweite Hälfte beim Tod des zweiten. Sohn Michael soll nach dem Tod beider Eltern Alleinerbe werden. Widerrufen können Olga und Karl T. in diesem Fall nur die Verfügung betreffend ihren Sohn Michael, und das nur gemeinsam. Stirbt einer der beiden, kann der Überlebende nicht einen anderen Alleinerben bestimmen.*

Ausstieg aus dem Erbvertrag

Prinzipiell ist der Ausstieg aus einem einmal abgeschlossenen Erbvertrag nur möglich, wenn alle Beteiligten einverstanden sind. Stimmen alle Beteiligten der Aufhebung des Vertrags zu, muss vor dem Notar ein Aufhebungsvertrag geschlossen werden. Eine Aufhebung ist nicht möglich, wenn eine der beteiligten Parteien inzwischen verstorben ist.

Der Erbe hat bei einem Erbvertrag somit großes Gewicht. Stimmt er der Aufhebung nicht zu, wird es für den Erblasser schwierig. Ihm bleibt dann nur die Möglichkeit, einzelne bindende Verfügungen anzufechten. Das ist jedoch nur unter drei Bedingungen möglich:

1. wenn der Vertrag durch eine Drohung gegen ihn zustande kam;
2. wenn der Vertrag durch Irrtum und Unkenntnis seitens des Erblassers geschlossen wurde, er also nicht wusste, welche Folgen der Erbvertrag für ihn haben würde;
3. wenn nach Abschluss des Vertrags weitere Pflichtteilberechtigte hinzukommen, zum Beispiel durch eine Eheschließung.

Eine Anfechtung muss innerhalb eines Jahres ab Beendigung einer Drohung gegen den Erblasser, ab Kenntnis seines Irrtums oder des neuen Berechtigten vor einem Notar niedergelegt werden.

Hat der Erblasser mit seiner Anfechtung Erfolg, wird entweder die einzelne angefochtene Erklärung ungültig oder – sofern die Anfechtung in Zusammenhang mit erbrechtlichen Verfügungen des Ehepartners steht, der ganze Vertrag. Entschließt sich zum Beispiel Karl T. aus unserem obigen Beispiel wegen eines Irrtums zur Anfechtung der Erbeinsetzung seiner Frau Olga, wird der ganze Erbvertrag nichtig. Karl T. ist dann auch nicht mehr Erbe seiner Frau und jeder der beiden kann in einem eigenen Testament über sein Vermögen verfügen.

Abgesehen von der Anfechtung gibt es ein gesetzliches Rücktrittsrecht des Erblassers, das sehr enge Grenzen setzt. Der Erblasser hat nur zwei Möglichkeiten:

1. Rücktritt bei Verfehlungen des Bedachten (§ 2294 BGB).
   Der Erblasser kann in diesem Fall von einer vertragsmäßigen (bindenden) Verfügung zurücktreten, wenn sich der potentielle Erbe so verhält, dass es den Erblasser zur Entziehung des Pflichtteils berechtigen würde, wenn er zum Beispiel enorm hohe Schulden hätte oder kriminell wäre. Selbst wenn der zukünftige Erbe nicht pflichtteilberechtigt ist, besteht die Möglichkeit des Rücktritts, wenn die Voraussetzungen für eine Pflichtteilentziehung gegeben wären. Mehr zum Thema Pflichtteilentziehung erfahren Sie in Kapitel 2, Seite 43–46.
2. Rücktritt bei Aufhebung der Gegenverpflichtung (§ 2295 BGB).
   Eine vertraglich vereinbarte Leistung des Erben, zum Beispiel Unterhaltszahlungen oder Pflegeleistungen, werden vor dem Tod des Erblassers aufgehoben. Damit wird die bindende Verfügung zu einer nicht bindenden. Der Erblasser kann jetzt zurücktreten.

Praxistipp

Es ist sehr schwierig, sich von einem einmal geschlossenen Erbvertrag zu lösen. Fachleute empfehlen deshalb dem Erblasser, im Vertrag ein Rücktrittsrecht zu vereinbaren. Ein Ausstieg aus dem Vertrag ist dann jederzeit möglich. Der Rücktritt muss vor einem Notar erklärt werden und die Rücktrittserklärung muss allen Vertragspartnern zugestellt werden. Damit wird der gesamte Vertrag ungültig. Allerdings kann der Rücktritt nur so lange erfolgen, wie alle Vertragspartner am Leben sind. Nach dem Tod eines Beteiligten haben die anderen keine Rücktrittsmöglichkeit mehr – ihnen bliebe nur, das Erbe auszuschlagen.

Ein Erbvertrag ist eine sehr gute Möglichkeit zur gegenseitigen Absicherung von Ehe- oder Lebenspartnern. Im Falle von Ehepaaren wird der Erbvertrag mit der Scheidung unwirksam. Das gilt auch, wenn einer der Partner stirbt, während die Scheidung läuft, vorausgesetzt die Scheidung war schon beantragt. Anders sieht es bei nicht verheirateten Partnern aus. Sie sollten daran denken, den Vertrag aufzuheben, wenn sie sich trennen, oder entsprechende Klauseln einbauen.

So kommt der Erbvertrag zustande

Der Erbvertrag kann zwischen zwei oder mehreren beliebigen Personen abgeschlossen werden. Der Erblasser muss unbeschränkt geschäftsfähig, also volljährig und nicht geschäftsunfähig, sein. Ein potentieller Erbe muss, sofern von ihm keine Gegenleistung erwartet wird, mindestens sieben Jahre alt sein.

Beispiel:
Angelika R. möchte ihr Patenkind Jan in einem Testament bedenken. Jan entstehen daraus keine Verpflichtungen. Deshalb gibt es keine Schwierigkeiten, obwohl Jan erst acht Jahre alt ist.

Der Erbvertrag (sowie Anfechtung, Aufhebung oder Rücktritt) bedarf der notariellen Beurkundung. Dazu muss der Erblasser immer persönlich erscheinen und kann sich nicht vertreten lassen. Die potentiellen Erben können sich durch einen Bevollmächtigten vertreten lassen. Die einzige Ausnahme von der notariellen Beurkundung bildet die Aufhebung eines Erbvertrags zwischen Ehegatten durch ein gemeinschaftliches Testament. § 2292 BGB gesteht Ehegatten diese Möglichkeit zu.

Das Procedere beim Abschluß eines Erbvertrags ist dasselbe wie bei der Abfassung eines notariellen Testaments. Der Notar erstellt nach den Vorgaben des Erblassers einen Entwurf, den er mit ihm bespricht. Später wird der Vertrag in Anwesenheit aller Vertragspartner vom Notar vorgelesen und bei Bedarf nochmals erläutert. Hierbei ist Folgendes zu beachten:

- Der Erblasser muss die Bestimmungen einhalten, die ihm das Pflichtteilrecht auferlegt.
- Ein altes Testament, das dem Erbvertrag widerspricht, wird ungültig.
- Ein späteres, neues Testament ist nicht möglich, solange der Erbvertrag existiert. Einzige Ausnahme: Aufhebung des Erbvertrags zwischen Ehegatten durch das gemeinschaftliche Testament.

Praxistipp

Der Erbvertrag muss nicht in amtliche Verwahrung gegeben werden. Sparen Sie sich die Gebühren, denn der Erbvertrag muss sowieso beim beurkundenden Notar verwahrt werden und jede der beteiligten Parteien erhält eine Abschrift.

Auch für einen Erbvertrag stellt der Notar eine Rechnung nach der Kostenordnung. Dafür wird die doppelte Gebühr entsprechend des Nachlasswerts verlangt. Bei der Berechnung werden Schulden abgezogen. Für Aufhebung, Anfechtung und Rücktritt wird jeweils 1/2 Gebühr berechnet. Hinzu kommen in jedem Fall Auslagen und die gesetzliche Mehrwertsteuer.

Die Verfügungsgewalt über das Vermögen bleibt

Ein Erbvertrag bedeutet in keinem Fall, dass der Erblasser zu Lebzeiten nicht mehr über sein Vermögen verfügen kann. Er kann weiterhin seinen gewohnten Lebensstil pflegen, kann Grundstücke oder Vermögenswerte kaufen und verkaufen. Er kann sogar sein Vermögen auf Weltreisen oder mit einer Freundin verprassen. Die zukünftigen Erben können ihn daran nicht hindern. Eine Ausnahme besteht lediglich bei Schenkungen an Dritte. Nach § 2287 BGB kann der Erbe die sogenannte böswillige Schenkung anfechten. Allerdings muss er die Böswilligkeit beweisen.

Beispiel:
Das kinderlose Ehepaar Herbert und Marta A. haben per Erbvertrag ihren Neffen Horst zum Alleinerben eingesetzt. Nach einigen Jahren zeigte sich, dass sich Neffe Horst nie blicken ließ, sich dagegen die Nichte Helga sehr um Onkel und Tante kümmerte. Der Erbvertrag war jedoch nicht rückgängig zu machen. Herbert und Marta A., die sich sehr über ihren Neffen ärgerten und außerdem der Nichte etwas Gutes tun wollten, schenkten der Nichte Wertpapiere im Wert von 100 000 Mark. Als Neffe Horst nach dem Tod des Ehepaars davon erfuhr, verlangte er von Helga die Herausgabe der Wertpapiere.

Kann Horst die Böswilligkeit der Schenkung beweisen, ist Helga verpflichtet, ihm entweder den noch vorhandenen Rest des Geldes bzw. der Wertpapiere herauszugeben oder den gesamten Wert zu ersetzen. Letzteres muss sie nur tun, wenn sie von dem Erbvertrag wusste.

Praxistipp

Stoßen Sie als Erbe auf eine solche Schenkung, müssen Sie Ihre Ansprüche innerhalb von drei Jahren nach dem Tod des Erblassers anmelden.

Möglicherweise hat der Erblasser jedoch in einem Schenkungsvertrag Sicherungen für den Beschenkten eingebaut. Eine solche Sicherung wäre zum Beispiel ein »lebzeitiges Eigeninteresse«.

Hat sich in unserem Beispiel die Nichte nicht nur im üblichen Rahmen um das Ehepaar gekümmert, sondern beispielsweise die Pflege eines der beiden übernommen, und wurde dies im Schenkungsvertrag festgehalten, stehen die Chancen für den eigentlichen Erben Horst schlecht.

Ein Erbvertrag hat für den künftigen Erben unbestreitbar Vorteile, weil er weiß, woran er ist, was er zu erwarten hat. Trotzdem müssen Sie damit rechnen, dass sich Sympathien ändern, dass Umstände eintreten können, die den Erblasser seine Entscheidung in einem veränderten Licht sehen lassen. Es kann sein, dass sich die Vertragsparteien, die in einer Partnerschaft lebten, trennen, sich neue Partner suchen, weitere Kinder geboren werden, dass sich Eltern und Kinder überwerfen etc. Möglicherweise ändern sich auch die persönlichen Lebensumstände des Erben, so dass er die eingegangenen Verpflichtungen gar nicht mehr erfüllen kann.

Ein Erbvertrag ist eine sehr langfristige Bindung und die Entscheidung muss gut überlegt sein. Sie sollte nie ohne ausführlichen fachlichen Rat umgesetzt werden. Fairerweise sollte ein Rücktrittsrecht vereinbart werden.

Spezielle Klauseln im Vertrag geben dem Erben die Sicherheit, dass wenigstens ein Minimum von seinem Erbe gewahrt bleibt. So kann sich der Erblasser zum Beispiel dazu verpflichten, bestimmte Immobilien nur mit Zustimmung des Erben zu verkaufen oder einzelne Vermögenswerte schon zu Lebzeiten auf den Erben zu übertragen.

Sollte der Erblasser im Ausland leben, kann es sein, dass ein Erbvertrag keine Gültigkeit hat. Informieren Sie sich über die gültige Rechtslage im Aufenthaltsland des Erblassers.

Schwieriges Terrain: Vor- und Nacherbschaft

Vor- und Nacherben werden per Testament bestimmt, und das kann man bekanntlich wieder vernichten, wenn es nicht mehr den ursprünglichen Vorstellungen entspricht. Insofern scheint es zunächst weit weniger bindend und schwierig zu sein, als zum Beispiel ein

Erbvertrag, von dem man nicht ohne weiteres zurücktreten kann. Ist ein Testament, in dem Vor- und Nacherben festgelegt sind, erst einmal in Kraft, treten oft grundsätzliche Konflikte auf, denn zwischen Vor- und Nacherben besteht ein fundamentaler Interessengegensatz.

Weshalb werden Vor- und Nacherben eingesetzt?

Der Grund für den Erblasser, Vor- und Nacherben einzusetzen, besteht hauptsächlich im Vermögensschutz. Die Intention ist sehr oft, einen landwirtschaftlichen Betrieb, einen Hof, ein Unternehmen oder eine Sammlung komplett im Familienbesitz zu erhalten, also über Generationen weiter zu geben.

Zu diesem Zweck kann der Erblasser einen Vorerben einsetzen, der zwar die Erträge des ererbten Vermögens nutzen darf, aber über den Nachlass insgesamt nicht verfügen kann. Dieser muss quasi unangetastet, zusammen mit den daraus erzielten weiteren Gewinnen, an den Nacherben weitergegeben werden. Der Erblasser kann sogar mehrere Nacherben in Folge bestimmen.

Manche Erblasser möchten auch durch die Einsetzung von Nacherben verhindern, dass ein gesetzlicher Erbe, der beispielsweise dafür bekannt ist, nicht mit Geld umgehen zu können, den Familienbesitz verschleudert. Auch für Eltern mit drogensüchtigen Kindern ist die Einsetzung von Nacherben eine Möglichkeit, zumindest zu verhindern, dass das Familienvermögen zur Finanzierung der Sucht verwendet wird.

Ein anderes Motiv kann der Wunsch nach Absicherung des Ehepartners sein. In diesem Fall werden sich die Ehepartner gegenseitig als Vorerben und ihre Kinder als Nacherben des zuerst Verstorbenen sowie als Erben des überlebenden Partners einsetzen.

Die Anordnung einer Nacherbschaft entfällt nur, wenn der Erblasser einen seiner Abkömmlinge als Vorerben nennt, der kinderlos ist, aber später Kinder bekommt, oder wenn er nicht wusste, dass der Vorerbe Kinder hat. In diesem Fall wird der Wunsch des Erblassers ignoriert, und die Abkömmlinge des Vorerben werden zu dessen Erben. Die ursprünglichen Nacherben gehen leer aus.

Beispiel:
Alfons E. setzt seinen kinderlosen Sohn Martin zum Vorerben ein, seine Nichte Monika zur Nacherbin. Zwei Jahre nach dem Tod von Alfons E. heiratet Martin und bekommt zwei Kinder. Stirbt Martin, erben seine beiden Kinder. Monika geht leer aus.

Praxistipp

Diese Regelung hängt eng mit dem Familienverständnis zusammen. Der Gesetzgeber geht davon aus, dass normalerweise niemand seine eigenen direkten Abkömmlinge zugunsten eines Dritten übergeht.

Hat der Erblasser im Testament eine Vor- und Nacherbschaft verfügt, ist dies für den gesetzlichen Erben, der zum Vorerben bestimmt wurde, ein Grund, das Erbe auszuschlagen und den Pflichtteil zu beanspruchen.

Die Rolle des Vorerben

Die Rolle des Vorerben ist schwierig, sie kann undankbar sein, muss es aber nicht. Das ist zum einen abhängig von der Größe und Art des Nachlasses. Erben Sie zum Beispiel vermietete Immobilien und Wertpapiere, können Sie sowohl die Mieten als auch die Erträge der Wertpapiere nutzen, also verbrauchen. Dafür müssen Sie für die normale Instandhaltung der Mietshäuser aus eigener Tasche sorgen. Nur größere Reparaturen, also zum Beispiel eine Sanierung oder ein neues Dach, dürfen aus dem Nachlass finanziert werden. Das gesamte Erbe geht, sofern vom Erblasser nichts anderes bestimmt wurde, bei Ihrem Tod an die Nacherben.

Praxistipp

Haben Sie als Vorerbe Ausgaben aus eigener Tasche bestritten, die Sie eigentlich aus dem Nachlass hätten bezahlen können, ist der Nacherbe verpflichtet, Ihnen diese Auslagen zu ersetzen, wenn er das Erbe übernimmt. Vernichten Sie also auf keinen Fall Rechnungen und Belege, die mit der Erhaltung der Erbschaft zu tun haben.

Der Vorerbe ist also ein Erbe auf Zeit. Oft wird als Vorerbe ein gesetzlicher Erbe bestimmt. Die Rolle des Vorerben ist aber auch abhängig von dem Status, den ihm der Erblasser per Testament zuerkennt. Hier gibt es nicht befreite und befreite Vorerben. Werden Sie als nicht befreiter Vorerbe eingesetzt – was übrigens laut Statistik der Normalfall ist –, geht es dem Erblasser in erster Linie um den Vermögenserhalt. Setzt er Sie als befreiten Vorerben ein, ist er daran interessiert, Ihre Interessen, zum Beispiel gegenüber Ihren eigenen Kindern, zu schützen.

Ein nicht befreiter Vorerbe fungiert tatsächlich als Erbe auf Zeit, als Bewahrer des Vermögens für den Nacherben. Er unterliegt strengen Beschränkungen, denn er darf

- keine Schenkungen,
- keine Grundstücksverkäufe vornehmen,
- keine Grundschulden aufnehmen und
- muss das ererbte Geld mündelsicher anlegen.

Der Nacherbe hat gegenüber dem Vorerben Auskunftsansprüche und kann sogar Sicherheitsleistungen verlangen, wenn er Zweifel daran hat, dass der Vorerbe den Nachlass wirklich entsprechend den gesetzlichen Gegebenheiten verwaltet. Im Extremfall kann er dem Vorerben die Verwaltung des Nachlasses entziehen lassen. Außerdem hat der Nacherbe gegenüber dem Vorerben Ersatzansprüche, wenn dieser zum Beispiel Teile des Vermögens für sich ausgibt. Der einzige Vorteil, den der Vorerbe in diesem Fall aus dem Erbe ziehen kann, ist die Nutzung der Erträge.

Praxistipp

Für den Vorerben ist diese Regelung nicht sehr vorteilhaft. Wurden Sie beispielsweise als Ehepartner zum Vorerben eingesetzt und als Nacherben Ihre Kinder, können Sie Ihr Haus auch dann nicht verkaufen, wenn Sie das Geld dringend benötigen, um zum Beispiel einen Pflegeplatz im Altenheim zu bezahlen. Die Kinder müssen zustimmen. Darauf sollten Sie sich nicht verlassen. Es ist zwar traurig, aber es gibt immer wieder Fälle, in denen die Kinder sich nicht um das Wohl des überlebenden Elternteils scheren, sondern nur auf ihren eigenen Vorteil bedacht sind. Schutz bietet in diesem Fall ein Vorausvermächtnis.

Der Erblasser setzt zwar den Ehepartner nur als Vorerben ein, hinterlässt ihm aber im Testament ein Vorausvermächtnis. Das können ein Einfamilienhaus, ein Mietshaus oder Wertpapiere sein, was immer der Erblasser für passend hält. Die als Vorausvermächtnis bezeichnete Hinterlassenschaft darf der Vorerbe behalten. Sie geht den Nacherben nichts an. Die Formulierung im Testament sollte lauten: »Als Vorausvermächtnis – ohne Anrechnung auf seinen Erbteil – vermache ich meinem Ehemann …«

Besser gestellt ist der befreite Erbe. Doch das muss im Testament ausdrücklich festgelegt werden. Die passenden Formulierungen sind »Als befreiten Vorerben setze ich Herrn XY ein« oder »Die Nacherben XY und YZ sollen nur erhalten, was aus dem Nachlass zum Zeitpunkt des Nacherbfalls noch übrig ist«. Hat der Erblasser sich zu der Frage »nicht befreit oder unbefreit« nicht geäußert, gilt der Vorerbe automatisch als nicht befreit.

Sind Sie als befreiter Vorerbe eingesetzt, entfallen die gesetzlichen Beschränkungen. Sie können dann fast frei über den Nachlass verfügen, ohne Einwände des Nacherben befürchten zu müssen. Lediglich Schenkungen, die zum Nachteil des Nacherben sind, dürfen Sie aus dem Nachlass nicht vornehmen. Das Erbe darf durch den Vorerben nicht böswillig geschmälert werden. In diesem Fall kann der Nacherbe vom Vorerben Schadenersatz verlangen.

Die Rolle des Nacherben

Als Nacherbe stehen Sie zum Vorerben in einem gewissen Interessenkonflikt, denn vermutlich ist Ihnen daran gelegen, dass für Sie von dem Erbe noch etwas übrig bleibt. An sich kein Problem, wenn Sie auf einen nicht befreiten Vorerben folgen. In jedem Fall haben Sie das Recht, vom Vorerben zu verlangen, ein Nachlassverzeichnis aufzunehmen, in das Sie selbstverständlich Einsicht nehmen sollten.

Der Nacherbe gilt ebenfalls als Erbe des ursprünglichen Erblassers. Das kann in Bezug auf die Erbschaftsteuer wichtig werden. Denn steuerlich wird der Nacherbe als Erbe des Vorerben behandelt. Auf Antrag kann seine Steuerklasse jedoch entsprechend seines Verwandtschaftsverhältnisses zum Erblasser festgelegt werden.

Beispiel:
Ihr Vater setzt als Vorerben Ihren Bruder ein. Sie selbst werden zum Nacherben bestimmt. Für das Finanzamt wären Sie demnach Erbe Ihres Bruder und würden in die Steuerklasse II fallen. In diesem Fall steht Ihnen ein Freibetrag von nur 20 000 Mark zu. Auf Antrag sieht das Finanzamt Sie als Erbe Ihres Vaters an. Damit steht Ihnen ein Freibetrag von 400 000 Mark zu, und Sie werden der Steuerklasse I zugerechnet. Damit ermäßigt sich auch der Steuersatz für den Betrag, der über Ihren Freibetrag hinausgeht. Bei einem Nachlasswert von 500 000 DM sparen Sie auf diese Weise 74 600 Mark.

Fällt Ihnen gleichzeitig das Erbe Ihres Bruders zu, wird dafür jedoch die Steuerklasse II angesetzt. Außerdem können Sie nur den Freibetrag von 400 000 Mark in Anspruch nehmen, nicht zusätzlich noch 20 000 Mark als Erbe Ihres Bruders. Die Höhe des Steuersatzes bestimmt sich nach dem Wert des gesamten Erbes.

Wann erbt der Nacherbe?

Die Frage mag Ihnen seltsam erscheinen, denn man erbt doch im Todesfall. Im Falle von Vor- und Nacherben muss das nicht der Fall sein. Der Erblasser kann festlegen, wann der Nacherbe in den Genuss des Erbes kommen soll. Das kann ein bestimmtes Datum sein, ein bestimmtes Alter oder auch der Zeitpunkt, zu dem ein bestimmtes Ereignis eintritt, zum Beispiel eine Wiederverheiratung, eine Heirat oder die Geburt eines Kindes.

Praxistipp

Tritt der Nacherbfall nicht durch den Tod des Vorerben ein, sondern zum Beispiel zu einem bestimmten, vorher festgelegten Datum oder Geschehen, sind Vor- und Nacherbe zwar auch steuerpflichtig, allerdings wird die Erbschaftsteuer des Vorerben in diesem Fall nach einem komplizierten Verfahren anteilig berechnet. Sind Sie in einer solchen Situation, sollten Sie unbedingt fachlichen Rat einholen.

Experten empfehlen Erblassern, bei der Festlegung des Zeitpunkts, zu dem der Nacherbfall eintreten soll, das Alter der Vor- und Nacherben in ihre Überlegungen mit einzubeziehen. Wer den 25jährigen Sohn als Vorerben einsetzt und die nur zwei Jahre jüngere Tochter als Nacherbin, tut beiden nichts Gutes. Zum einen kann es zu Zank und Streit kommen – besonders wenn der Sohn ein nicht befreiter Vorerbe ist, zum anderen hat die Nacherbschaft eine maximale Gültigkeit von 30 Jahren ab dem Tod des ursprünglichen Erblassers. Es wäre also möglich, dass die Tochter nie in den Genuss der Nacherbschaft kommt.

Von dieser Regelung gibt es nur zwei Ausnahmen:

1. Der Zeitpunkt der Nacherbschaft ist an ein bestimmtes Ereignis gebunden.
2. Dem Vor- oder Nacherben sind als Nacherben Geschwister bestimmt, die noch nicht geboren wurden.

Übrigens: Auch ungezeugte Kinder können als Nacherben eingesetzt werden.

Die Sache mit den Ersatzerben

Als Vor- oder Nacherbe werden Sie sich sicher fragen, was passiert, wenn zum Beispiel der Nacherbe vor dem Erblasser stirbt. Auch dafür sieht der Gesetzgeber allgemein gültige Regelungen vor, die angewandt werden, wenn der Erblasser keine anderen Verfügungen getroffen hat.

Stirbt der Nacherbe vor dem Erblasser, fällt das ganze Erbe an den Vorerben. Stirbt der Nacherbe nach dem Erblasser, aber bevor er zum Zuge kommt, geht das Erbe an seine Erben oder – falls er keine Erben hat – an die Abkömmlinge des Erblassers. Prinzipiell gelten die gesetzlichen Erben der Vor- und Nacherben als deren Erben. Stirbt der Vorerbe, bevor der Erbfall eintritt, kann der Nacherbe an die Stelle des Vorerben treten.

Haben Sie bzw. Sie und Ihr Ehepartner oder Ihre Eltern klare Vorstellungen darüber, wer den Familienbesitz erben soll, ist es empfehlenswert, Ersatzerben für Vor- und Nacherben zu benennen. Nur so können Sie wirklich sicher sein, dass der Nachlass in die richtigen Hände kommt.

Die Anordnung einer Vor- und Nacherbschaft ist in jedem Fall eine heikle Sache. Sie will genau überlegt sein. Je klarer und eindeutiger sich der Erblasser in seinem Testament äußert, desto besser. Diese Punkte sollten Sie auf jeden Fall besprechen, bevor eine Nacherbschaft angeordnet wird:

- Welche Gründe gibt es für die Anordnung einer Nacherbschaft?
- Wer soll Vor- und Nacherbe werden? Wer ist ein möglicher Ersatzerbe?
- Soll der Vorerbe befreit oder nicht befreit sein? Welche gravierenden Nachteile können dem nicht befreiten Vorerben entstehen?
- Können die anstehenden Fragen auch durch andere Regelungen gelöst werden, zum Beispiel durch Vermächtnisse oder Nießbrauchregelungen?

Erbverzicht will überlegt sein

Ein Erbverzicht geht meist einher mit entsprechenden finanziellen Zuwendungen noch zu Lebzeiten des Erblassers. Erblasser, die ihre gesetzlichen Erben zu einem Erbverzicht zu überreden versuchen, treibt ebenso wie diejenigen, die einen Erbvertrag abschließen, die Angst vor Streit und Zank nach ihrem Tod um. Gibt es mehrere gesetzliche Erben, dient der Erbverzicht dazu, Auseinandersetzungen über den Nachlass und Streit innerhalb der Familie zu vermeiden. Auch Höfe, Betriebe und Sammlungen können auf diese Weise zusammen gehalten werden.

Nach Meinung zahlreicher Anwälte sind von Erbverzicht zumeist Frauen betroffen. Denn oft sind Frauen und Töchter diejenigen, die zu Gunsten von Brüdern oder Söhnen auf ihr Erbe verzichten. So zum Beispiel, wenn der Sohn den Handwerksbetrieb weiterführen soll und die Eltern vermeiden möchten, dass die Tochter durch ihre Ansprüche als gesetzliche Erbin durch die Auszahlung ihres Anteils den Betrieb in eine finanzielle Krise stürzt. Beim Erbverzicht kommen die Frauen dann oft zu kurz, weil das, was ihnen als Ausgleich angeboten wird, tatsächlich nur selten ihrem gesetzlichen Anspruch entspricht oder sich der Nachlass im Laufe der Jahre noch vermehrt.

Praxistipp

Verzichten Sie als Ehegatte auf Ihr gesetzliches Erbrecht und leben mit Ihrem Partner in einer Zugewinngemeinschaft, haben Sie trotz Erbverzicht noch Anspruch auf den Zugewinnausgleich, den Sie auf jeden Fall einfordern können.

Ein Erbverzicht ist ein Schritt, der nicht nur den unmittelbaren Erben beeinflusst, sondern über Generationen reichende Konsequenzen hat und auf jeden Fall nur nach reiflicher Überlegung getan werden sollte. Wer einmal einen Erbverzicht unterschrieben hat, kann später keine Ansprüche mehr geltend machen. Der Erbverzicht führt dazu, dass der Verzichtende von der gesetzlichen Erbfolge ausgeschlossen wird. Bei der Aufteilung der Erbschaft unter die restlichen Erben wird er nicht mitgezählt. Hat der Verzichtende aber nur auf seinen Pflichtteil verzichtet, nicht aber auf sein gesetzliches Erbrecht, wird er bei der Aufteilung mitgezählt.

Praxistipp

Der Erbverzicht erstreckt sich auch auf das Pflichtteilrecht und auf die Nachkommen des Verzichtenden. Diese sind, sofern im Vertrag nichts anderes vereinbart wurde, ebenfalls von der gesetzlichen Erbfolge ausgeschlossen. Bevor Sie also einem Erbverzicht zustimmen, sollten Sie sich gut überlegen, wem Ihr Verzicht zugute kommt und ob es nicht sinnvoll wäre, für den Fall, dass derjenige, der durch Ihren Verzicht begünstigt wird, vorzeitig stirbt, entsprechende Regelungen in den Erbverzichtsvertrag aufzunehmen.

Außerdem haben Sie die Möglichkeit, zwar auf das gesetzliche Erbrecht zu verzichten, aber nicht auf das Pflichtteilrecht.

Was gilt es beim Erbverzicht zu beachten?

Ein Erbverzicht kann nur über einen Vertrag geregelt werden. Dieser muss von einem Notar beurkundet werden. Die persönliche Anwesenheit des Erblassers ist dafür erforderlich. Doch auch der Verzichtende sollte den Termin beim Notar wahrnehmen. Der Notar hat eine beratende Funktion und ist unparteiisch. Möglicherweise macht er Sie auf Lücken in der Vertragsgestaltung aufmerksam oder unterbreitet Ihnen Überlegungen, die Sie den Erbverzicht in einem anderen Licht sehen lassen. Nehmen Sie seine Beratung in Anspruch. Überlegen Sie bereits vorher Fragen, die Ihnen wichtig erscheinen.

Die potentiellen späteren gesetzlichen Erben, also Ihre Kinder und deren Kinder haben kein Mitspracherecht, wenn Sie einen Erbverzicht unterschreiben. Allerdings sind sie indirekt davon betroffen, deshalb ist es sinnvoll, eine solche Entscheidung mit ihnen vorab zu diskutieren, vorausgesetzt sie sind alt genug dazu.

Im Erbverzichtsvertrag wird nicht nur der Erbverzicht festgelegt, sondern auch der Ausgleich dafür. Daneben sollten Sie noch festlegen, wer durch Ihren Verzicht begünstigt werden soll. Der Gesetzgeber hat dafür zwar Regeln aufgestellt, doch ob diese in jedem Fall ausreichen, um Streit zu vermeiden, ist fraglich. In § 2350 BGB geht er darauf ein. Danach geht das Gesetz davon aus, dass Nachkommen des Erblassers nur für andere Abkömmlinge oder den Ehepartner des Erblassers auf ihr gesetzliches Erbrecht verzichten und der Erbverzicht nur für den Fall gelten soll, dass der andere Erbe wird. Besser ist es, alles exakt im Vertrag zu fixieren. Es gibt dann keinen Streit um die Auslegung der Gesetzestexte oder die Absichten, die der Erblasser verfolgte.

Abfindung empfehlenswert

Die meisten potentiellen Erben, die einen Verzichtsvertrag unterschreiben, erhalten dafür einen Ausgleich, vergleichbar einer Abfindung im Berufsleben. Die Art und Höhe des Ausgleichs werden im Verzichtsvertrag festgehalten. Ausgezahlt oder übertragen wird bereits zu Lebzeiten des Erblassers nach Vertragsabschluss. Bei dem Ausgleich kann es sich um eine Geldsumme, um Wertpapiere, Immobilien usw. handeln. Es gibt keinerlei Vorschriften über Art und Höhe der Abfindung. Das ist Verhandlungssache zwischen Erben und Erblasser. Es ist nicht festgelegt, in welchem Verhältnis zum tatsächlichen Erbe der Ausgleich zu stehen hat. Das bedeutet: Wenn Sie als Ausgleich für den Erbverzicht ein Einfamilienhaus akzeptieren und stellen später fest, dass das Einfamilienhaus höchstens einem Zehntel des eigentlichen Nachlasswertes entsprach, ist das Ihr Pech. Ein Erbverzichtsvertrag kann zwar aufgehoben werden, aber auch das bedarf der notariellen Beurkundung und (wie bei der Aufhebung eines Erbvertrages) der Zustimmung beider Parteien.

Praxistipp

Bedenken Sie bei den Verhandlungen über die Abfindung für einen Erbverzicht, dass dafür Schenkungssteuer fällig wird, die Sie ans Finanzamt abführen müssen. Dafür stehen Ihnen dieselben Freibeträge zur Verfügung wie bei der Erbschaftsteuer; als Kind des Erblassers zum Beispiel 400 000 Mark.

Alternativen zum Erbverzicht

Wird Ihnen ein Erbverzicht vorgeschlagen, sollten Sie sich zuerst einmal Gedanken über Alternativen machen – es sei denn, Sie sind an einem Erbe sowieso nicht interessiert, weil Sie selbst genug haben oder aus welchen Gründen auch immer. Doch bedenken Sie: Wenn das Erbe erst einmal unter die anderen Erben aufgeteilt wird, ärgern Sie sich möglicherweise doch. Zudem kann sich Ihre persönliche Situation bis zum Eintritt des Erbfalles noch grundlegend ändern. Machen Sie sich noch einmal klar, dass Erben prinzipiell nichts Schlechtes ist. Erben ist Ihr gesetzliches Recht.

Prüfen Sie die Gründe, die Ihnen für einen Erbverzicht genannt werden, sorgfältig. Gute Gründe können zum Beispiel der Erhalt eines landwirtschaftlichen oder handwerklichen Betriebes sein, die Vollständigkeit einer Kunstsammlung oder auch Gründe, die in den unterschiedlichen Persönlichkeiten der Erben liegen. Wenn beispielsweise der eine Sohn die kaufmännische Befähigung zur Führung des Familienunternehmens hat, der andere sich jedoch überhaupt nicht dafür interessiert.

Allerdings lassen sich die meisten der genannten Problemstellungen durch Alternativen lösen. Der Erbvertrag ist zum Beispiel trotz diverser Nachteile für den Erben eine bessere Lösung als ein Erbverzicht. Erinnern Sie sich: In einem Erbvertrag können Bedingungen für die Erben festgelegt werden. So könnte zum Beispiel ein Sohn auf den Pflichtteil gesetzt werden, wenn er die ererbte Firma verkauft, anstatt sie durch den Bruder weiterführen zu lassen und nur die Erträge zu nutzen.

Ebenfalls geeignet ist, im Testament eine Aufteilung des Vermögens vorzusehen, wenn es mehrere gesetzliche Erben gibt und ein entsprechender Nachlass vorhanden ist. Und soll es unbedingt ein Erbverzicht sein, sollte er auf das gesetzliche Erbrecht beschränkt sein, aber das Pflichtteilrecht ausschließen.

4.

Einer allein erbt selten

Wer erbt, muss sein Erbe meistens teilen – mit Ehegatten, Kindern, Eltern und Geschwistern. Das bestimmt schon die gesetzliche Erbfolge. Nur in den seltensten Fällen gibt es einen einzigen Erben. Gut, wenn ein Testament existiert und der Erbe nur Pflichtteile auszahlen muss. Doch das ist ebenfalls nur selten der Fall. Sobald ein Erblasser mehrere Kinder hat, erben meist alle zusammen. So kommt es immer wieder zu Zwangsgemeinschaften der Erben, Erbengemeinschaft genannt. Und in ihnen kommt es immer wieder zu Zank und Streit, am Schluss müssen häufig die Gerichte entscheiden. Das ist kostenträchtig, langwierig und unerfreulich. Wenn Sie eine solche Entwicklung vermeiden möchten und Mitglied einer Erbengemeinschaft sind, sollten Sie auf eine schnelle Auseinandersetzung dringen. Dafür müssen alle Erben Kompromisse eingehen.

Mitglied einer Erbengemeinschaft sind Sie ab dem Zeitpunkt, zu dem Sie die Erbschaft annehmen. Darüber entscheidet jeder Erbe allein. Diejenigen, die angenommen haben, müssen den Nachlass gemeinschaftlich verwalten, bis alle Nachlassverbindlichkeiten (Schulden, Verpflichtungen) geregelt und der Rest zu aller Zufriedenheit unter die Erben verteilt ist. Man nennt dies eine »Gesamthandsgemeinschaft«. Die Bezeichnung drückt aus, dass das Erbe ungeteilt auf die Erben übergeht. Das heißt, sie können – unabhängig von der Höhe des Erbteils des Einzelnen – nur gemeinsam über den Nachlass verfügen. Selbst im Grundbuch wird die Erbengemeinschaft als Eigentümer eingetragen. Zwar werden die Namen aller Erben aufgeführt, das Grundstück wird jedoch nicht geteilt. Der Gesetzgeber möchte die Erben zu gemeinschaftlichem Handeln zwingen.

Der Zwangsgemeinschaft entweichen

Sie entgehen dieser Gemeinschaft nur, wenn Sie als Miterbe Ihren Anteil komplett verschenken oder verkaufen. Dazu ist ein vor dem Notar geschlossener Übertragungsvertrag nötig, durch den Ihre Rechte und Pflichten auf den Beschenkten oder den Käufer übergehen. Sie haben dann nichts mehr mit der Erbschaft zu tun. Dabei ist es egal, an wen Sie verschenken oder verkaufen, ob an einen der anderen Erben oder an einen unbekannten Dritten. Allerdings müssen Sie vorab die anderen Erben über Ihre Pläne informieren, denn diese haben ein gesetzliches Vorkaufsrecht. Ab dem Zeitpunkt, zu dem Sie die anderen Erben informiert haben, bleiben diesen zwei Monate, um sich zu entscheiden. Möchten die anderen Erben ihr Vorkaufsrecht ausüben, müssen sie das entweder gegenüber Ihnen oder gegenüber dem Käufer geltend machen, sofern das Erbe bereits übertragen wurde, denn Sie als Verkäufer müssen die zweimonatige Frist nicht abwarten.

Die Erben, die kaufen möchten, müssen dann den Kaufpreis und die entstandenen Kosten des Käufers bezahlen. Verschenken Sie Ihr Erbe, können die Miterben daran nichts ändern. Sie müssen dann mit dem Beschenkten zurecht kommen.

Praxistipp

Überlegen Sie sich gut, ob Sie Ihr Erbe tatsächlich verschenken oder verkaufen möchten. Zumeist wird ein solcher Schritt aus Verärgerung über die Miterben getan. Doch Ärger ist kein guter Ratgeber. Abgesehen vom finanziellen Verlust, den Sie eventuell bei einem Verkauf – auf jeden Fall bei einer Schenkung – zu tragen haben, werden Sie später vielleicht feststellen, dass Sie doch das eine oder andere Erinnerungsstück gerne behalten hätten oder dass zum Beispiel der Wert eines Grundstücks oder eines Aktienpakets beträchtlich gestiegen ist. Denn wenn Sie Ihre Erbschaft verkaufen, müssen Sie sie komplett verkaufen. Der Verkauf einzelner Teile ist nicht möglich.

Die Auseinandersetzung angehen

Die Sondierung und Aufteilung eines Erbes wird als Auseinandersetzung bezeichnet. Normalerweise haben alle Erben ein Interesse daran, die Auseinandersetzung möglichst schnell zu einem Ende zu bringen. Schließlich winkt danach erst das erhoffte Erbe. Warum es meist doch nicht so fix wie erwartet geht, liegt nicht zuletzt an den beteiligten Menschen.

Prinzipiell kann jeder Erbe die Auseinandersetzung und Teilung verlangen. Nur in Ausnahmefällen wird der Beginn der Auseinandersetzung verschoben, zum Beispiel wenn ein möglicher Miterbe noch nicht endgültig feststeht. Außerdem kann jeder Miterbe den Aufschub der Auseinandersetzung bis zum Ende des Aufgebotsverfahrens verlangen, in dem sich die Nachlassgläubiger mit ihren Forderungen melden sollen. Der Gesetzgeber findet es vernünftig, dass die Verbindlichkeiten geklärt werden, bevor verteilt wird. Denn treten diese erst nach der Teilung zutage, sind meist jahrelange gerichtliche Streitereien die Folge.

Manche Erblasser setzen für die Auseinandersetzung einen Testamentsvollstrecker ein. Möglicherweise ist das den Erben nicht Recht, auf der anderen Seite erspart ein Testamentsvollstrecker den Erben häufig den Streit miteinander. Allerdings gilt wie bei Einzelerben: Tritt der Testamentsvollstrecker auf den Plan, haben die eigentlichen Erben nichts mehr zu sagen. Nur wenn sich die Erben und der Testamentsvollstrecker einig sind, dass in diesem Fall der Testamentsvollstrecker nicht gebraucht wird, können sie den Willen des Erblassers missachten. Gegen den Willen des Testamentsvollstreckers können die Erben jedoch nicht handeln.

Wenn der Erblasser die Auseinandersetzung verhindert

Der Erblasser kann per letztwilliger Verfügung die Auseinandersetzung über das Erbe ausschließen, um das Vermögen zusammenzuhalten. Setzt er keine Frist, gilt diese Bestimmung maximal 30 Jahre. Er kann jedoch jede beliebige Frist setzen, zum Beispiel den Tag, an dem das letzte der miterbenden Kinder 25 Jahre alt wird oder einfach den Beginn eines bestimmten Jahres. Während dieser Zeit muss die Erbengemeinschaft das Erbe gemeinsam verwalten. Die Erben können eine solche testamentarische Bestimmung nur einstimmig außer Kraft setzen.

Streitpunkte während der Auseinandersetzung

Während der Zeit der Auseinandersetzung gilt das Prinzip des gemeinschaftlichen Handelns. Das Erbe muss »gemeinsam, aber mit Mehrheit« verwaltet werden. Die Stimmenmehrheit wird nach Erbteilen berechnet. Manche Entscheidungen bedürfen sogar der Einstimmigkeit. Hier liegt der Grund für Streitigkeiten, denn die Auseinandersetzung nimmt je nach Umfang und Art des Erbes viel Zeit in Anspruch, mitunter sogar Jahre. Während dieser Zeit müssen jedoch unter Umständen Mietverträge geschlossen, Geld für Renovierungen ausgegeben, Geld neu angelegt oder sogar Nachlassgegenstände verkauft werden. Ist einer der Erben anderer Meinung als der Rest seiner Miterben, kann und will er eine Mehrheitsentscheidung nicht akzeptieren, wird er auf Zustimmung klagen müssen. Eine solche Klage führt häufig dazu, dass in der Erbengemeinschaft »gar nichts mehr geht«. Auch Nachlassgegenstände oder -werte dürfen nicht ohne die Zustimmung aller Erben verkauft oder gar verschenkt werden.

Weiterer Streit entbrennt häufig über die Nutzung des Erbes während der Auseinandersetzung. Laut Gesetz kann jeder Erbe die Nachlassgegenstände nutzen, allerdings nur, wenn er dadurch die anderen Erben nicht in der Nutzung einschränkt oder hindert.

Beispiel 1:
Luise Fuchs hat ihren Kindern Michael, Peter und Max eine Eigentumswohnung, ein Auto, Wertpapiere und eine wertvolle Armbanduhr des verstorbenen Vaters hinterlassen. Michael möchte in die Eigentumswohnung einziehen. Miete zahlen will er dafür nicht, denn schließlich gehöre die Wohnung zum Erbe. Peter und Max sind nicht einverstanden. Sie

möchten die Wohnung vermieten. Michael kann dagegen nichts machen. Zieht er mietfrei ein, schränkt er Peter und Max in der Nutzung der Wohnung ein. Die Brüder können sich jedoch darauf einigen, dass Michael einzieht und die ortsübliche Vergleichsmiete bezahlt.

Beispiel 2:
Peter möchte zur Hochzeit seiner Tochter die Armbanduhr des Vaters tragen. Michael ist dagegen, Max dafür. Peter kann die Uhr tragen, denn solange sie nicht verkauft wird, haben Michael und Max dadurch, dass Peter die Uhr einen Tag lang trägt, keinen Verlust.

Praxistipp

Für Notmaßnahmen wird die Zustimmung der anderen Erben nicht benötigt. Sie können von einem Erben alleine verantwortet werden. Solche Maßnahmen könnten zum Beispiel die Reparatur eines einsturzgefährdeten Hausdachs sein, die Erneuerung einer kaputten Fensterscheibe in einer vermieteten Wohnung oder ähnliches. In solchen Fällen geht das Gesetz von einer »Eilbedürftigkeit« aus, die schnelle Maßnahmen erforderlich macht, um den Nachlass zu schützen.

Bevor Sie eine solche Maßnahme veranlassen, sollten Sie genau abschätzen, ob sie wirklich notwendig ist. Die Renovierung des Treppenhauses in einem Mietshaus zählt zum Beispiel nicht dazu, es sei denn, das Treppengeländer ist so morsch, dass es zusammenbrechen und Stürze verursachen könnte. In diesem Fall dürften Sie auf eigene Faust nur das marode Treppengeländer ersetzen, aber nicht das ganze Treppenhaus renovieren lassen.

Auch das liebe Geld ist natürlich ein beliebter Streitpunkt. Jeder Erblasser hinterlässt ein Bankkonto. Der Zugang zu diesem Bankkonto führt über den Erbschein. Verfügt jedoch einer der Erben über eine »Bankvollmacht über den Tod hinaus«, steht weiterer Streit ins Haus. Misstrauisch werden die anderen Erben die Kontobewegungen überwachen. Und tatsächlich gibt es ja Leute, die eine solche Vollmacht missbrauchen. In diesem Fall haben die anderen Erben die Möglichkeit, die Vollmacht des Erblassers zu widerrufen. Jeder Erbe kann das sogar für sich tun. Das Resultat ist, dass derjenige, der im Besitz der Bankvollmacht ist, für den Erben, der sie widerrufen hat, nicht mehr handeln kann. Hält er eine Kontobewegung für nötig oder sinnvoll, muss er sich mit dem anderen Erben einigen. Tut er das nicht, gibt es auch kein Geld.

Praxistipp

Erbengemeinschaften, die den Willen zur Einigung haben und Streit vermeiden möchten, sollten versuchen, sich darauf zu einigen, dass das Konto entweder gar nicht angetastet wird, solange kein Gemeinschaftskonto eingerichtet wurde, oder aber ein zweiter Erbe bestimmt wird, der gemeinsam mit dem Inhaber der Vollmacht dafür sorgt, dass Verbindlichkeiten beglichen werden können.

Prinzipiell empfiehlt es sich, nicht eine Person alles erledigen zu lassen, sondern ihr eine zweite Person zur Seite zu stellen. Das ist nicht nur sinnvoll, um Misstrauen und Zwietracht vorzubeugen, sondern auch, um die Verantwortung auf mehrere Schultern zu verteilen.

Beispiel:
Als Maria M. starb, erbten ihre sechs Kinder. Alle waren sich darin einig, dass der Älteste von ihnen die mit der Beerdigung und dem Erbe zusammenhängenden Formalitäten erledigen sollte. Nachher wurde darüber gestritten, ob seine Maßnahmen richtig waren. Diese Last hätte man ihm ersparen können, wenn ein weiterer Erbe mit ihm gemeinsam entschieden hätte oder regelmäßige Beratungen stattgefunden hätten.

Erträge aus dem Nachlass, also zum Beispiel Mieten und Zinsen, dürfen von den einzelnen Erben während der Auseinandersetzung ebenfalls nicht verwendet werden, es sei denn, sie werden zur Tilgung von Schulden des Erblassers benötigt. Aufgeteilt werden sie erst, wenn die Auseinandersetzung beendet ist und das Erbe aufgeteilt wird. Bis dahin werden sie auf einem Konto angesammelt. Dauert die Auseinandersetzung länger als ein Jahr, ist eine jährliche Auszahlung entsprechend der Erbquote möglich.

Die Bank darf die Zinsen und Einkünfte übrigens nicht auf das private Konto eines Erben überweisen, sondern nur auf ein gemeinschaftliches Konto der Erbengemeinschaft.

Zuerst zahlen, dann teilen

Zuerst müssen die Erben klären, was überhaupt zum Nachlass gehört und wie hoch die Verbindlichkeiten sind. Denn bevor etwas verteilt werden kann, müssen die Gläubiger befriedigt werden. Schulden des Erblassers müssen beglichen, die Beerdigung und Steuern bezahlt werden. Die Regelung aller Verbindlichkeiten, solange das Erbe noch allen Erben gehört, ist sehr wichtig für jeden einzelnen Erben, denn die Erben haften gemeinsam. Die Bestimmungen zur Haftung der Erben und die Möglichkeiten der Einrede sind dieselben wie bei Einzelerben.

Eine Inventarliste sollte angefertigt und eventuell ein Aufgebotsverfahren eingeleitet werden, damit die Erben wissen, was an Forderungen auf sie zukommt. Die Errichtung einer Inventarliste und das Aufgebotsverfahren kann jeder Erbe beantragen, während der Antrag auf Nachlassverwaltung nur von allen Erben gemeinsam gestellt werden kann, und zwar bevor es zur Teilung kommt.

Bei einer Erbengemeinschaft kann jeder Erbe ein privates Aufgebotsverfahren einleiten, um die Nachlassgläubiger festzustellen. Dazu muss er vor der Teilung des Nachlasses eine Anzeige im Bundesanzeiger schalten. Darin werden die Nachlassgläubiger aufgefordert, sich entweder bei ihm selbst oder dem Nachlassgericht zu melden und ihre Forderungen geltend zu machen. Mit dem Erscheinen der Anzeige beginnt für die Gläubiger die sechsmonatige Frist. Falls Sie ein privates Aufgebotsverfahren einleiten, haben Sie die Kosten dafür selbst zu tragen. Dazu gehören die Kosten für die Anzeige und die Gerichtskosten.

Nach der Teilung müssen die Erben nicht rechtzeitig gemeldete Forderungen nur noch anteilig bezahlen. Wird geteilt, obwohl noch nicht alle Forderungen abgegolten wurden, haftet jeder Erbe in voller Höhe, sofern der Wert seines Erbes die Höhe der Schuld übersteigt. Doch auch hier gibt es Ausnahmefälle, in denen die Erben nur entsprechend ihrer Erbquote haften:

- wenn der Gläubiger im Aufgebotsverfahren ausgeschlossen, also sein Anspruch abgelehnt wurde und das Ausschlussurteil vor der Teilung ergangen ist;
- wenn die Ansprüche später als fünf Jahre nach dem Aufgebotsverfahren geltend gemacht werden und sie dem Erben nicht bekannt waren;
- wenn das Insolvenzverfahren abgeschlossen und die Verteilung des vorhandenen Nachlasses beendet wurde.

Praxistipp

Erhalten Sie nach der Teilung des Erbes Schuldforderungen, sollten Sie nicht sofort zahlen, sondern sich erst einmal fachlichen Rat bei einem Rechtsanwalt einholen. Sie können zwar von Ihren Miterben einen Ausgleich entsprechend der Erbquote verlangen, aber die rechtliche Lage ist hier etwas unübersichtlich. Genauso sollten Sie verfahren, wenn Miterben von Ihnen einen Ausgleich verlangen. Den besten Schutz vor Nachforderungen von Gläubigern bietet es, auf der Regelung der Nachlassverbindlichkeiten vor der Teilung zu bestehen oder für solche Fälle einen Nachlassgegenstand in gemeinsamer Verwaltung zu belassen, der bei Bedarf zu Geld gemacht werden kann, zum Beispiel ein Grundstück oder Wertpapiere.

Jeder Erbe kann übrigens verlangen, dass zur Regelung von Nachlassverbindlichkeiten Gegenstände aus dem Erbe verkauft werden. Stimmen die anderen Erben nicht zu, müssen Sie den Klageweg beschreiten. Nachlassverbindlichkeiten, die nicht vor der Teilung beglichen wurden, verursachen hinterher eine Menge Ärger und bedeuten meist finanzielle Verluste für einen oder mehrere Erben.

Übrigens ist die Klage in einem solchen Fall der einzige Ausweg, denn der Antrag auf Nachlassverwaltung kann nur von allen Erben gestellt werden. Wollen sich jedoch Erben nicht auf eine verbindliche Regelung der Gläubigerforderungen einlassen, wird Ihnen an einer Nachlassverwaltung durch das Gericht auch nichts gelegen sein.

Ansprüche, die es zu beachten gilt

Vor der endgültigen Teilung des Erbes müssen Sie außerdem noch prüfen, ob es noch weitere Anspruchsberechtigte gibt. Sind beispielsweise noch Erben vorhanden, die einen Pflichtteilanspruch geltend machen können oder befindet sich unter den Miterben einer, der einen Ausgleich verlangen oder Pflichtteilergänzungsansprüche stellen kann?

Pflichtteile können nur Ehegatten, direkte Abkömmlinge und die Eltern des Erblassers geltend machen. Wurde jemand im Testament nicht bedacht bzw. ausdrücklich ausgeschlossen, bleibt diesem zumindest die Möglichkeit, seinen Pflichtteil, der die Hälfte des ihm zustehenden gesetzlichen Erbteils in Geld umfasst, zu fordern. Der Pflichtteil ist ein reiner Geldanspruch und muss gegen die Erben geltend gemacht werden.

Wurde der Erbe zwar bedacht, aber mit einem Anteil, der geringer als der Pflichtteil ist, kann er gegenüber den anderen Erben einen Pflichtteilergänzungsanspruch stellen. Das heißt, die anderen Erben müssen vom gemeinsamen Erbe die Differenz zwischen dem, was der Pflichtteilberechtigte erhalten hat, und dem tatsächlichen Pflichtteilanspruch an ihn abtreten.

Beispiel:
Otto Flink hat per Testament seine Tochter Anika und seine Söhne Hartmut und Klaus zu seinen Erben eingesetzt. Seine Tochter Anika soll nur 20 000 Mark erhalten, weil sie nach Otto Flinks Ansicht den »falschen« Mann geheiratet hat. Otto Flink hinterlässt ein Einfamilienhaus im Wert von 600 000 Mark, eine Eigentumswohnung im Wert von 300 000 Mark und 60 000 Mark in Wertpapieren, insgesamt also 960 000 Mark

inklusive der für Anika gedachten 20 000 Mark. Jedem der drei Kinder würden also als gesetzlicher Erbteil 320 000 Mark zustehen. Anika kann entweder das Erbe ausschlagen und von ihren Geschwistern ihren Pflichtteil verlangen, der die Hälfte von 320 000 Mark, also 160 000 Mark, beträgt, oder einen Pflichtteilergänzungsanspruch stellen. Die Geschwister müssten ihr dann die Differenz zwischen dem Betrag, den sie erbt, und dem Pflichtteil zahlen.

Solche Ansprüche sollten von den Miterben geprüft werden. Manchmal wurden bereits zu Lebzeiten des Verstorbenen Schenkungen an einzelne Erben gemacht, die auf den Pflichtteil angerechnet werden müssen. Das ist dann der Fall, wenn der Erblasser bei der Schenkung eine Anrechnung auf den Pflichtteil angeordnet hat. Der Pflichtteil des Beschenkten im eigentlichen Erbfall vermindert sich dann um den Wert der bereits erfolgten Schenkung. Schenkungen vorab mindern generell den Gesamtwert des Nachlasses. Mehr dazu erfahren Sie in Kapitel 5 ab Seite 138.

Beispiel (Fortsetzung):
In den Unterlagen Otto Flinks findet Sohn Hartmut einen Schenkungsvertrag zwischen seinem Vater und Tochter Anika. Daraus geht hervor, dass Otto Flink seiner Tochter 50 000 Mark für ein Auto geschenkt hat. Im Vertrag wurde ebenfalls festgehalten, dass diese Summe im Erbfall auf Anikas Pflichtteil angerechnet werden soll. Deshalb müssen diese 50 000 Mark zunächst einmal dem Erbe zugeschlagen werden – es beläuft sich dann auf 1 010 000 Mark. Der Pflichtteil pro Kind liegt damit bei 168 000 Mark. Davon werden bei Anika wiederum die 50 000 für das Auto abgezogen. Ihr Anspruch gegenüber den Geschwistern beläuft sich also nur noch auf 98 000 Mark (168 000 minus 20 000 Erbe, minus 50 000 Schenkung).

Die Abkömmlinge des Verstorbenen kann zudem noch die Ausgleichspflicht treffen. Andere Erben wie der Ehegatte oder andere Verwandte sind von der Ausgleichspflicht nicht betroffen. In § 2050 BGB ist der Ausgleich für Zuwendungen geregelt, die einzelne Abkömmlinge vor dem Tod des Erblassers erhalten haben. Der Gesetzgeber geht davon aus, dass Eltern ihre Kinder gleich behandeln möchten bzw. sollten und deshalb nicht eines der Kinder oder Enkelkinder bevorzugt werden dürfen. Gleichzeitig gesteht das Gesetz jedoch jedermann zu, dies letztlich selbst zu bestimmen. Das führt zu einer etwas zwiespältigen Situation.

Als ausgleichspflichtig gilt die »Ausstattung« des Kindes im Rahmen der normalen Möglichkeiten der Eltern. In § 1624 BGB wird »Ausstattung« definiert: »Was einem Kinde mit Rücksicht auf seine Verheiratung oder auf die Erlangung einer selbständigen Lebensstellung zur Begründung oder zur Erhaltung der Wirtschaft oder der Lebensstellung von dem Vater oder der Mutter zugewendet wird ...«. Dazu zählen zum Beispiel Zuschüsse zur Hochzeit, zur Ausbildung oder die Aussteuer für eine Tochter. Allerdings muss die Ausstattung den Lebensverhältnissen des Erblassers entsprechen. Ein Erblasser, der nur 2500 Mark im Monat verdient, aber einer seiner Töchter zur Hochzeit eine Eigentumswohnung schenkt, hat den Rahmen des für seine Verhältnisse Üblichen gesprengt. Die Zuwendung wird ausgleichspflichtig.

Nicht ausgleichspflichtig sind Schenkungen, die nicht der oben beschriebenen Ausstattung dienen, es sei denn, der Ausgleich wird vom Erblasser ausdrücklich angeordnet. Diese wiederum spielen jedoch möglicherweise bei der Berechnung der Pflichtteilansprüche eine Rolle.

Bei der Berechnung des Ausgleichs ist der Wert zur Zeit der Zuwendung maßgeblich. Dieser Wert wird dann dem gesamten Erbe hinzugerechnet, das den vom Ausgleich betroffenen Miterben zusteht. Die Gesamtsumme wird entsprechend der gesetzlichen Erbfolge geteilt und sodann der ursprüngliche Wert der Zuwendung beim Empfänger wieder abgezogen. Sein Erbe wird also durch die früher erhaltene Zuwendung geschmälert.

Beispiel:

Erben von Georg Z. sind seine Kinder Lydia, Rainer und Sybille sowie seine Ehefrau Margret. Georg Z. hinterlässt insgesamt einen Nachlass von 600000 Mark. Davon erhält Margret Z. 300000 Mark, die drei Kinder je 100000 Mark. Lydia hat von ihrem Vater vor zwei Jahren 10000 Mark für einen Dolmetscherkurs erhalten. Diese Summe wird dem gemeinsamen Erbe der Geschwister zugeschlagen, das sich damit auf 310000 Mark erhöht. Jedes Kind hat also Anspruch auf 103333 Mark. Bei Lydia werden die 10000 Mark, die sie bereits erhalten hat, wieder abgezogen, ihr bleiben 93333 Mark.

Praxistipp

Haben Sie bei Ihrem verstorbenen Elternteil in der Firma, im Haushalt oder bei der Pflege mitgearbeitet und dafür auf ein eigenes Einkommen verzichtet, so haben Sie ebenfalls einen Anspruch auf Ausgleich gegenüber Ihren Geschwistern. Das Gericht setzt einen Ausgleichsbetrag fest. Er bemisst sich nach der aufgewendeten Zeit und der Dauer Ihres Engagements. Wurden Sie allerdings für Ihre Hilfe von Ihren Eltern bezahlt, haben Sie keinen Ausgleichsanspruch.

Aufteilung des Erbes

Sind alle Gläubiger und andere Erben mit Ansprüchen befriedigt, geht es an die Teilung dessen, was vom großen Kuchen übrig geblieben ist. Die Aufteilung wird normalerweise nach Erbquoten vorgenommen. Die Ehefrau erhält die Hälfte, die beiden Kinder je ein Viertel usw. Allerdings kann es vorkommen, dass der Erblasser in seinem Testament eine Teilungsanordnung niedergeschrieben hat.

Beispiel:
Klaus F. hinterlässt einen Nachlass im Wert von 900 000 Mark. Erben sind seine Frau Gerda und seine Kinder Martina und Peter. Theoretisch würde Gerda F. 450 000 Mark, Martina und Peter je 225 000 Mark erhalten. Klaus F. hat jedoch in seinem Testament festgelegt, dass Gerda F. die Eigentumswohnung (Wert 300 000 Mark) erhalten soll, Peter das Ferienhaus (Wert 200 000 Mark) und Martina ein Grundstück im Wert von 100 000 Mark. Nachdem alle Gläubiger bezahlt sind, bleiben außer den Immobilien und dem Grundstück noch 230 000 Mark übrig. Da die den einzelnen Erben zugedachten Dinge einen unterschiedlichen Wert haben, muss der Gesamtwert des Erbes berechnet werden, der sich nach Abzug der bezahlten Nachlassschulden auf 830 000 Mark beläuft, die Hälfte davon sind 415 000 Mark, ein Viertel 207 500 Mark. Daraus folgt: Gerda F. erhält von den übrigen 230 000 Mark noch 115 000 Mark, Sohn Peter 7 500 Mark, Tochter Martina 107 500 Mark. Damit ist jeder der Erben mit der für ihn gültigen Erbquote bedacht.

Praxistipp

Besteht keine Teilungsanordnung durch den Erblasser, kommt es oft vor, dass sich Immobilien oder Grundstücke im Besitz der Eigentümergemeinschaft befinden, die nicht aufgeteilt werden können. Um sie bewerten zu lassen oder zu verkaufen, benötigt man Zeit. Deshalb empfiehlt es sich, sie vorläufig im Gemeinschaftsbesitz zu belassen und erst dann zu teilen, wenn sie verkauft sind. Dazu können die Erben untereinander eine formlose Vereinbarung zum Ausschluss der Auseinandersetzung auf Dauer oder Zeit abschließen, sofern alle einverstanden sind. Trotzdem kann nach § 2042 jeder Erbe jederzeit die Auseinandersetzung verlangen.

Die Einigung festhalten

Haben sich alle Erben auf einen Teilungsplan geeinigt, sollte die Aufteilung schriftlich festgehalten werden. Das ist formlos möglich. Allerdings erleben es Anwälte immer wieder, dass einzelne Erben dann doch nicht einverstanden sind bzw. einzelne Abmachungen nicht anerkennen. Deshalb empfehlen sie, Auseinandersetzungsverträge vor einem Notar abzuschließen; diese sind dann auf jeden Fall für alle Erben bindend. Wurde der Vertrag nur unter den Erben geschlossen, können die Erben daraus keine Ansprüche ableiten und es kommt im Streitfall zur erneuten Auseinandersetzung und das ganze mühsame Werk beginnt von vorne. Geht es um Grundstücke, müssen Auseinandersetzungsverträge sowieso vor dem Notar geschlossen werden. Er verlangt dafür die doppelte Gebühr entsprechend dem Wert des Grundstücks nach der Kostenordnung (siehe Kapitel 2, Seite 76).

Halten Sie jedoch bei komplizierten Auseinandersetzungen am Besten die gesamte Vereinbarung vor dem Notar fest. Die Gebühr wird auf der Grundlage des Wertes des gesamten Nachlasses berechnet. Trotz der höheren Kosten empfiehlt sich der Abschluss eines Auseinandersetzungsvertrags vor dem Notar. Dies bietet Ihnen eine größere Rechtssicherheit als eine private Vereinbarung, an die sich im Zweifelsfall keiner gebunden fühlt.

Praxistipp

Jeder Erbe kann die Teilungsversteigerung eines Grundstücks verlangen. Eine Teilungsversteigerung ist einer Zwangsversteigerung vergleichbar. Dabei können auch die Erben mitsteigern. Nach Erfahrung vieler Anwälte wird der Antrag auf Zwangsversteigerung oft dazu benutzt, einen anderen Erben als Miteigentümer loszuwerden. Das müssen Sie sich nicht gefallen lassen. Jeder Erbe kann einen Aufschub von maximal 12 Monaten (zweimal sechs Monate) beantragen. Allerdings muss er für eine solche Entscheidung dem Gericht zwingende Gründe liefern, zum Beispiel, dass eine weitaus vorteilhaftere Verwertung des Grundstücks möglich ist.

Die Erben können sich nicht einigen

Das kommt häufiger vor, als Sie vielleicht denken. Viele Leute fühlen sich bei der Aufteilung eines Erbes benachteiligt, auch dann wenn es rational gar nicht zu begründen ist. Vergessen Sie nicht, dass nicht nur die rechtlichen Gegebenheiten eine Rolle spielen, sondern auch die persönliche psychologische Situation der Beteiligten. So kann es vorkommen, dass sich einer der Erben von dem Verstorbenen im Stich gelassen fühlt. Er ist zum Beispiel der Meinung, er habe »so viel für den Toten getan« und jetzt »erhält er dafür nur ein Butterbrot«. In solchen Fällen überlagert das Gefühl der Enttäuschung die Realität. Eine Ehefrau kann sich darüber ärgern, dass die Kinder, die »sich nie um ihren Vater gekümmert haben«, jetzt Dinge erben, die sie mit dem gemeinsamen Leben mit dem Verstorbenen verbindet. Zeigen Sie in solchen Fällen Sensibilität und bemühen Sie sich im Zweifelsfall etwas länger um eine Einigung. Mitunter brauchen die Betroffenen einfach einen längeren Zeitraum, um den Tod des geliebten Menschen zu verkraften und etwas Abstand zu gewinnen. Bemühen Sie sich solange um eine einvernehmliche Verwaltung des Erbes.

Können Sie sich wirklich nicht einigen, sollten Sie das Nachlassgericht um Vermittlung bitten. Dazu ist jeder Erbe unabhängig von den anderen befugt. Erwarten Sie sich von der Vermittlung keine Wunder, denn das Gericht darf keinen eigenen Aufteilungsplan vorschlagen. Es soll lediglich die beteiligten Parteien anhören und zwischen ihnen vermitteln. Die Einigung als solche muss durch die Erben selbst zustande kommen. Gelingt sie durch das Einschalten des Gerichts, wird darüber eine beurkundete Vereinbarung aufgesetzt. All das kostet natürlich – und das ist ein weiteres Argument für eine Einigung ohne gerichtliche Hilfe. Für die Vermittlung und die Beurkundung der Vereinbarung verlangt das Gericht die vierfache Gebühr nach der Kostenordnung, basierend auf dem vollen Nachlasswert. Bei einem Wert von 500 000 Mark wären das immerhin 3 440 Mark.

Wird auch durch die gerichtliche Vermittlung keine Einigung zwischen den Erben erreicht, bleibt nur noch die gerichtliche Auseinandersetzung. Die Erben müssen dann den Weg einer Auseinandersetzungsklage beschreiten; das ist extrem kostenträchtig und langwierig. Die Voraussetzung für eine Auseinandersetzungsklage ist ein teilungsreifer Nachlass. Das bedeutet, sowohl der Wert des Nachlasses als auch die Höhe der Verbindlichkeiten müssen feststehen. Der klagende Erbe ist verpflichtet, einen Teilungsplan, das heißt einen Vorschlag, wie das Erbe aufgeteilt werden soll, vorzulegen. Zuständig für eine solche Klage ist das Landgericht, in dessen Bezirk der Erblasser seinen letzten Wohnsitz hatte.

Der Kläger ist verpflichtet, zusammen mit der Klageeinreichung die Gerichtskosten zu bezahlen. Sie bemessen sich je nach Entscheidung der Richter entweder nach dem Wert des voraussichtlichen Erbteils des Klägers oder nach dem Gesamtwert des Nachlasses. Außerdem fallen Kosten für den Rechtsanwalt des Klägers an, denn vor dem Landgericht kann er sich nicht selbst vertreten. Stimmt das Gericht dem Aufteilungsplan des Klägers zu, hat er gegenüber den anderen Erben einen Anspruch auf Erstattung seiner Auslagen. Allerdings ist es in solch einer Situation eher fraglich, ob sein Aufteilungsplan von den anderen Erben ohne weiteres akzeptiert und erfüllt wird. Möglicherweise muss er noch einmal einen Rechtsanwalt oder gar die Gerichte bemühen. Entsprechend der Entscheidung des Gerichts hat die Teilung des Erbes zu erfolgen.

Praxistipp

Informieren Sie sich über die steuerlichen Besonderheiten bezüglich der Erbengemeinschaften (Kapitel 7 ab Seite 158). Prinzipiell erfolgt die Besteuerung nach Quote. Die Teilungsanordnung des Erblassers spielt dabei keine Rolle. Bei Abfindungen, zum Beispiel beim Ausgleich von Betriebsvermögen durch die Miterben, fällt eventuell Einkommensteuer an. Diejenigen, die die Abfindung zahlen müssen, können die Ausgabe abschreiben.

Im Privatbereich werden über die Erbschaftsteuer hinaus keine weiteren Steuern fällig. Für ererbte Grundstücke muss keine Grunderwerbssteuer bezahlt werden. Erhält einer der Erben ein Vorausvermächtnis, muss er dessen Wert selbst versteuern. Die anderen Erben werden dazu nicht herangezogen.

Checkliste für Erbengemeinschaften

- Bestandsaufnahme:
  Alles, was zum Nachlass gehört, sollte erfasst werden.
- Erfassen und Begleichen der Verbindlichkeiten:
  Tragen Sie alle Schulden des Verstorbenen zusammen. Eventuell sollten Sie die Gläubiger privat oder über das Nachlassgericht (Aufgebotsverfahren) dazu auffordern, sich zu melden. Vergessen Sie dabei nicht die Kosten für das Begräbnis und Gerichtsgebühren.
- Haftungsfrage klären:
  Haben Sie den Eindruck, das Erbe sei sehr unübersichtlich, oder besteht die Gefahr extrem hoher Verbindlichkeiten, sollten Sie

sich und Ihre Miterben schützen, indem Sie zum Beispiel Gebrauch von den verschiedenen Einreden machen oder die Nachlassverwaltung beantragen.

- Feststellung der Pflichtteil-, Pflichtteilergänzungs- und Ausgleichsansprüche.
- Erfüllung von Auflagen und Vermächtnissen des Erblassers:
  Hat der Erblasser in seinem Testament Auflagen, zum Beispiel über die Grabpflege oder seine Haustiere, gemacht, oder anderen Personen, die nicht zum Erbenkreis gehören, Vermächtnisse hinterlassen, müssen diese erfüllt werden.
- Aufteilung des Erbes:
  Damit sollten Sie erst beginnen, wenn alle Verbindlichkeiten, Ansprüche und Vermächtnisse abgegolten sind. Beginnen Sie zu früh damit, haften die einzelnen Erben. Beachten Sie die festgestellten Pflichtteil-, Pflichtteilergänzungs- und Ausgleichsansprüche.

5.

Erben unter besonderen Umständen

Sie haben gesehen: Durch die gesetzliche Erbfolge wird besonders die Familie bedacht, Ehegatten und Kinder, aber auch die entferntere Verwandtschaft. Erben Dritte, greift ihnen nicht nur der Fiskus tief in die Tasche, sondern fast immer sehen sie sich Schwierigkeiten mit den gesetzlichen Erben gegenüber. Wenn Sie nicht in einem klaren Verwandtschaftsverhältnis zum Erblasser stehen oder in gar keinem, ist es deshalb wichtig, sich rechtzeitig abzusprechen. Sind Sie gesetzlicher Erbe, kann es Ihnen passieren, dass Sie sich zum Beispiel Halbgeschwistern, neuen Partnern Ihrer Eltern oder der geschiedenen Ehefrau gegenüber sehen. In Zeiten hoher Scheidungsraten, nicht ehelicher Lebensgemeinschaften und Patchwork-Familien sind die Familienverhältnisse und damit das Erbrecht für den Laien oft undurchsichtig und schwer einzuordnen.

Geschieden von Tisch, Bett und Erbe

Ein vom Erblasser rechtskräftig geschiedener Partner hat überhaupt keinen eigenen Erbanspruch, auch dann nicht, wenn er die gemeinsamen Kinder erzieht. Selbst wenn während der Ehe ein gemeinschaftliches Testament aufgesetzt und bis zum Erbfall nicht widerrufen wurde, gibt es keine Ansprüche. Mit der Scheidung wird auch das gemeinschaftliche Testament unwirksam. Dazu muss es nicht widerrufen werden, es gilt einfach nicht mehr. Jeder der ehemaligen Ehepartner kann (und sollte) nach der Scheidung ein eigenes Testament verfassen, auch und vor allem dann, wenn der Ex-Partner weiterhin als Erbe vorgesehen ist.

Praxistipp

Der Erbe hat gegenüber der geschiedenen Ehefrau des Erblassers möglicherweise Unterhaltspflicht. Die Haftung des Erben in dieser Hinsicht ist jedoch begrenzt auf das, was der Ehefrau als Pflichtteil zugestanden hätte, wäre sie nicht geschieden.

Komplizierter ist die Lage, wenn ein Partner stirbt, solange das Scheidungsverfahren noch läuft. In diesem Fall ist die Entscheidung der Gerichte vom Einzelfall abhängig.

Das volle gesetzliche Erbrecht gilt, wenn nur der überlebende Partner die Scheidung beantragt hat, der Verstorbene jedoch keinen Antrag auf Scheidung gestellt und der Scheidung auch nicht zugestimmt hat. Das Gericht geht dann davon aus, dass sich der Erblasser nicht trennen wollte und infolge dessen auch nicht beabsichtigte, dem Ehepartner das Erbe vorzuenthalten.

Hat der verstorbene Ehepartner die Scheidung beantragt oder dem Antrag des Ehegatten zugestimmt, gilt das gesetzliche Erbrecht nicht mehr. Der überlebende Partner erhält normalerweise nichts (§ 1933 BGB). Im Klagefall müssen die Richter jedoch prüfen, ob die Ehe tatsächlich geschieden worden wäre, wenn der Erblasser noch lebte. Hier zählen jedoch Einzelheiten des Scheidungsrechts, die mit einem Anwalt geklärt werden müssen. Im Allgemeinen gilt das Trennungsjahr als Voraussetzung für eine Scheidung. Ist das Trennungsjahr vorüber, gehen die Richter davon aus, dass die Ehe geschieden worden wäre.

Diese Regelungen gelten auch für den Fall, dass es ein gemeinschaftliches Testament der Eheleute gibt. Die Unwirksamkeit dieses Testaments tritt jedoch nur ein, wenn klar ist, dass der verstorbene Ehegatte das Testament geändert hätte. Ist der überlebende Ehegatte der Meinung, der Verstorbene hätte das Testament nicht geändert, muss er das beweisen – normalerweise ein sehr schwieriges Unterfangen. Dasselbe gilt übrigens auch für Erbverträge zwischen Ehegatten, in denen sie sich gegenseitig zu Erben einsetzen.

Praxistipp

Gibt es zwischen Ihnen und Ihrem Ehepartner ein gemeinschaftliches Testament und wollen Sie sich scheiden lassen, sollten Sie das Testament möglichst frühzeitig vor dem Notar widerrufen oder gemeinsam vernichten. Sie können das gemeinschaftliche Testament nur zusammen aufheben. Einer allein kann es nicht. Danach sollte jeder von Ihnen ein eigenes Testament verfassen. Nur so können Sie vermeiden, dass es im Zweifelsfall zu Streit oder gar Entscheidungen kommt, die nicht in Ihrem Sinne liegen. Niemand verbietet Ihnen, in einem Einzeltestament trotzdem Ihren (demnächst geschiedenen) Partner als Erben einzusetzen.

Ans Kind denken

Die meisten Scheidungen gehen nicht ohne seelische Blessuren vorüber. Oft gehen einer Trennung jahrelange Streitereien voraus, in deren Verlauf sich die Ehepartner tief verletzten. Wunden, die dabei entstanden sind, verheilen nicht von heute auf morgen. Deshalb regiert bei vielen Entscheidungen, die nach einer Trennung getroffen werden, nicht der Verstand, sondern das Gefühl. Viele Ex-Partner haben den Wunsch, den anderen »bezahlen« zu lassen, ihm »eins auszuwischen«. Zumindest möchten sie nicht, dass er oder sie auch noch an das eigene Geld kommt. Das wird zum Problem, sobald es gemeinsame Kinder gibt, denn das gesetzliche Erbrecht zwischen Eltern und Kindern besteht trotz Scheidung der Eltern weiter.

Setzt ein geschiedener Vater seinen Sohn als Alleinerben ein, könnte es passieren, dass die geschiedene Ehefrau trotzdem in den Genuss des Erbes kommt, falls der Sohn vor ihr stirbt. Außerdem verwaltet der überlebende Elternteil das ererbte Vermögen solange, bis das Kind volljährig ist. Wer diese Entwicklung ausschließen möchte, muss einen Nacherben seines Kindes und einen Testamentsvollstrecker einsetzen bis das Kind volljährig ist. Die Vermögensverwaltung durch den überlebenden Elternteil kann man auch dadurch verhindern, dass man ihn als Vermögensverwalter ausschließt. Dann wird allerdings vom Gericht ein Nachlasspfleger eingesetzt. Ob das die ideale Lösung ist, ist zumindest zweifelhaft.

Wird eine Nacherbschaft angeordnet und der Vorerbe nicht befreit, kann er nur die Erträge aus der Erbschaft nutzen, weil er sie komplett an seinen Nacherben übergeben muss (siehe hierzu Kapitel 3, ab Seite 94). Nicht zulässig ist übrigens eine testamentarische Verfügung, die es dem Kind verbietet, seinerseits den überlebenden Elternteil als Erbe einzusetzen. Das akzeptieren die Gerichte nicht.

Es gibt auch die Möglichkeit, den Nacherben nur für bestimmte Gegenstände Ihres Nachlasses anzuordnen. Wenn Sie zum Beispiel nicht wollen, dass der Familienwohnsitz an Ihren geschiedenen Partner bzw. dessen Verwandte fällt, können Sie einen Nacherben aus Ihrer eigenen Verwandtschaft bestimmen. Dazu müssen Sie Ihr »gesamtes sonstiges Vermögen mit Ausnahme des Grundbesitzes« als Vermächtnis dem Vorerben aussetzen.

Praxistipp

Lassen Sie sich bei der Abfassung eines neuen Testaments nicht von den Gefühlen gegenüber Ihrem Ex-Partner leiten, sondern denken Sie an Ihr Kind. Normalerweise lieben Kinder beide Eltern. Es kann gut sein, dass die Gefühle Ihres Kindes sich einmal gegen Sie kehren werden, weil Sie verhindert haben, dass es seiner geliebten Mutter etwas Gutes tun kann.

Vorsicht bei Schenkungen

Verschenken Sie Güter oder Vermögen zu Lebzeiten, damit die zukünftigen Erben Steuern sparen, sollten Sie die Zehnjahresfrist beachten. Wenn diese Frist abgelaufen ist, können Sie erneut schenken und auch dieser neue Freibetrag gilt zehn Jahre. Doch das ist nicht alles: Im Erbfall zählen Geschenke, die länger als zehn Jahre zurück liegen, nicht mehr zum Erbe. Damit entfällt die Ausgleichspflicht für Pflichtteilansprüche.

Anders bei Schenkungen an Ehegatten. Die Zehnjahresfrist beginnt hier erst mit der Auflösung der Ehe. Aufgelöst wird eine Ehe entweder durch den Tod eines Ehegatten oder durch Scheidung. Das bedeutet, dass der überlebende bzw. überlebende und geschiedene Ehegatte gegenüber den gesetzlichen Erben eventuell ausgleichspflichtig ist.

Beispiel 1:
Hermann P. stirbt 1998. 1986 hat er seiner Tochter Linda eine Ferienwohnung zur Geburt ihres ersten Kindes geschenkt. Seine Tochter Maria ist leer ausgegangen. Trotzdem wird die Schenkung nicht angerechnet, weil die Zehnjahresfrist verstrichen ist.

Beispiel 2:
Paul M. hat seiner Frau Gerda zur Geburt ihres ersten Kindes Schmuck im Wert von 30 000 Mark geschenkt. 25 Jahre später stirbt er. Seine Frau wird per Testament Alleinerbin. Der Sohn Markus hat nur Anspruch auf den Pflichtteil. Der Wert des Geschenks muss dem Erbe zugeschlagen und daraus der Pflichtteil errechnet werden, denn die Zehnjahresfrist beginnt erst beim Tod von Paul M.

Beispiel 3:
Friedrich A. schenkt seiner Frau Franziska 1985 eine Eigentumswohnung. 1990 läßt er sich scheiden. 1998 stirbt er. Ehefrau und Kinder aus der zweiten Ehe sind seine gesetzlichen Erben. Franziska muss die Eigentumswohnung herausgeben bzw. den Wert derselben an die Erben zahlen. Die Schenkung liegt zwar schon 13 Jahre zurück, die Zehnjahresfrist begann jedoch erst mit der Scheidung im Jahr 1990.

Praxistipp

Große Geschenke werfen meist Probleme auf. Pflichtteilberechtigte Verwandte haben immer die Chance, dass diese Geschenke dem Erbe zugerechnet werden.

Auch für Ehepartner ist diese Bestimmung wichtig. Der Gatte denkt vielleicht, dass er die Ehefrau durch eine großzügige Schenkung bestens versorgt hat, erreicht damit aber nur, dass ihr Erbe im Erbfall geschmälert wird, weil sie zum Beispiel die Pflichtteilergänzungsansprüche der Kinder erfüllen muss.

Erben in der Patchwork-Familie

Die neue Wortschöpfung drückt es aus: Es gibt immer mehr »zusammengestückelte« Familien. Die Wertvorstellungen unserer Gesellschaft haben sich in den letzten drei Jahrzehnten grundlegend verändert. Bessere Verhütungsmöglichkeiten, veränderte Moralvorstellungen und eine immer stärkere Einbindung der Frauen ins Berufsleben haben dafür gesorgt, dass die traditionelle Familie nicht mehr alleiniger Maßstab des Zusammenlebens ist. Die Scheidungsraten steigen beständig. Viele Menschen heiraten mehrmals. In der neuen Familie finden sich oft Kinder aus zwei Familien zusammen, die vorher nichts miteinander zu tun hatten. Stiefeltern, Stiefkinder, Halbgeschwister bilden einen Familienverband. Scheidungskinder leben bei einem Elternteil zusammen mit Halbgeschwistern und einem Stiefvater, andere werden von einem Elternteil erzogen. Kinder werden adoptiert, andere leben zwar bei ihren leiblichen Eltern, die aber nicht verheiratet sind, gelten somit als unehelich. Früher eine Schande, heute üblich.

Diese verschiedenen Konstellationen des familiären, aber nicht unbedingt ehelichen Zusammenlebens, verlangen eigentlich nach neuen Gesetzen, auch im Erbrecht. Doch das ist bisher nur sehr zaghaft geschehen. Zwar sind immer wieder Stimmen zu hören, nicht eheliche und gleichgeschlechtliche Partnerschaften den ehelichen gleich zu stellen, doch die konkrete Umsetzung lässt auf sich warten. Bisher wurde lediglich das gesetzliche Erbrecht für nicht eheliche Kinder den veränderten Bedingungen angeglichen.

Gleichstellung ehelicher und nicht ehelicher Kinder

Seit dem 1. April 1998 gilt für nicht eheliche Kinder und ihre Väter dasselbe Erbrecht wie für eheliche Kinder und ihre Väter.

Nicht eheliche Kinder hatten früher gegenüber ihren Vätern nur einen Erbersatzanspruch, den die gesetzlichen Erben mit Bargeld abgelten konnten. Die nicht ehelich geborenen Kinder waren nicht Mitglieder der Erbengemeinschaft und hatten keinen Anspruch auf einzelne Gegenstände des Nachlasses. Wollten sie sich Streitereien mit der oft unbekannten Verwandtschaft nicht aussetzen, konnten sie zwischen dem 21. und 27. Geburtstag einen vorzeitigen Erbausgleich in Geld verlangen. Er betrug das Dreifache des Unterhalts, den der Vater während der letzten fünf Jahre gezahlt hatte. Zahlte der Vater, waren damit alle erbrechtlichen Ansprüche abgegolten. Für viele nicht eheliche Kinder war das ein schlechtes Geschäft.

Voraussetzung für die Ausübung des gesetzlichen Erbrechts ist natürlich, dass die Vaterschaft zweifelsfrei feststeht. Das kann zum einen dadurch geschehen, dass der Vater das Kind als das seine anerkennt, zum anderen durch eine Vaterschaftsfeststellung, die vor Gericht beantragt werden muss (§ 1600 d und e BGB).

Die neuen Regelungen für nicht eheliche Kinder sind wie folgt:

- Kinder, die vor dem 01.07.1949 in der ehemaligen Bundesrepublik geboren wurden, erben nichts.
- Für alle Erbfälle vor dem 1. April 1998 gilt das alte Recht. In den alten Bundesländern haben Sie seit 1970 als nicht eheliches Kind einen Erbersatzanspruch in Höhe des gesetzlichen Erbes gegen die Erben Ihres Vaters. Dieser Anspruch ist in Geld auszuzahlen. Ersatzweise konnten Sie den vorzeitigen Erbausgleich wählen. Alle Vereinbarungen, die über den vorzeitigen Erbausgleich getroffen wurden, und rechtskräftige Urteile bleiben weiterhin gültig.
- In den neuen Bundesländern wurden nicht eheliche Kinder den ehelichen bereits am 1. Januar 1976 gleichgestellt. Dieses Recht gilt für alle, die in der ehemaligen DDR geboren wurden, auch wenn sie vor dem 1. Juli 1949 geboren wurden, sofern der Erbfall vor dem Tag der Wiedervereinigung, dem 3. Oktober 1990 eintrat. Auch alle Kinder, die vor dem 3. Oktober 1990 geboren und die bis zum 31. März 1998 zu Erben wurden, können dieses Recht für sich in Anspruch nehmen. Für nicht eheliche Kinder, die in den neuen Bundesländern nach dem 3. Oktober 1990 geboren wurden und bis zum 31. März 1998 erbten, gelten die alten Vorschriften des BGB (Erbersatzanspruch und vorzeitiger Erbausgleich).
- Für alle Erbfälle ab dem 1. April 1998 gilt das neue Recht laut BGB, das nicht eheliche Kinder den ehelichen gleichstellt.

Praxistipp

Wurden Sie nicht ehelich geboren, haben Sie möglicherweise überhaupt keinen Kontakt zu Ihrem leiblichen Vater und seiner Familie. Meist kommt es dann im Erbfall zu peinlichen Situationen. Das können Sie verhindern, indem Sie persönlich Kontakt zu Ihrem Vater aufnehmen und ihm zum Beispiel einen Erbvertrag oder einen Erbverzicht mit Ausgleich zu Lebzeiten vorschlagen. Das mag ebenfalls kein sehr erquickliches Unterfangen sein, aber Sie sollten zumindest versuchen, ein Gespräch herbeizuführen, denn die Medaille hat eine Kehrseite: Auch Ihr leiblicher Vater ist Ihnen gegenüber gesetzlicher Erbe und sogar pflichtteilberechtigt. Je nachdem, wie viel Sie und wie wenig er besitzt, kann es ärgerlich werden.

Beispiel:
Angelika und Rainer R., kinderlos, haben ein gemeinschaftliches Testament verfasst, in dem sie sich gegenseitig als Alleinerben eingesetzt haben. Erbe des am längsten Lebenden soll die Nichte Anika werden. Angelika R. wurde nicht ehelich geboren. Sie stirbt vor ihrem leiblichen Vater. Der verlangt von Rainer R. den Pflichtteil, $^{1}/_{16}$ des Erbes, das in Geld ausgezahlt werden muss, ein erkleckliches Sümmchen, nämlich 62 500 Mark, denn der Gesamtwert des Nachlasses betrug eine Million Mark. Rainer R. ist entsetzt, zumal sich der Vater nie für Angelika interessiert hat.

Ob im Einzelfall eine Entziehung des Pflichtteils möglich ist, sollte von einem Anwalt geprüft werden. Dazu müsste der Vater aber seinem Kind geschadet haben, zum Beispiel durch »böswillige Verletzung der Unterhaltspflicht«.

Wie eigene Kinder: Adoptivkinder

Wurden Sie als Kind adoptiert, ist Ihre rechtliche Stellung in Bezug auf das Erbrecht wie die eines ehelichen Kindes. Sie sind gegenüber Ihren Adoptiveltern gesetzlicher Erbe der ersten Ordnung. Dasselbe gilt für Ihre Abkömmlinge. Auch sie sind gegenüber Ihren Eltern erbberechtigt, sofern Sie selbst beim Tod Ihrer Eltern nicht mehr leben. In der Konsequenz heißt dies, dass das Adoptivkind auch pflichtteilberechtigt ist. Sollten andere betroffene Verwandte, zum Beispiel die Eltern der Adoptiveltern, nicht wollen, dass ihr Nachlass direkt oder indirekt über die Adoptiveltern in die Hände des Adoptivkindes gelangt, müssen sie ein entsprechendes Testament aufsetzen.

Die ursprünglichen Verwandtschaftsverhältnisse eines Adoptivkindes erlöschen mit der Adoption. Gegenüber den leiblichen Eltern und Verwandten besteht keinerlei Erbanspruch mehr. Auch die leiblichen Eltern oder Verwandte haben keinen Anspruch mehr an das adoptierte Kind. Die leibliche Familie wurde sozusagen gegen die Adoptivfamilie ausgetauscht.

Etwas anders verhält es sich mit der Adoption Volljähriger. Manches gleichgeschlechtliche Paar sieht die Adoption zum Beispiel als eine Möglichkeit, für den Partner zu sorgen. Das ist prinzipiell möglich, denn auch in dieser Konstellation erhält das adoptierte Kind gegenüber seinen Adoptiveltern und umgekehrt das gesetzliche Erbrecht. Allerdings ist es in diesem Fall auf die Eltern und das Kind beschränkt. Die Familie der Adoptiveltern wird durch die Adoption nicht berührt, das angenommene Kind hat gegenüber den Verwandten der Adoptiveltern keinerlei Erbansprüche. Ausnahmen von dieser Einschränkung sind nach § 1772 BGB möglich. Die Entscheidung darüber trifft ein Vormundschaftsgericht.

Zwei in einer Familie

Unübersichtlich wird es in Familien, in denen die Ehepartner nach einer Scheidung beide eigene Kinder in die neue Ehe mitbrachten. Dort leben nun – nach gesetzlicher Interpretation – Stiefkinder, Halbgeschwister, Geschwister und eheliche Kinder in einer Familie. Wer in dieser Situation ein Testament aufsetzen möchte oder seine Erbansprüche durchsetzen will, muss sozusagen den gordischen Knoten lösen. Möchten Sie wissen, wo Sie stehen, sollten Sie zunächst die Verwandtschaftverhältnisse klären – wer ist mit wem wie blutsverwandt. Danach müssen Sie streng nach der gesetzlichen Erbfolge vorgehen.

> ***Beispiel:***
> *Marion H. ist von Ralf M. geschieden. Mit ihm hat sie zwei gemeinsame Kinder – Jan und Tommy. Marions zweiter Mann ist Günter H., mit dem sie ein gemeinsames Kind, Maximilian, hat. Günter H. ist ebenfalls zum zweitenmal verheiratet. Mit seiner ersten Frau Renate hat er drei Kinder, Markus, Alexandra und Viktoria.*

Aus diesen Verwandtschaftsverhältnissen ergeben sich folgende Fakten:

- Renate steht ein gesetzliches Erbrecht lediglich in Bezug auf ihre leiblichen Kinder Markus, Alexandra und Viktoria zu.
- Marion H. ist gesetzliche Erbin ihres Mannes Günter und ihrer leiblichen Kinder Jan, Tommy und Maximilian.
- Günter H. ist gesetzlicher Erbe Marions und seiner leiblichen Kinder Maximilian, Markus, Alexandra und Viktoria.
- Die Kinder sind jeweils gegenüber ihren leiblichen Eltern gesetzliche Erben: Jan, Tommy und Maximilian sind gesetzliche Erben von Marion H. Jan und Tommy sind darüber hinaus gegenüber Ralf M. erbberechtigt, Maximilian gegenüber Günter H. Markus, Alexandra und Viktoria beerben Günter H. und seine erste Frau Renate.

Fall 1:

Günter H. stirbt ohne Testament. Wer erbt?

Seine zweite Frau Marion erbt die Hälfte des Nachlasses, die andere Hälfte müssen sich die Kinder aus erster Ehe, Markus, Alexandra, Viktoria, und das gemeinsame Kind, das er mit seiner zweiten Frau hat, Maximilian, teilen.

Jan und Tommy sind keine leiblichen Kinder Günter H.s und haben deshalb kein gesetzliches Erbrecht. Will Günter H. ihnen etwas hinterlassen, muss er das testamentarisch verfügen. Beim Tod der Mutter kommt Jan und Tommy der Nachlass von Günter H. verspätet zugute, denn die gesetzlichen Erben von Marion H. sind ihre leiblichen Söhne aus erster und zweiter Ehe, Jan, Tommy und Maximilian.

Fall 2:

Günter H. stirbt und hinterlässt ein Testament, in dem er seine zweite Frau Marion zur Alleinerbin einsetzt. Was passiert?

Neben Marion haben die Kinder Maximilian, Markus, Alexandra und Viktoria ein gesetzliches Erbrecht. Sie können ihren Pflichtteil einklagen. Jedes Kind kann sich also den Gegenwert von 6,25 Prozent des Erbes in Geld auszahlen lassen.

Stiefkinder können von ihren Stiefeltern nicht erben, sofern sie nicht ausdrücklich testamentarisch bedacht wurden. Das gilt auch für die anderen Verwandten. Würden zum Beispiel die Eltern von Marion H. sterben, wären Jan, Tommy und Maximilian erbberechtigt, sofern Marion H. bereits tot ist. Marions Stiefkinder Markus, Alexandra und Viktoria jedoch nicht.

Einen steuerlichen Vorteil haben Stiefkinder, die testamentarisch von ihren Stiefeltern bedacht werden: Sie gehören wie leibliche Kinder in die Steuerklasse I und verfügen über einen Freibetrag von 400 000 Mark. Mit den Stiefeltern verfährt der Fiskus weniger großzügig: Sie werden der Steuerklasse II zugerechnet. Ihr Freibetrag beträgt nur 20 000 Mark.

Praxistipp

Stiefkinder sind per Gesetz vor bösen Stiefeltern oder habgierigen gesetzlichen Erben geschützt. Zum einen dürfen sie für sich die 30-Tage-Frist nach dem Tod des Erblassers in Anspruch nehmen. Stirbt zum Beispiel der leibliche Vater, kann die Stiefmutter auch das erwachsene Stiefkind nicht aus dem Haus weisen, sofern es bisher im Haushalt lebte. Es hat mindestens 30 Tage Zeit für den Auszug.

Stiefkinder haben außerdem, sofern sie bedürftig sind, einen Anspruch auf eine angemessene Ausbildung (§ 1371 Abs. 4 BGB). Der überlebende Stiefvater oder die Stiefmutter können per Gesetz dazu gezwungen werden, für die Ausbildung des Stiefkindes maximal den pauschalen Zugewinnausgleich in Höhe eines Viertels ihres gesetzlichen Erbes aufzuwenden.

Ausnahme auf dem Lande

Das Erbrecht für bäuerliche Höfe weicht vom regulären gesetzlichen Erbrecht ab. Der Grund dafür liegt in der besonderen Bedeutung, die ein Hof für das Leben seiner Bewohner hat. Der Gesetzgeber geht davon aus, dass es erstrebenswert ist, einen Hof komplett als Einheit zu erhalten. Die Aufteilung unter mehrere Erben hat meist zur Folge, dass der landwirtschaftliche Betrieb eingestellt werden muss. Deshalb darf es laut Gesetz für den bäuerlichen Hof nur einen Erben geben. Die übrigen gesetzlichen Erben erhalten statt ihres gesetzlichen Erbes Ausgleichsrechte.

Umgeht der Erblasser diese Vorgaben durch ein Testament, ist der Gesetzgeber gezwungen, seinen Willen zu akzeptieren. Allerdings empfehlen Anwälte, einen solchen Schritt nicht ohne fachkundige Beratung bei der Abfassung des Testaments zu tun, zumal die Bundesländer diesbezüglich unterschiedliche landesgesetzliche Vorschriften entwickelt haben.

Erben ohne Trauschein

Immer mehr Menschen leben ohne Trauschein jahrzehntelang zusammen. Viele von ihnen haben gemeinsame Kinder und leben mit ihnen als Familie. Das Erbrecht jedoch begünstigt Familie und Ehe im traditionellen Sinn. Für das Kind bedeutet das keine besonderen Härten, denn es ist seit dem 1. April 1998 in jedem Fall gesetzlicher Erbe seiner Eltern, ebenso wie die Eltern seine gesetzlichen Erben sind. Die Frage ehelich oder nicht ehelich spielt dabei keine Rolle. Anders sieht es für die Lebenspartner selbst aus. Sie haben laut Gesetz ohne Trauschein keinen Anspruch auf gegenseitiges Erbe. Das trifft nicht nur Lebensgemeinschaften zwischen Mann und Frau, sondern noch stärker gleichgeschlechtliche Partnerschaften. Die deutsche Rechtsprechung definiert eine »nicht eheliche Lebensgemeinschaft« als »eine auf Dauer angelegte Gemeinschaft zwischen Mann und Frau«, neben der es keine weitere Lebensgemeinschaft gleicher Art gibt. Diese Lebensgemeinschaft muss auf einer so engen Bindung basieren, dass von den Partnern »ein gegenseitiges Einstehen in den Wechselfällen des Lebens« erwartet werden kann.

Heterosexuelle Lebensgemeinschaften haben gegenüber den homosexuellen zwei Vorteile, wenn einer der Partner stirbt:

1. Leben die Partner in einer gemeinsamen Wohnung, die nur ein Partner gemietet hat, darf der überlebende Partner in den Mietvertrag des verstorbenen Partners eintreten. In diesem Fall genießt er denselben Schutz, den auch konventionelle Ehen haben. Er kann nicht aus der Wohnung gewiesen werden, weil der Partner, der laut Mietvertrag Mieter war, verstorben ist.
2. Für den Lebenspartner gilt gegenüber den gesetzlichen Erben des Verstorbenen die 30-Tage-Frist. Solange können ihn die gesetzlichen Erben zum Beispiel nicht aus dem Haus des Partners vertreiben. Während dieser Zeit müssen sie auch weiterhin für einen angemessenen Unterhalt sorgen.

Das Gesetz bezieht diese Regelungen jedoch explizit auf Familien, nicht auf nicht eheliche Lebensgemeinschaften. Die Gerichte haben jedoch im Laufe der Jahre die Rechtsprechung den tatsächlichen gesellschaftliche Verhältnissen angepasst.

Zwar gibt es in den Parteien immer wieder Stimmen, nicht eheliche Lebensgemeinschaften – auch homosexuelle – den ehelichen rechtlich gleich zu stellen, aber dies wird wohl noch einiges an Überzeugungsarbeit in den Parteien und in der Bevölkerung kosten. Bis dahin gelten die bisherigen gesetzlichen Regelungen, die das Erben zumindest sehr teuer machen. Denn wer nicht blutsverwandt oder verheiratet mit dem Erblasser ist und trotzdem erbt, landet in Steuerklasse III. Dort hat er den geringsten Freibetrag, nämlich 10 000 Mark, und zahlt die höchsten Steuern. Muss er bis zu 100 000 Mark versteuern, zahlt er schon 17 Prozent Erbschaftsteuer, bis zu 500 000 Mark sind es bereits 23 Prozent. Für ein Erbe von 100 000 Mark müsste eine Ehefrau gar keine Steuer bezahlen, eine Lebenspartnerin jedoch 15 300 Mark.

Praxistipp

Ohne ein Testament des anderen sind Lebenspartner die großen Verlierer, denn für das Gesetz sind sie als Erben nicht existent. Ein Testament ist also Pflicht. Allerdings darf es kein gemeinschaftliches Testament sein. Das ist Eheleuten vorbehalten. In nicht ehelichen Lebensgemeinschaften muss jeder der beiden Partner ein eigenes Testament verfassen. Dabei sollten möglichst noch die Ansprüche der gesetzlichen Erben bedacht werden.

Klippen umschiffen

Ihr Lebenspartner möchte Sie testamentarisch als Alleinerben einsetzen. Mit dieser Entscheidung und ihrer Umsetzung ist jedoch längst nicht alles gewonnen. Bevor er oder sie tatsächlich daran geht, ein entsprechendes Testament aufzusetzen, sollten einige Fragen vorab geklärt werden, damit Sie als Erbe nicht das Nachsehen haben.

- Gibt es pflichtteilberechtigte Erben?
  Wie Sie bereits wissen, haben Ehegatten, Eltern und Kinder bzw. deren Abkömmlinge ein Recht auf den Pflichtteil, der die Hälfte ihres jeweiligen gesetzlichen Erbes beträgt und von den Erben in Geld ausbezahlt werden muss. Dem kann man nur entgehen, wenn der Erblasser seine gesetzlichen Erben schon vorher abfindet und einen Erbverzichtsvertrag mit ihnen abschließt. Doch dazu werden die wenigsten bereit sein. Eine andere Möglichkeit bietet der Abschluss eines Erbvertrags, in dem auch die gesetzlichen Erben ausreichend bedacht werden.
- Besteht aus früheren Zeiten ein gemeinschaftliches Testament mit der Ehefrau oder ein Erbvertrag, der jemand anderen begünstigt?
  Leben Sie zum Beispiel mit jemandem zusammen, der früher verheiratet war oder es noch ist, sollten Sie abklären, ob bereits ein gemeinschaftliches Testament mit dem Noch-Ehepartner besteht

oder ein Erbvertrag mit dem ehemaligen Partner oder anderen Personen. Sowohl das gemeinschaftliche Testament als auch der Erbvertrag müssen aufgehoben werden, bevor ein neues gültiges Testament aufgesetzt werden kann.

Besonders wichtig ist die Klärung dieser Frage, falls Ihr Partner eine größere Schenkung an Sie plant. Denn falls ein Erbvertrag oder ein gemeinschaftliches Testament besteht, kann diese Schenkung von den Erben als böswillig betrachtet werden, weil sie bewusst das ihnen zugedachte Erbe schmälert. Waren Sie als Beschenkter gutgläubig, wussten also nichts von bestehenden Vereinbarungen mit anderen Leuten, können Sie dazu gezwungen werden, im Erbfall das herauszugeben, was von dem Geschenk noch übrig ist. Wussten Sie von anderweitigen vertraglichen Bindungen Ihres Partners, müssen Sie den gesamten Wert des Geschenks ersetzen, wenn die Erben dies verlangen. Die Erben haben drei Jahre Zeit, nach dem Tod des Erblassers Geschenke zurückzufordern.

Außerdem unterliegen alle Schenkungen, auch Schenkungen auf den Todesfall, dem Pflichtteilrecht. Das bedeutet: Eine Schenkung an den Lebenspartner mindert immer das Erbe der gesetzlichen Erben. Wird durch die Schenkung der Pflichtteil gemindert, haben die Erben immer die Möglichkeit, die Pflichtteilergänzung zu beanspruchen, es sei denn, die Schenkung liegt zum Zeitpunkt des Erbfalls mehr als zehn Jahre zurück. In diesem Fall haben die Pflichtteilberechtigten keinen Anspruch mehr auf Erstattung.

Praxistipp

Eine Schenkung an den Partner sollte immer durch einen Schenkungsvertrag abgesichert werden. Im Schenkungsvertrag sollten vor allem die Gründe für die Schenkung festgehalten werden. Der Erblasser sollte die Schenkung durch ein lebzeitiges Eigeninteresse begründen, also zum Beispiel als Entschädigung für Pflegeleistungen, für die Führung des Haushalts oder ähnliches.

Bei Schenkungen auf den Todesfall ist es sehr wichtig, den

Partner zu informieren, denn noch nicht vollzogene Schenkungen können von den Erben widerrufen werden, es sei denn, sie wurden testamentarisch festgelegt. Vor dem Partner geheimgehaltene Schenkungen, die er erst nach dem Tod des Erblassers (als Überraschung) erhalten soll, müssen besonders abgesichert werden. Handelt es sich um Geld, muss die Bank angewiesen werden, den entsprechenden Betrag nach dem Tod des Erblassers auszuzahlen. Allerdings muss der Erblasser dann gegenüber der Bank ausdrücklich auf die Möglichkeit des Widerrufs der Anweisung verzichten, sonst können die Erben auch diese Anweisung widerrufen.

Problem Sittenwidrigkeit

Obwohl die nicht eheliche Lebensgemeinschaft inzwischen eine weit verbreitete Form des Zusammenlebens ist und von breiten Bevölkerungsschichten akzeptiert wird, sollte man sich darüber im Klaren sein, dass der Gesetzgeber in der Praxis noch nicht so weit ist. Bei manchen Entscheidungen hat der Richter zwar einen gewissen Entscheidungsspielraum, der unter anderem von den individuellen Gegebenheiten in jedem Fall abhängig ist. Der Erblasser kann und sollte selbst etwas dafür tun, dass im Streitfall zugunsten seines Partners entschieden werden kann.

Je nachdem, welche Beweise die gesetzlichen Erben vorlegen, kann oder muss der Richter testamentarische Bestimmungen zugunsten des Lebenspartners für nichtig erklären, weil sie »sittenwidrig« sind. Die Erben werden in einem solchen Fall versuchen, zum Beispiel eine testamentarische Schenkung an den Lebenspartner als »Belohnung für sexuelle Dienste« darzustellen. Die Erben sind gezwungen, eine solche Behauptung zu beweisen, was sehr schwierig ist und normalerweise nicht gelingt.

Vorsicht ist immer angebracht, denn die Richter müssen prüfen, ob durch die Zuwendung an den Lebenspartner Kinder und Ehegatten in ihren Rechten benachteiligt werden, ob andere gültige Testamente oder Erbverträge bestehen, die den testamentarischen Verfügungen zuwider laufen. Sie werden auch prüfen, woher das zu vererbende Vermögen stammt. Wurde es beispielsweise von einem Ehegatten ererbt, werden die Richter davon ausgehen, dass es zum Beispiel eher den gemeinsamen Kindern zusteht als dem Lebenspartner. Wie Sie wissen, ist das gesetzliche Erbrecht hauptsächlich darauf ausgelegt, die herkömmliche Familie zu schützen.

Praxistipp

Ein Erblasser, der Ehefrau und Kinder hat, sollte sie nicht zu sehr zugunsten des neuen Lebenspartners benachteiligen. Es könnte sonst passieren, dass der Lebenspartner überhaupt nichts erhält. Insbesondere sollten als Begründung für Schenkungen und testamentarische Verfügungen niemals für den Partner zwar sehr nette, für die Richter aber zweideutige Formulierungen verwendet werden. Der Erblasser sollte seinem Lebenspartner im Testament beispielsweise nicht für seine Liebe und die schönen gemeinsamen Stunden danken, sondern für die Führung des Haushalts, die Mitarbeit im Büro oder die Erziehung der Kinder. Damit ist klar, dass die Zuwendung einen realen Hintergrund hat, der für den Erblasser bereits zu Lebzeiten interessant war (lebzeitiges Interesse).

Das können Lebenspartner füreinander tun

Die einfachste Möglichkeit, den Lebenspartner für den Todesfall abzusichern, ist der Abschluss einer Lebensversicherung. Die Versicherungssumme wird an den im Vertrag Begünstigten ausgezahlt und fällt nicht in den Nachlass. Selbst wenn die gesetzlichen Erben um das Pflichtteilrecht streiten, können höchstens die eingezahlten Beiträge zum Nachlass gerechnet werden, nicht jedoch die angesammelten Gewinne.

Beispiel:
Martin Muster lebt mit Susanne Klein zusammen. Er schließt eine Lebensversicherung über 200 000 Mark ab, in die er jährlich 6 000 Mark Beiträge zahlt. Im Versicherungsvertrag wird Susanne Klein als Begünstigte genannt. Zwei Jahre nach Abschluß der Versicherung stirbt Martin Muster. Die Versicherungssumme wird an Susanne Klein ausbezahlt. Sofort melden die beiden Kinder Martin Musters Pflichtteilergänzungsansprüche an. Zur Berechnung ihrer Ansprüche wird jedoch nicht die Versicherungssumme von 200 000 Mark herangezogen, sondern nur die bereits eingezahlten Beiträge in Höhe von 12 000 Mark.

Praxistipp

Schließen Sie die Lebensversicherung selbst ab, aber auf den Tod des Partners und setzen Sie sich selbst als Begünstigten ein. Das bedeutet, Sie zahlen die Beiträge und erhalten auch die Versicherungssumme, sobald der Partner stirbt. Schließen beide Partner eine solche Versicherung ab, ist für beide Partner die Investition dieselbe.

Die Vorteile dieses Modells liegen klar auf der Hand: Die gesetzlichen Erben des Lebenspartners haben keine Möglichkeit, Ansprüche anzumelden, denn der Verstorbene hat nicht einmal die Versicherungsbeiträge bezahlt. Außerdem bleiben die Überschussanteile aus Kapitallebensversicherungen einkommensteuerfrei, wenn die Versicherung mindestens eine zwölfjährige Laufzeit und eine fünfjährige Beitragsdauer hat. Sollte der Versicherungsnehmer bereits nach zwei Jahren sterben, ändert sich daran nichts. Entscheidend ist die Vertragsgestaltung.

Für eine einfache Risikolebensversicherung fällt sowieso keine Einkommensteuer an. Soll die Versicherung nur der Absicherung des Partners dienen, reicht sie aus. Sie ist wesentlich billiger als eine Kapitallebensversicherung, im Überlebensfall erhält der Versicherungsnehmer jedoch keine Leistung. Die Beiträge sind verloren.

Lebt der Partner am Ende der vereinbarten Laufzeit, wird der Betrag bei einer Kapitallebensversicherung an den Versicherungsnehmer, also an Sie selbst, ausbezahlt – noch steuerfrei; stirbt er vorzeitig, gehört das Geld ebenfalls Ihnen. Sie müssen keine Erbschaftsteuer bezahlen.

Beispiel 1:
Susanne Klein schließt eine Kapitallebensversicherung über 100 000 Mark auf den Todesfall von Martin Muster ab. Die Laufzeit beträgt 20 Jahre. Als Begünstigte setzt sie sich selbst ein. Drei Jahre später stirbt Martin Muster. Susanne Klein erhält die vereinbarte Versicherungssumme, die sie nicht versteuern muss.

Beispiel 2:
Martin Muster lebt gesund und munter die nächsten 30 Jahre. Susanne Klein erhält nach 20 Jahren die Versicherungssumme steuerfrei ausbezahlt und investiert sie in eine private Rentenversicherung.

Beispiel 3:
Susanne Klein stirbt während der Versicherungsdauer, Martin Muster erbt. In diesem Fall unterliegt der Anspruch auf die noch nicht fällige Versicherungsleistung der Erbschaftsteuer. Der erbschaftsteuerpflichtig relevante Teil der Versicherung wird berechnet aus $^{2}/_{3}$ der eingezahlten Beiträge oder nach dem (normalerweise sehr niedrigen) Rückkaufwert.

Durch einen Erbvertrag können sich Lebenspartner ebenfalls gegenseitig für den Todesfall absichern, denn einen solchen Vertrag kann man mit jedem Menschen schließen – gleichgültig, ob er gesetzlicher Erbe ist oder nicht. Allerdings sollten beide Partner daran denken, ein gesetzliches Rücktrittsrecht im Vertrag zu vereinbaren, damit es im Falle einer Trennung keine Schwierigkeiten gibt. Denn ein Erbvertrag erlischt bei Trennung nicht automatisch, auch dann nicht, wenn einer der beiden Partner mit einem neuen Partner zusammen ist.

Beim Erbvertrag sollten Sie ebenfalls beachten, welche gesetzlichen Erben Sie und Ihr Partner haben, damit Sie deren Pflichtteile nicht schmälern. Leben weder Ehegatten noch Eltern und Abkömmlinge, gibt es in der Regel keine Probleme, denn nur sie können einen Pflichtteil fordern. In jedem Falle sollten Sie solche Dinge vorab mit einem Notar oder Rechtsanwalt klären.

Die Schenkung haben wir bereits erwähnt. Sie kann zwar Probleme bereiten, ist aber dennoch eine gute Möglichkeit für Lebenspartner, füreinander zu sorgen. Allerdings: Was verschenkt ist, ist auch weg. Stirbt beispielsweise der Lebensgefährte, ist auch die Schenkung weg, sofern er nicht ebenfalls den Partner als Erben benannt hat. Der Besitz fällt dann an die Erben des Verstorbenen.

Bei Schenkungen sollten Sie auch den steuerlichen Aspekt nicht vergessen. Lebensgefährten haben einen hohen Steuersatz und nur 10 000 Mark Freibetrag. Stehen zum Beispiel Geld oder Immobilien zur Wahl, sollten Sie die Immobilie wählen. Mit Grundstücken und Immobilien stellen Sie sich steuerlich günstiger als mit Geld oder Wertpapieren. Die Grundlage für die Besteuerung eines Grundstücks entspricht normalerweise nicht dem tatsächlichen Marktwert. Erben Sie also ein Mietshaus, das Sie für eine Million verkaufen könnten, wird normalerweise weniger als eine Million versteuert.

Möchte Ihr Partner die Immobilie in der Familie halten, besteht die Möglichkeit, dass er Ihnen zum Beispiel per Testament ein Wohnrecht auf Lebenszeit sichert. Ob es die ideale Lösung ist, muss im Einzelfall entschieden werden. Sicherlich haben einige Familien und gesetzliche Erben mit der neuen Lebenspartnerin des Vaters oder dem neuen Gefährten der Mutter Probleme, so dass die Ausübung des Wohnrechts lebenslangen Kampf bedeuten kann. Darüber hinaus wäre die Nutzung der Immobilie für die Erben stark eingeschränkt. Sie könnten dann zum Beispiel weder selbst in das ererbte Einfamilienhaus ziehen noch es verkaufen, denn ein Haus mit Wohnrecht ist nahezu unverkäuflich, zumal wenn keine Miete verlangt werden darf.

Soll der Partner über Wohneigentum verfügen können, falls der andere stirbt, käme auch der Abschluss von Bausparverträgen in Betracht. Durch regelmäßiges Sparen kann hier Vermögen angesammelt werden, das zusammen mit zinsgünstigen Krediten und beispielsweise der Auszahlung aus einer Lebensversicherung dem Partner den Kauf einer Immobilie nach dem Tod des anderen möglich macht.

Gemeinschaftliches Testament ungültig

Lebenspartner dürfen kein gemeinschaftliches Testament aufsetzen. Das bleibt verheirateten Paaren vorbehalten. Ein gemeinschaftliches Testament gilt auch dann nicht, wenn Sie zum Beispiel zwei Jahre später heiraten. Es muss nach der Eheschließung aufgesetzt und unterschrieben werden. Sind Sie nicht verheiratet, bleibt Ihnen nur die Wahl zwischen Einzeltestamenten und Erbvertrag. Die beiden Einzeltestamente können Sie natürlich so abfassen, dass Sie sich ebenso wie verheiratete Partner gegenseitig als Erben einsetzen. Gemeinsame Kinder können als Schlusserben benannt werden. Der Vorteil der Einzeltestamente gegenüber einem Erbvertrag liegt darin, dass jeder Partner sein Testament jederzeit alleine, ohne die Zustimmung des anderen, ändern kann.

Falls Sie mit Ihrem Lebenspartner zusammen bereits ein gemeinschaftliches Testament verfasst haben, sollten Sie es unbedingt vernichten und entweder Einzeltestamente oder einen Erbvertrag aufsetzen. Denn falls einer von Ihnen stirbt und es wird vom anderen ein gemeinschaftliches Testament vorgelegt, wird es mit allergrößter Wahrscheinlichkeit nicht anerkannt werden. Manche Richter versuchen zwar, den tatsächlichen Willen des Verstorbenen zu ergründen und zu beachten, aber durch die rechtliche Situation sind diesem Unterfangen enge Grenzen gesetzt.

6.

Wenn das Erbe nicht glücklich macht

Wer von der »Erbengeneration« spricht, assoziiert damit gemeinhin die Übertragung beträchtlicher Vermögenswerte auf die nachfolgenden Generationen. Was die Eltern in den Jahren des vielbestaunten Wirtschaftswunders gespart oder in Immobilien investiert haben, geht in die Hände der Kinder oder anderer Angehöriger über. Manche sprechen schon mit einem bisweilen neidischen Unterton vom »zweiten Vermögensbildungsweg«.

Allerdings: Nicht jedes Erbe macht glücklich. Im Gegenteil, es kann höchst unangenehme Überraschungen bergen. Etwa dann, wenn die Schulden das Guthaben des Erblassers übersteigen. Bedenken Sie, dass Sie als Erbe auch die Verpflichtungen des Verstorbenen übernehmen und häufig nicht nur mit dem ererbten Vermögen, sondern überdies mit Ihren eigenen Mitteln haften. Der Gesetzgeber räumt dem Erben daher die Möglichkeit ein, die Erbschaft auszuschlagen, falls es sich dabei gleichsam um ein Danaer-Geschenk handelt.

Sie nehmen die Erbschaft an

Sofern Sie keine absolut verlässlichen Informationen und Belege über den Vermögensstatus des Verstorbenen haben (und zwar sowohl hinsichtlich seines Guthabens als auch seiner Schulden), sollten Sie eine Erbschaft nicht vorschnell annehmen. Zwar geht die Erbschaft sofort nach Eintritt des Erbfalls an Sie über, dieser Vermögenstransfer hat jedoch nur provisorischen Charakter. Ihnen bleibt die Option, die Erbschaft auszuschlagen und damit den ursprünglichen Rechtszustand vor der Vermögensübertragung wieder herzustellen. Dies setzt aber voraus, dass Sie nicht durch Handlungen oder Äußerungen den Eindruck erwecken, das Erbe annehmen zu wollen. Schauen wir uns daher genauer an, auf welche Weise die Annahme einer Erbschaft erfolgen kann:

- Sie erklären sich explizit bereit, das Erbe anzunehmen. Vorsicht: Eine solche Äußerung ist an keine bestimmte Form gebunden. Sie muss weder schriftlich noch gegenüber einer Behörde abgegeben werden. Es reicht aus, vor Zeugen eine entsprechende Bemerkung zu machen. Bei diesen Zeugen kann es sich sogar um unbeteiligte Dritte – zum Beispiel um Ihre Nachbarn – handeln. Halten Sie sich daher mit Äußerungen zurück. Schweigen kann in manchen Fällen tatsächlich Gold sein.
- Sie lassen die Ausschlagungsfrist verstreichen, ohne einen Verzicht auf die Erbschaft zu erklären. Grundsätzlich beträgt die Ausschlagungsfrist sechs Wochen. Die Frist beginnt mit jenem Tag, an dem Sie offiziell von dem Erbfall oder der Erbeinsetzung in Kenntnis gesetzt werden. Dies ist in der Regel dann der Fall, wenn Ihnen die Nachricht für die Testamentseröffnung zugeht. Bei einer Erbeinsetzung per Testament hingegen beginnt die Ausschlagungsfrist mit dem Termin der Testamentseröffnung. Wichtig: Wenn Sie als Erbe im Ausland leben, verlängert sich die Ausschlagungsfrist auf sechs Monate.
- Sie nehmen die Erbschaft durch »schlüssiges Verhalten« an. Falls Sie Schritte einleiten, die auf eine Annahme der Erbschaft hindeuten, kann dies bereits als endgültige Akzeptanz gewertet werden. »Schlüssig handeln« würden Sie beispielsweise, indem Sie einen Erbschein beantragen oder bei Gericht eine Umschreibung im Grundbuch veranlassen. Leiten Sie hingegen Maßnahmen ein, die der ordnungsgemäßen Abwicklung des Erbschaftsfalles oder der standesgemäßen Bestattung des Verstorbenen dienen, so kann Ihnen dies nicht als »schlüssiges Handeln« ausgelegt werden. Das gilt auch dann, wenn Sie über Teile des Guthabens des Erblassers verfügen müssen, um die Bestattungskosten finanzieren zu können.

Sie schlagen die Erbschaft aus

Gehen wir nun davon aus, dass Sie die Erbschaft ausschlagen möchten. Für einen solchen Schritt kann es zahlreiche Gründe geben, auf die wir gleich näher eingehen. Zunächst jedoch zur Frage, wie Sie vorgehen müssen, um auf Ihre Erbschaft und somit auf die damit verbundenen Rechte und Pflichten ein für alle Mal zu verzichten.

Niemand kann Sie zwingen, eine Erbschaft anzunehmen. Allein Sie entscheiden aus freien Stücken, wie Sie sich verhalten. Dieses Recht haben Sie unabhängig davon, ob Ihnen die Erbschaft nun durch gesetzliche Erbfolge, durch Testament oder Erbvertrag zufällt. Allerdings müssen Sie sich darüber im Klaren sein, dass sich Ihre Entscheidung nicht mit Auflagen verknüpfen lässt. Sie können zum Beispiel eine Erbschaft nicht mit dem Vorbehalt antreten, dass die Schulden des Erblassers 50 Prozent des Guthabens nicht übersteigen. Sie sagen entweder »Ja« oder »Nein« zur Erbschaft. Ein »Jein« oder »Ja, aber« wird von den Behörden nicht akzeptiert. Ferner ist es auch nicht möglich, nur bestimmte Teile der Erbschaft anzunehmen und andere abzulehnen.

Im Gegensatz zur Annahme einer Erbschaft, die durch eine formlose mündliche Erklärung selbst gegenüber Dritten möglich ist, knüpft der Gesetzgeber die Ausschlagung an formelle Voraussetzungen. Konkret müssen Sie gegenüber dem Nachlassgericht eine entsprechende Verzichtserklärung abgeben. Dies kann entweder zur Niederschrift bei Gericht selbst oder aber vor einem Notar erfolgen. Vergessen Sie auch nie, dass Sie innerhalb von sechs Wochen nach Bekanntwerden Ihrer Erbschaft reagieren müssen.

Die irrtümliche Ausschlagung

Wenn es um größere Vermögenswerte geht, wird häufig mit harten und leider mitunter auch höchst unfairen Bandagen gekämpft. Nicht selten zerbrechen darüber langjährige Freundschaften. Nicht jede Ausschlagung einer Erbschaft beruht auf der freien Entscheidung des Erben. Manchmal wird dieser auch unter Druck gesetzt, bewusst falsch informiert oder gar bedroht.

Beispiel:

Ulrike Unbedarft darf sich über eine Erbschaft im Gesamtwert von 100 000 Mark (51 129 Euro) freuen, die ihr ein ferner Erbonkel zugedacht hat. Gerd Gier, ein in der Erbfolge nach Ulrike Unbedarft rangierender Verwandter, ist verärgert über diese Entscheidung, sieht aber keine Möglichkeit, das Testament anzufechten. Also arbeitet er mit einem Trick: Er rät Ulrike Unbedarft eindringlich, die Erbschaft auszuschlagen, weil dem Guthaben in Höhe von 100 000 Mark Schulden in siebenstelliger Größenordnung gegenüberständen, die der Erblasser in den letzten Monaten vor seinem Ableben durch gewagte Immobilien-Engagements gemacht habe. Als Beweis faxt er der Erbin gefälschte Unterlagen zu.

Ulrike Unbedarft, in Geldfragen nicht sehr bewandert und ständig knapp bei Kasse, gerät in Panik. In gespielter Fürsorge erklärt sich Gier bereit, der jungen Frau bei der Ausschlagung der Erbschaft behilflich zu sein. Ulrike Unbedarft nimmt dieses Angebot dankbar an. Was sie nicht weiss: Gerd Gier ist der sogenannte »Nächstberufene«. Das heisst, das Nachlassgericht überträgt die Erbschaft nunmehr auf ihn. Und der nimmt freudig an, denn die Schulden des Erblassers sind gering. Unter dem Strich bleibt ein positiver Saldo von 80 000 Mark (40 903 Euro).

Mittlerweile weiss auch Ulrike Unbedarft, dass sie von Gerd Gier systematisch getäuscht und belogen wurde. Doch noch kann sie ihre Erbschaft retten: Wegen arglistiger Täuschung ficht sie die Ausschlagung an – und setzt sich am Ende durch.

Sowohl die Annahme als auch das Ausschlagen einer Erbschaft können angefochten werden, wenn die Entscheidung des Erben auf einem Irrtum, auf arglistiger Täuschung oder Drohungen basiert. Auch in diesem Fall muss jedoch eine sechswöchige Frist beachtet werden, die mit dem Tag beginnt, an dem der Erbe von dem Irrtum oder der arglistigen Täuschung Kenntnis erhält. War der Erbe gar Drohungen ausgesetzt, so beginnt die Frist in dem Augenblick, da er diesem Zwang nicht mehr unterliegt – was freilich im Einzelfall schwer nachweisbar ist. Daher besteht grundsätzlich auch die Möglichkeit, eine vermeintlich abgelaufene Ausschlagungsfrist anzufechten. Zuständig für jede Anfechtung ist das Nachlassgericht.

Gründe für eine Ausschlagung

In den meisten Fällen werden Erbschaften dann ausgeschlagen, wenn eine Überschuldung vorliegt. Doch können auch ganz andere Gründe zu diesem Schritt führen. Drei Motive kommen in der Praxis am häufigsten vor:

1. Der Nachlass ist überschuldet, der Erbe will nicht für die Verbindlichkeiten des Erblassers aufkommen.
2. Die Erbschaft soll dem Nächstberufenen zufallen (Beispiel: Der Sohn des Erblassers verzichtet zugunsten seiner Kinder).
3. Es besteht eine persönliche Abneigung des Erben gegenüber dem Erblasser (nach dem Motto: »Von dem nehm' ich nichts«).

Ist ein Nachlass überschuldet, so entsteht eine ganz spezifische Problematik, mit der wir uns gleich näher auseinandersetzen wollen. Interessant erscheint jedoch auch der in Punkt zwei genannte Fall, bei dem ein Erbe zugunsten seiner Kinder auf die Annahme der Erbschaft verzichtet. Dahinter stehen in den meisten Fällen steuerliche Überlegungen.

Beispiel:
Herr Pfiffig erbt von seinem Vater ein Gesamtvermögen von 500 000 Mark (255 646 Euro). Nach Abzug seines Freibetrags müsste der Erbe hierfür Erbschaftsteuer in Höhe von 7 Prozent zahlen. Herr Pfiffig schlägt aber die Erbschaft aus, wohl wissend, dass seine fünf Kinder als Nächstberufene zum Zug kommen. Jedes der Kinder erhält einen Betrag von 100 000 Mark (51 129 Euro). Der Clou dabei: Als Enkel des Verstorbenen kommen sie in den Genuss eines Freibetrages von jeweils 100 000 Mark. Damit fällt keine Erbschaftsteuer an.

Was tun bei Überschuldung des Nachlasses?

Zunächst gilt es, zwei Arten von Schulden zu unterscheiden.

1. Zu den sogenannten Erbfallschulden (siehe auch Kapitel 7, Seite 166 ff.) gehören etwa die Kosten für eine standesgemäße Bestat-

tung des Verstorbenen, Vermächtnisse und Auflagen, die der Erbe erfüllen muss, aber zum Beispiel auch Unterhalts- oder Ausbildungsansprüche. Es kann somit durchaus passieren, dass eine kleinere Erbschaft in die »roten Zahlen« rutscht, obgleich der Erblasser keine privaten Schulden hinterließ.

2. Häufiger kommt es vor, dass der Erblasser zu Lebzeiten Verbindlichkeiten einging und diese nun seinen Erben überlässt. In diesem Fall handelt es sich um Nachlasserbenschulden. Hinterlässt der Verstorbene hohe Verbindlichkeiten (wozu im übrigen auch Steuerschulden gehören), so sollten Sie sehr sorgfältig überlegen, ob es nicht empfehlenswert erscheint, die gesamte Erbschaft abzulehnen. Denn häufig lässt sich die tatsächliche Schuldenhöhe erst Wochen oder Monate später ermitteln. Wenn sich ständig neue Gläubiger melden und ihre Forderungen massiv vortragen, kann eine Erbschaft sehr schnell zu einem wahren Alptraum werden, zumal ein Erbe normalerweise zusätzlich mit seinem privaten Vermögen haftet (unbeschränkte Haftung).

Wie können Sie sich wehren, wenn Sie plötzlich unangenehme Post von den Gläubigern des Erblassers bekommen? Vor allem gilt es, Zeit zu gewinnen. Niemand kann von Ihnen verlangen, die tatsächliche Vermögenslage sowie die Berechtigung der vorgetragenen Forderungen in wenigen Tagen oder Wochen (zum Beispiel innerhalb der sechswöchigen Ausschlagungsfrist) zu prüfen. Der Gesetzgeber räumt den Erben nach Annahme der Erbschaft daher Möglichkeiten ein, sich Informationen zu beschaffen und in Ruhe ein kompliziertes und möglicherweise überschuldetes Erbe zu überblicken. Im Folgenden die entsprechenden Möglichkeiten in Kürze, bevor wir im Einzelnen darauf eingehen werden.

Dreimonats-einrede	In den ersten drei Monaten nach Annahme der Erbschaft müssen Sie nichts an die Gläubiger bezahlen (§ 2014 BGB). Wichtig: Während dieser Zeit sollten Sie – sofern Sie nicht müssen – kein Inventar errichten, denn dann endet die Dreimonatsfrist vorzeitig.

Aufgebots-verfahren	Falls Sie während des ersten Jahres nach Annahme der Erbschaft bei Gericht ein Aufgebotsverfahren beantragt haben und das Gericht das Verfahren zulässt, müssen Sie bis zur Beendigung des Verfahrens nichts an die Gläubiger zahlen (§ 2015).
Erschöpfungs-einrede	Falls sich nach dem Aufgebotsverfahren weitere Gläubiger mit Forderungen bei Ihnen melden und der Nachlass bereits verbraucht ist, können Sie die Zahlung mit dem Hinweis auf den nicht mehr vorhandenen Nachlass ablehnen. Dasselbe gilt, wenn ein Nachlassinsolvenzverfahren stattgefunden hat und der Nachlass verbraucht ist (§ 1973f).
Einrede der Dürftigkeit	Das Gericht lässt die Nachlassverwaltung oder ein Nachlassinsolvenzverfahren nur zu, wenn die Verwaltungs- bzw. Verfahrenskosten dafür durch das Erbe gedeckt sind. Ist dies nicht der Fall, werden die Verfahren eingestellt. Der Erbe kann sich dann gegenüber den Gläubigern auf die »Dürftigkeit des Nachlasses« berufen und muss ihre Forderungen nicht erfüllen. Allerdings: Alle vorhandenen Werte, und seien sie noch so gering, müssen für die Tilgung der Schulden des Verstorbenen verwendet werden (§ 1990).

Die Dreimonatseinrede

In der Praxis hat sich gezeigt, dass sechs Wochen häufig nicht ausreichen, um komplizierte Vermögensverhältnisse und strittige Ansprüche von Gläubigern hieb- und stichfest zu prüfen. In solchen Fällen erweist sich die Dreimonatseinrede als sinnvoll (§ 2014 BGB). Der Erbe schützt sich dadurch für die Dauer von drei Monaten vor den Ansprüchen der Gläubiger, das heißt konkret, er kann die Zahlungen verweigern, um zu prüfen, ob die Schulden überhaupt und in der angegebenen Höhe bestehen.

Die Dreimonatseinrede kann nicht in jedem Fall geltend gemacht werden. Voraussetzung ist, dass die Haftung des Erben auf den

Nachlass beschränkt ist und der Erbe noch kein Inventarverzeichnis des Nachlasses bei Gericht hinterlegt hat.

Praxistipp

Ganz gleich, ob Sie die Dreimonatseinrede für sich in Anspruch nehmen oder nicht: Die Gläubiger können die Begleichung der vom Verstorbenen hinterlassenen Schulden frühestens dann verlangen, wenn Sie die Erbschaft offiziell angenommen haben. Wie erwähnt, haben Sie maximal sechs Wochen Zeit, die Erbschaft auszuschlagen. Diese Frist sollten Sie nutzen. Geben Sie bei unklaren Vermögensverhältnissen keine vorschnellen Erklärungen ab. Sie können noch am letzten Tag dieser sechswöchigen Frist die Erbschaft ausschlagen. Doch erkundigen Sie sich bei Gericht oder dem Notar danach, wann genau die Frist abläuft (und berücksichtigen Sie Sonn- und Feiertage).

Das Aufgebotsverfahren

Angenommen, Ihnen gelingt es trotz intensiver Recherchen nicht, die tatsächliche Schuldenhöhe sowie die Zahl der Gläubiger des Erblassers festzustellen. Andererseits wollen Sie aber verhindern, dass sich noch nach Jahren vermeintliche oder tatsächliche Gläubiger melden und Geld von Ihnen fordern, Geld, das vielleicht gar nicht mehr vorhanden ist, weil der gesamte Nachlass bereits zur Befriedigung anderer Gläubiger, die früher zur Stelle waren, verwendet wurde.

In solchen Fällen erweist sich das sogenannte Aufgebotsverfahren als Ausweg. Der Erbe, Testamentsvollstrecker oder Nachlassverwalter muss dieses Verfahren schriftlich beim zuständigen Nachlassgericht beantragen. In Form einer öffentlichen Bekanntmachung werden daraufhin alle Gläubiger vom Gericht aufgefordert, innerhalb der gesetzten Frist ihre Forderungen beim Nachlassgericht anzumelden. Ist diese Frist abgelaufen, kann bei Gericht ein Ausschlussurteil beantragt werden. Gläubiger, die sich nicht gemeldet haben, werden dadurch in ihren Ansprüchen eingeschränkt. Das heißt konkret: Ist der Nachlass durch die Befriedigung jener Gläubiger erschöpft, die sich innerhalb der Frist gemeldet und einen glaubwürdigen Anspruch geltend gemacht haben, so gehen die später Hinzugekommenen leer aus.

Beschränkte oder unbeschränkte Haftung

Wie bereits erwähnt, haftet der Erbe normalerweise unbeschränkt, also sowohl mit dem ererbten als auch mit dem eigenen Vermögen. Es gibt jedoch verschiedene Wege, die Erbenhaftung lediglich auf den Nachlass zu beschränken, was eine erhebliche Reduzierung des Risikos bedeutet. Betrachten wir die verschiedenen Möglichkeiten etwas genauer.

Ist der Erbe nicht in der Lage, einen Nachlass zu übersehen und somit Verbindlichkeiten einerseits sowie die Summe aller Aktiva andererseits gegeneinander abzuwägen, so besteht die Möglichkeit, eine Nachlassverwaltung durch das Gericht zu beantragen. Hierzu ist nicht nur der Erbe (beziehungsweise die Erbengemeinschaft) berechtigt. Auch die Nachlassgläubiger können diesen Weg wählen. Eine Nachlassverwaltung setzt allerdings voraus, dass die Kosten des Verfahrens in einem angemessenen Verhältnis zur vorhandenen Masse stehen. Darüber entscheidet letztlich das Gericht.

Fiel der Nachlass einer Erbengemeinschaft zu, so muss diese einstimmig für eine Nachlassverwaltung votieren. Spricht sich auch nur ein Mitglied der Gemeinschaft dagegen aus, ist das Vorhaben gescheitert.

Zuständig für den Antrag auf Nachlassverwaltung ist das mit der betreffenden Erbschaft beschäftigte Amtsgericht, das auch einen Nachlassverwalter bestellt. Er muss sowohl die Interessen der Erben (oder der Erbengemeinschaft) als auch jene der Nachlassgläubiger wahrnehmen.

Die Einleitung einer Nachlassverwaltung ist für den Erben mit markanten Einschneidungen seiner Rechte verbunden. Konkret darf er fortan ohne Zustimmung des Nachlassverwalters nicht mehr über sein Erbe verfügen. Dadurch soll vermieden werden, dass der Erbe die zur Verfügung stehenden Mittel verringert, indem er sich zum Beispiel einen Teil des Vermögens überweisen lässt. Auf der anderen Seite weist die Nachlassverwaltung auch eine positive Seite auf: Der Verwalter separiert bei Aufnahme seiner Tätigkeit das private Vermögen des oder der Erben vom Nachlass. Zunächst muss daher festgestellt werden, was den Erben durch die Erbschaft zugeflossen ist. Diese Vermögenswerte werden nun zusammengefasst und nur der Verwalter darf darüber verfügen. Meldet sich ein Gläubiger, so ist der Nachlassverwalter verpflichtet, dessen Anspruch genau zu prüfen. Er darf aus dem Erbe erst dann Mittel auszahlen, wenn er bei aller gebotenen Sorgfalt zu der Erkenntnis kommt, dass der Nachlass ingesamt zur Befriedigung aller Nachlassverbindlichkeiten ausreicht. Kommt der Verwalter dieser Sorgfaltspflicht nicht nach, macht er sich sowohl den Erben als auch den Gläubigern gegenüber schadenersatzpflichtig.

Als zweischneidiges Schwert erscheint indessen die freiwillige Errichtung eines Inventars. Dabei erstellt der Erbe gemeinsam mit dem Notar oder dem Gericht eine genaue Auflistung des Nachlasses, die alle Aktiva und alle Schulden umfasst. Die vollständige Inventarliste wird anschließend beim Nachlassgericht eingereicht. Eine rechtzeitige Inventarerrichtung – also bevor sich die ersten Gläubiger gemeldet haben – räumt dem Erben die Möglichkeit ein, seine Haftung auf den Nachlass zu beschränken. Doch Vorsicht: Die Errichtung eines Inventars allein führt noch nicht zu einer Haftungsbeschränkung, dazu bedarf es vielmehr entweder einer Nachlassverwaltung, einer Nachlassinsolvenz, der Dürftigkeitseinrede oder der Überschwerungseinrede. Dazu gleich mehr. In all den genannten Fällen kann die Inventareinrichtung allerdings insofern von Nutzen sein, als sie die Beweisführung erleichtert. Auf der anderen Seite besteht nach der Errichtung eines Inventars keine Möglichkeit mehr, von der erwähnten Dreimonatseinrede Gebrauch zu machen.

Für den Gläubiger hat eine Inventarliste den Vorteil, dass er einen schnellen Überblick über den Nachlass sowie etwaige Vollstreckungsmöglichkeiten erhält. Er ist daher berechtigt, bei Gericht die Errichtung eines Inventars zu beantragen und dessen Richtigkeit vom Erben an Eides Statt versichern zu lassen.

Zwar können weder die Errichtung des Inventars noch die Abgabe einer eidesstattlichen Erklärung letztlich erzwungen werden, weigert sich jedoch der Erbe, können ihm daraus unter Umständen Nachteile entstehen. So haftet er unbeschränkt gegenüber allen Gläubigern, wenn er trotz Fristsetzung durch das Nachlassgericht die Inventarliste nicht rechtzeitig erstellt, absichtlich unrichtige oder unvollständige Angaben macht oder gegenüber einem Gläubiger die von diesem verlangte Versicherung an Eides Statt verweigert.

Unterstellt, die Summe aller Nachlassverbindlichkeiten übersteigt die Summe des gesamten ererbten Vermögens, dann tritt auch im Erbfall das ein, was man aus dem Geschäftsleben kennt: der Konkurs. Bis Ende 1998 existierte folglich der Begriff »Nachlasskonkurs«. Am 1. Januar 1999 trat jedoch die Insolvenzordnung an die Stelle der Konkursordnung, der Vergleichordnung sowie der Gesamtvollstreckungsordnung in der ehemaligen DDR. Was die Einleitung des Verfahrens angeht, hat sich freilich wenig geändert. Bei einer Überschuldung des Nachlasses ist der Erbe verpflichtet, ein Nachlassinsolvenzverfahren zu beantragen. Auch Nachlassverwalter oder Testamentsvollstrecker sind hierzu berechtigt.

Praxistipp

Auch als Mitglied einer Erbengemeinschaft können Sie ein Nachlassinsolvenzverfahren beantragen, sofern Sie glaubhafte Gründe vortragen. Das Insolvenzgericht wird dann aber auch die übrigen Erben anhören.

Zuständig für das Insolvenzverfahren ist das Insolvenzgericht in jenem Bezirk, in dem »der Erblasser zur Zeit seines Todes seinen allgemeinen Gerichtsstand hatte« (§ 315 Insolvenzordnung). Für Sie als Erbe hat ein solches Insolvenzverfahren den Vorteil, dass davon lediglich der Nachlass, nicht jedoch Ihr Privatvermögen betroffen ist.

Dürftigkeits- und Überschwerungseinrede

Was geschieht nun, wenn der Nachlass zwar gering, aber dennoch überschuldet ist? Es liegt in der Natur der Sache, dass eine Nachlassverwaltung oder ein Nachlassinsolvenzverfahren einen relativ hohen Zeit- und Kostenaufwand zur Folge hat. Steht dieser in keinem Verhältnis zum eigentlichen Nachlass, so bleibt dem Erben die Möglichkeit, gegenüber den Gläubigern die »Einrede der Dürftigkeit« des Nachlasses zu erheben. In diesem Fall muss der Erbe den Gläubigern den Nachlass herausgeben. Reicht der Nachlass nicht aus, um alle Gläubiger zu befriedigen, gilt der Grundsatz: »Wer zuerst kommt, mahlt zuerst«.

Nun kann eine Überschuldung allerdings auch darauf zurückzuführen sein, dass der Erblasser recht großzügig Vermächtnisse und Auflagen erteilt hat. Trifft dies zu, muss der Erbe zunächst alle anderen berechtigten Gläubiger voll befriedigen. Anschließend kann er die Vermächtnisnehmer beziehungsweise die Auflageberechtigten auf den Restnachlass verweisen. Ist nicht mehr viel vorhanden, haben diese – um es salopp auszudrücken – Pech gehabt.

Haftung der Miterben

Wie stellt sich die Situation bei einer Erbengemeinschaft dar? Zunächst gilt auch hier der Grundsatz: Vor Annahme der Hinterlassenschaft können die Erben von Gläubigern nicht in Anspruch genommen werden. Anschließend gilt es aber, eine wichtige Besonderheit zu beachten: In der Phase zwischen Annahme und Teilung der Erbschaft gilt der Nachlass als gesamthänderisches Sondervermögen der Erbengemeinschaft. Nachlassverbindlichkeiten werden aus diesem Gemeinschaftsguthaben beglichen. Diese Vorgehensweise ist im Allgemeinen im Interesse der Erben zu empfehlen, da eine Regelung der Verbindlichkeiten nach der Teilung häufig zu Problemen führt. Sie als Erbe haben die Möglichkeit, von Ihren Miterben vor der Teilung des Nachlasses zunächst die Begleichung der Nachlassverbindlichkeiten zu verlangen. Hierfür dürfen Gegenstände aus dem Nachlass verkauft werden, wenn nicht ausreichend Barmittel zur Verfügung stehen. Dazu bedarf es aber eines einstimmigen Beschlusses der Erbengemeinschaft.

Bedenken Sie: Erfolgt die Teilung des Nachlasses vor der Begleichung der Nachlassverbindlichkeiten, so entsteht für alle Erben eine wenig erfreuliche Situation. Hinfort haften sie nämlich gesamt- und nicht nur teilschuldnerisch für die Schulden des Erblassers.

Beispiel:
Die Erbengemeinschaft besteht aus Ulrich Ungeduld, Bernd Blank und Renate Raffke. Alle möchten schnell an ihre Erbschaft kommen und so teilen sie das Vermögen auf. Bald darauf meldet sich die Firma Hoffen & Bangen und fordert eine Summe von 150 000 Mark ein – Schulden des Erblassers.

Nach Ansicht des Gesetzgebers ist es einem Gläubiger nicht zuzumuten, seine Forderungen aufzuteilen und beispielsweise von jedem Mitglied der Erbengemeinschaft 50 000 Mark zu fordern. Schließlich unterläge er damit einem dreifachen Ausfallrisiko. Mithin ist nach der Aufteilung des Nachlasses eine gesamtschuldnerische Haftung jedes einzelnen Erben vorgesehen. Das heißt, der Gläubiger kann sich zum Beispiel ausschließlich an Ulrich Ungeduld wenden und von ihm den Gesamtbetrag von 150 000 Mark verlangen.

Doch keine Regel ohne Ausnahme: Macht der Gläubiger seine Forderungen erst fünf Jahre nach dem Erbfall geltend und waren diese Verbindlichkeiten dem betreffenden Mitglied der Erbengemeinschaft nicht bekannt, so ist die Haftung auf die Erbquote limitiert. Wer also zum Beispiel nur ein Viertel der Hinterlassenschaft erbt, wird auch nur mit einem Viertel der Schuld zur Kasse gebeten. Der Kelch der gesamtschuldnerischen Haftung geht an dem Miterben auch dann vorbei, wenn ein Insolvenzverfahren durchgeführt und mit der Verteilung der Masse abgeschlossen wurde.

7.

Der Fiskus erbt immer mit

Jeder Erbe oder Beschenkte erfreut sich einer »Bereicherung«, wie es bei den Juristen heißt. Im Klartext: Er hat Einnahmen, die aus Sicht des Fiskus zum Beispiel mit dem Erwerbseinkommen oder mit Erträgen aus Kapitalanlagen vergleichbar und mithin steuerpflichtig sind. Die Erbschaftsteuer – bisweilen tatsächlich auch »Bereicherungsteuer« genannt – ist für viele Erben das größte Ärgernis bei Erbschaft oder Schenkung. Vor allem ärgern sich viele darüber, dass sie die Hinterlassenschaft beziehungsweise das Geschenk mit dem Fiskus teilen müssen, obwohl das Vermögen vom Erblasser/Schenker bereits ordnungsgemäß versteuert worden ist. Dem wird freilich das Gerechtigkeitsprinzip entgegengehalten: Wer erbt, erhält teilweise beachtliche Vermögenswerte, ohne dafür (wie beim Erwerbseinkommen) gearbeitet oder Risiken übernommen zu haben (wie zum Beispiel bei der Aktienanlage). Deshalb sei es angebracht, einen Teil der Erbschaft an den Staat und damit an die Gemeinschaft abzuführen.

Falls Sie solchen Argumenten nur mäßige Überzeugungskraft beimessen, haben wir für Sie einen schwachen und einen etwas stärkeren Trost parat. Der schwache: Schon der römische Kaiser Augustus führte mit der »Lex Julia« im sechsten Jahrhundert nach Christus eine Erbschaftsteuer ein, um damit Soldaten und Bürokraten bezahlen zu können. 5 Prozent des Erbschaftswertes mussten die Untertanen des Kaiserreiches abführen – unabhängig vom sonstigen Reichtum des Betreffenden. Die Steuerprogression war dazumal noch unbekannt. Der etwas stärkere Trost: Zumindest den nächsten Familienangehörigen des Erblassers gesteht der Gesetzgeber relativ großzügige Freibeträge zu. Aber wie wir später noch erfahren werden, verbergen sich bezüglich der Freibeträge noch einige ärgerliche Steuerfallen.

Das Finanzamt weiß alles

Die Chancen, sich mit illegalen Tricks der Zahlung der Erbschaft- oder Schenkungsteuer zu entziehen, stehen außerordentlich schlecht. Der Fiskus erfährt auf alle Fälle von dem Vorgang – sei es vom Notar, der das Testament eröffnet, sei es vom Nachlassgericht, das den Erbschein ausstellt. Das zuständige Finanzamt des Erblassers wird an das zuständige Finanzamt des Erben eine Kontrollmitteilung schicken – vorausgesetzt, der Bruttowert der Erbschaft beziehungsweise der Schenkung übersteigt den Betrag von 500 000 Mark (255 646 Euro). Dabei werden etwaige Schulden nicht berücksichtigt.

Beispiel:
Herr Glücklich erbt ein Reihenhaus in einem steuerrelevanten Wert von 750 000 Mark (383 461 Euro). Darauf lasten zum Zeitpunkt der Erbschaft noch Hypothekenschulden in Höhe von 350 000 Mark (178 952 Euro). Obwohl damit der Nettowert der Erbschaft unter dem genannten Schwellenbetrag von 500 000 Mark liegt, wird das Finanzamt eine Kontrollmitteilung machen. Wurden gar Kapitalvermögen wie Aktien, Fondsanteile oder Sparbücher geerbt, erfolgt eine Kontrollmitteilung häufig bereits ab einer Summe von 100 000 Mark (51 129 Euro). Doch bedenken Sie: Diese Werte sind nicht verbindlich. Die Finanzämter können auch bei deutlich geringeren Beträgen Kontrollmitteilungen verschicken – zum Beispiel, wenn die Erbschaft nicht ordnungsgemäß in der Steuererklärung angegeben wurde und der Fiskus auf Ungereimtheiten stößt.

Wann muss der Fiskus beteiligt werden?

Grundlage für den fiskalischen Zugriff auf das Erbe oder die Schenkung ist das Erbschaft- und Schenkungsteuergesetz (ErbStG), das zuletzt im Juni 1995 novelliert wurde, nachdem das Bundesverfassungsgericht die bis dahin geltende Wertermittlung für Immobilien nach den Einheitswerten für verfassungswidrig erklärt hatte. Bevor wir uns der facettenreichen Thematik der Wertermittlung zuwenden, sollten zunächst drei wichtige Grundsatzfragen geklärt werden:

1. Welche Vorgänge stellen überhaupt eine »steuerpflichtige Vermögensbereicherung« dar, sprich: In welchen Fällen dürfen sich die Finanzämter überhaupt einmischen?
2. Wo liegen die Unterschiede zwischen einer beschränkten und einer unbeschränkten Haftpflicht?
3. Welche Möglichkeiten gibt es, die Freibeträge optimal auszuschöpfen?

Die steuerpflichtigen Vorgänge

Ganz gleich, ob Sie ein Erbe antreten, sich über ein Vermächtnis freuen oder eine Schenkung erhalten – der Fiskus möchte in allen Fällen beteiligt werden. Das Erbschaft- und Schenkungsteuergesetz erstreckt sich auf vier verschiedene Rechtsvorgänge. Schauen wir uns die einzelnen Tatbestände etwas genauer an:

- Erwerb von Todes wegen:
  Nach dem Tod des Erblassers geht dessen Vermögen (oder Teile davon) an Sie über. Dabei ist es unerheblich, ob es sich um ein Erbe als Konsequenz der Erbfolge oder um ein Vermächtnis handelt. Zur Klarheit: Während bei einem Erbe der gesamte Nachlass mit allen Rechten und Pflichten auf Sie übertragen wird, handelt es sich bei einem Vermächtnis lediglich um die Zuwendung einzelner Vermögenswerte. Auch wenn Sie Ihren Pflichtteilanspruch geltend gemacht haben, greift das Finanzamt zu, sofern die Freibeträge überschritten werden.
- Die Schenkung unter Lebenden:
  Die Schenkung ist eine Zuwendung, für die keine Gegenleistung erbracht wird. Streng genommen wären auch Schmiergelder keine Schenkung, da der Beschenkte eine Gegenleistung in Form

einer bestimmten Entscheidung erbringt, deren Zusammenhang mit der Zuwendung die Beteiligten allerdings verschleiern. Durch eine geschickte Ausnutzung der Freibeträge gelingt es jedoch häufig, die Steuerpflicht ganz legal zu umgehen. Davon später mehr.

- Die Zweckzuwendung:
  Angenommen, der Verstorbene lässt Ihnen in seinem Testament einen Teil seines Vermögens zukommen, verbindet dies jedoch mit einem bestimmten Zweck – zum Beispiel der Krankenbetreuung seiner Witwe. Auch solche Zweckzuwendungen unterliegen der Erbschaftsteuerpflicht.
- Das Vermögen einer Stiftung:
  Die Steuerpflicht besteht nur dann, wenn die Stiftung dem Interesse einer Familie dient und alle 30 Jahre erneuert wird.

Beschränkte oder unbeschränkte Steuerpflicht

Die beschränkte und unbeschränkte Steuerpflicht beziehen sich auf die Zugriffsmöglichkeiten des deutschen Fiskus. Wenn Erblasser und/oder Erbe Inländer sind, gilt die unbeschränkte Steuerpflicht. Wenn dagegen beide jeweils länger als fünf Jahre im Ausland leben, gilt die beschränkte Steuerpflicht.

Beispiel:
Ihr verstorbener Vater lebte seit zwanzig Jahren in den USA, und Sie haben sich vor acht Jahren in Spanien selbständig gemacht. Nach dem Tod des Erblassers gehen unter anderem ein Mehrfamilienhaus in Frankfurt und eine Beteiligung an einem amerikanischen Unternehmen an Sie über.

Da sowohl Sie als auch Ihr Vater seit mindestens fünf Jahren im Ausland wohnten und mithin steuerrechtlich nicht mehr als Inländer gelten, unterliegen Sie der beschränkten Erbschaftsteuerpflicht. Deshalb darf Sie der Fiskus nur für das Inlandsvermögen zur Kasse bitten, also für die Frankfurter Immobilie. Die Beteiligung an einem amerikanischen Unternehmen hingegen geht die deutschen Steuerbehörden nichts an.

Praxistipp

Auch Aktien von ausländischen Unternehmen gehören nicht zum Inlandsvermögen – selbst dann, wenn sie in einem deutschen Depot verwaltet werden.

Variieren wir nun unser Szenario etwas, um die unbeschränkte Steuerpflicht zu erklären. Gehen wir davon aus, dass Ihr Vater bis zu seinem Tod in Deutschland lebte, während Sie vor acht Jahren nach Spanien zogen. In diesem Fall besteht eine unbeschränkte Steuerpflicht, da der Erblasser ein Inländer war. Das gleiche gilt auch umgekehrt, wenn Sie also in Deutschland wohnten, während es Ihren Vater vor Jahren in die USA gezogen hat. Liegt eine unbeschränkte Steuerpflicht vor, so muss das Finanzamt am gesamten Vermögen beteiligt werden – das heißt konkret, sowohl am In- als auch am Auslandsvermögen.

Praxistipp

Wer sich im Ausland niederlässt, um Steuern zu sparen, muss rechtzeitig planen. Denn nach dem Erbschaftsteuergesetz (§ 2 Abs. 1 Nr. 1b) ist jeder Deutsche, der sich nicht länger als fünf Jahre dauernd im Ausland aufgehalten hat, nach wie vor unbeschränkt steuerpflichtig.

Auch den Begriff Inländer hat der Gesetzgeber recht flexibel ausgelegt: Um in steuerlicher Hinsicht »Inländer« zu sein, bedarf es nicht der deutschen Staatsangehörigkeit, noch nicht einmal eines festen Wohnsitzes in Deutschland. Es genügt, wenn der oder die Betreffende sich seit mindestens sechs Monaten in der Bundesrepublik aufhält.

Fassen wir kurz formelartig zusammen:
Erblasser *und* Erbe sind Inländer = unbeschränkte Steuerpflicht.
Erblasser *oder* Erbe sind Inländer = unbeschränkte Steuerpflicht.
Erblasser und Erbe leben jeweils länger als fünf Jahre im Ausland = beschränkte Steuerpflicht.

Strategien optimieren – Steuern sparen

Jede Erbschaft oder Schenkung unterliegt einer doppelten Steuerprogression: Je höher der Wert des ererbten Vermögens, desto höher die steuerliche Belastung, die im Extremfall bis zu 50 Prozent ausmachen kann, und je geringer der Verwandtschaftsgrad, desto niedriger die Freibeträge. Die Erben der ersten Ordnung (siehe zur gesetzlichen Erbfolge Kapitel 2, Seite 24) sind in Bezug auf Steuern noch relativ gut gestellt. Dem hinterbliebenen Ehegatten etwa steht nicht nur

Freibeträge der Erbschaft- und Schenkungsteuer

Steuerklasse	Personen	Freibetrag (in DM)	Freibetrag (in Euro)
I	Ehegatte	600 000	306 775
	Kinder und Stiefkinder	400 000	204 517
	Abkömmlinge von Kindern und Stiefkindern	400 000	204 517
	Eltern und Voreltern bei Erbschaften (Erwerb von Todes wegen)	100 000	51 129
II	Eltern und Voreltern, sofern diese nicht zur Steuerklasse I gehören	20 000	10 226
	Geschwister		
	Abkömmlinge ersten Grades von Geschwistern	20 000	10 226
	Stiefeltern	20 000	10 226
	Schwiegerkinder	20 000	10 226
	Schwiegereltern	20 000	10 226
	geschiedene Ehegatten	20 000	10 226
III	alle sonstigen Erben bzw. Empfänger von Zuwendungen oder Vermächtnissen	10 000	5 113

der höchste Freibetrag von derzeit 600 000 Mark (306 775 Euro) zu, sondern ein weiterer Freibetrag von 500 000 Mark (255 646 Euro) zur Deckung des besonderen Versorgungsaufwands. Dieser zusätzliche Freibetrag kann indessen gekürzt werden, wenn der überlebende Gatte Hinterbliebenenbezüge bezieht. Dazu gehören zum Beispiel Beamtenpensionen, Sozialversicherungsrenten, Betriebsrenten oder Bezüge aus berufsständischen Pflichtversicherungen.

Auch Kinder kommen in den Genuss eines besonderen Versorgungsfreibetrags, dessen Höhe mit zunehmendem Alter allerdings sinkt. Liegt er bei Kindern bis zu fünf Jahren noch bei 100 000 Mark (51 129 Euro), so beträgt er in der Altersgruppe zwischen 20 und 27 Jahren nur noch 20 000 Mark (10 226 Euro).

Anders sieht es dagegen mit Erben der zweiten Ordnung oder mit geschiedenen Ehepartnern aus. Ein Blick auf die Tabelle mit den nach Verwandtschaftsgrad gestaffelten Freibeträgen zeigt, dass bereits die Geschwister oder die geschiedenen Ehegatten des Erblassers deutlich schlechter dastehen. Sie müssen sich mit einem vergleichsweise geringen Freibetrag von 20 000 Mark (10 226 Euro) begnügen. Selbst der hinterbliebene Lebensgefährte/die Lebensgefährtin kommt – sofern er/sie zu keiner Zeit mit dem Erblasser verheiratet war – lediglich in den Genuss eines Freibetrags von 10 000 Mark (5112 Euro) (siehe dazu auch Kapitel 5, Seite 136). Es lohnt daher allemal, schon zu Lebzeiten des potentiellen Erblassers über eine optimale Steuerstrategie nachzudenken.

Schenken und Vererben: die Kombilösung

Bei der Erbschaft- und Schenkungsteuer spielt der Freibetrag eine zentrale Rolle. Es ist in diesem Zusammenhang wichtig, sich die Unterscheidung von Freibetrag und Steuergrenze vor Augen zu halten.

- Steuergrenze:
  Sie gibt an, bis zu welchem Höchstbetrag bestimmte Einnahmen steuerfrei sind. Liegen die Einnahmen über dieser Grenze, muss die gesamte Summe (und nicht etwa nur der über dem Limit lie-

gende Betrag) versteuert werden. Dies betrift zum Beispiel Spekulationsgewinne mit Aktien, die über der steuerfreien Grenze von 1 000 Mark (511 Euro) pro Jahr liegen.

- Freibetrag:
  Auch bei Überschreitung dieses Limits bleibt der festgelegte Sockelbetrag steuerfrei. Das heißt, steuerpflichtig ist nur der Teil der Einnahmen, der über dem Freibetrag liegt. Dieses System gilt für die Erbschaft- und Schenkungsteuer. Angenommen, die Erbschaft entspricht einem Vermögenswert von 40 000 Mark und Ihr Freibetrag macht – entsprechend Ihrem Verwandtschaftsverhältnis zum Erblasser – 20 000 Mark aus, so müssten lediglich 20 000 Mark versteuert werden.

Freibeträge bei der Erbschaft- und Schenkungsteuer unterliegen der Zehnjahresfrist. Dies bedeutet, dass sie alle zehn Jahre neu ausgeschöpft werden können. Es ist deshalb möglich – und wird in vielen Fällen praktiziert – einen Teil des Vermögens unter Ausnutzung der Freibeträge schon zu Lebzeiten an die Nachkommen zu verschenken. Damit umgehen Erblasser und Erben die ansonsten nach dem Tod des Erblassers fällige Erbschaftsteuer. Dabei gilt es allerdings zu beachten, dass die Vermögensübertragungen innerhalb dieser Zehnjahresfrist addiert werden – ganz gleich, ob es sich um Schenkungen oder Erbschaften handelt.

Beispiel:
Nach dem Tod Ihres Vaters werden Sie ein Vermögen von rund einer Million Mark erben. Als Kind des Erblassers liegt Ihr Freibetrag bei 400 000 Mark. Sie müssten mithin 600 000 Mark versteuern (um das Beispiel nicht unnötig zu komplizieren, sollen davon abzugsfähige Kosten an dieser Stelle keine Rolle spielen). Um die Erbschaftsteuer zu umgehen, wird das voraussichtliche Gesamtvermögen aufgesplittet. Ihr Vater überträgt Ihnen noch zu Lebzeiten Vermögensgegenstände in einem steuerlich relevanten Gegenwert von 400 000 Mark, zusätzlich Hausrat bis zur steuerfreien Obergrenze von 80 000 Mark sowie »andere bewegliche körperliche Gegenstände« im Wert von 20 000 Mark. Die steuerfreie Schenkung macht insgesamt 500 000 Mark aus. Stirbt nun Ihr Vater zehn Jahre später, so beläuft sich der Wert der Erbschaft auf rund

500 000 Mark. Werden wiederum alle Freibeträge ausgenutzt, so müssen Sie dem Finanzamt keinen Pfennig zahlen.

Unterstellen wir nun, Ihr Vater verstirbt bereits drei Jahre nach der Schenkung. Dann würde der Wert der Schenkung und der Erbschaft addiert – und Sie müssten für die über den Freibetrag hinausgehende Summe Steuern zahlen.

Praxistipp

Ein Zugewinnausgleich im Rahmen einer Zugewinngemeinschaft unterliegt nicht der Schenkung- beziehungsweise Erbschaftsteuer. Im Fall des Todes des Ehegatten gilt es, zwischen einem real durchgeführten und einem fingierten Zugewinnausgleich zu unterscheiden. Ist der überlebende Ehepartner weder Erbe noch Miterbe oder Vermächtnisnehmer, kann er einen steuerfreien Zugewinnausgleich verlangen (= real durchgeführter Zugewinnausgleich). Kommt es nach dem Tod des Partners hingegen nicht zu einem Zugewinnausgleich, gilt der »entgangene« Betrag nicht als Erwerb von Todes wegen. Das heißt: Eine Erbschaft in der betreffenden Höhe bliebe steuerfrei. Auf diese Weise lässt sich der Freibetrag des überlebenden Ehepartners erheblich erhöhen. Doch Vorsicht: Die rückwirkende Vereinbarung einer Zugewinngemeinschaft gilt zwar zivilrechtlich, nicht aber für das Finanzamt.

Steuerpflichtige Summe gezielt reduzieren

Bei der Ermittlung des steuerrelevanten Betrags gilt das Nettoprinzip. Sie haben dadurch die Chance, die Summe, die der Fiskus bei der Berechnung der Erbschaftsteuer zugrunde legt, deutlich zu reduzieren. Die Palette der abzugsfähigen Verbindlichkeiten ist recht breit, weshalb der Erbe alle möglicherweise in Frage kommenden Positionen auflisten und seinem Steuerberater vorlegen sollte. Von der ererbten Summe dürfen zunächst alle Schulden abgezogen werden, die der Verstorbene hinterlassen hat. Dies betrifft vor allem

Hypothekenschulden, also Darlehen, die für die Finanzierung von Immobilien aufgenommen wurden. Ein Beispiel: Angenommen, der Verkehrswert des ererbten Hauses macht 800 000 Mark aus. Gleichzeitig lasten auf der Immobilie aber noch Hypothekenschulden in Höhe von 350 000 Mark. In diesem Fall würden für die Ermittlung der Erbschaftsteuer lediglich 450 000 Mark berücksichtigt.

Abzugsfähig sind aber auch alle anderen privaten Verbindlichkeiten – einschließlich der Schulden gegenüber dem Finanzamt. Hat sich der Erblasser etwa noch zu Lebzeiten eine hohe Steuernachzahlung stunden lassen, können diese Ansprüche der Finanzbehörden natürlich ebenfalls vom Wert der Erbschaft abgezogen werden. Gleiches gilt für unbezahlte Arzt- und Krankenhausrechnungen.

Den zweiten großen Kostenblock, der die zu versteuernde Erbschaftssumme minimiert, stellen Aufwendungen dar, die in unmittelbarem Zusammenhang mit dem Todesfall und der Beisetzung des Verstorbenen stehen. Dazu gehören zunächst die Bestattung selbst, die Schaltung einer angemessenen Traueranzeige in der Tageszeitung, die Anfertigung eines Grabsteines, aber auch die Kosten für die Testamentseröffnung und die Erteilung des Erbscheins. Der absehbare Aufwand für die Pflege des Grabes kann in Höhe der 9,3-fachen Jahreskosten ebenfalls berücksichtigt werden. Sollten Sie eine Immobilie erben, muss die Eintragung im Grundbuch geändert werden, wobei recht hohe Gebühren anfallen. Auch diese dürfen von der Erbschaftssumme abgezogen werden. Falls Sie sich vor der Beisetzung des Verstorbenen noch Trauerkleidung zulegen, bewahren Sie die Rechnung gut auf, denn auch dies sind abzugsfähige Erbfallschulden.

Praxistipp

In ihrer Trauer steht vielen Hinterbliebenen sicher nicht der Sinn danach, Belege für den Fiskus zu sammeln, zumal es sich in der Regel um zahlreiche eher geringere Einzelrechnungen handelt. Das Finanzamt räumt den Erben (ganz gleich, wie viele es sind) einen Pauschbetrag für Erbfallschulden in Höhe von 20 000 Mark ein, der ohne besonderen Nachweis anerkannt wird. Liegen die tatsächlichen Kosten jedoch höher, müssen die Erben Belege präsentieren können. Hat der Erblasser in seinem Testament aber ausdrücklich seinen Wunsch nach einem besonders wertvollen Grabmal festgelegt, so ist dies eine Auflage. Die dadurch entstehenden Kosten sind dann nicht mehr in dem erwähnten Pauschbetrag von 20000 Markt enthalten.

Zum dritten Komplex abzugsfähiger Aufwendungen zählen vor allem Zahlungen an Dritte im Rahmen eines Vermächtnisses, aber auch Pflichtteilansprüche, Auflagen und Erbersatzansprüche.

Beispiel:
Sie erben von Ihrer verschiedenen Mutter 900000 Mark. Aufgrund eines Vermächtnisses Ihrer Mutter müssen Sie der langjährigen Pflegerin der Verstorbenen einen Betrag von 50000 Mark zahlen. Um diesen Betrag verringert sich Ihre Erbschaftssumme. Sie müssen nicht für den vollen Betrag Erbschaftsteuer entrichten.

Das heißt, in unserem Beispiel verringert sich der von Ihnen zu versteuernde Betrag um 50000 Mark. Gleiches gilt, wenn das Erbe mit Auflagen verbunden ist, zum Beispiel mit der bereits erwähnten Anschaffung eines besonders aufwendigen Grabmals.

Doch Vorsicht: Profitiert der Erbe selbst von den im Testament gemachten Auflagen, kann er den Aufwand nicht von der Erbschaftssumme abziehen. Dieser Fall tritt beispielsweise ein, wenn testamentarisch festgelegt wurde, dass der Erbe einen Teil des ihm übertragenen Vermögens in einer ganz bestimmten Weise investieren soll.

Beispiel:
Helga Wohlstand erbt von ihrem Vater insgesamt weit über eine Million Mark. Da sich der Erblasser zu Lebzeiten stark für den Denkmalschutz engagierte, bestimmte er, dass die Erbin mit einem Teil des Geldes eine kunsthistorisch wertvolle Immobilie erstehen soll. Obwohl Helga Wohlstand nicht frei über ihr Erbe verfügen kann, muss sie sich dennoch den

Gesamtbetrag (abzüglich anderweitiger Schulden des Erblassers sowie des persönlichen Freibetrags) als Grundlage für die Erbschaftsteuer anrechnen lassen. Immerhin wird sie mit dem Kauf des Baudenkmals Eigentümerin der Immobilie – sie erfährt somit eine »Bereicherung«.

Bei der Vererbung eines Unternehmens schließlich gelten andere Regeln als im privaten Bereich. Betriebsschulden können nicht von der Erbschaftssumme abgezogen werden, da diese Verbindlichkeiten bereits bei der Feststellung des steuerlichen Werts des Betriebs berücksichtigt wurden.

Checkliste

Das dürfen Sie von der Erbschaftssumme abziehen:

- Erblasserschulden: Hypothekendarlehen, Kredite, Steuerschulden, Schadenersatzansprüche;
- Erbfallverbindlichkeiten: Kosten für die Beerdigung bzw. Feuerbestattung, Todesanzeige, Trauerkleidung, Trauerfeierlichkeiten, Anreise von Verwandten, Aufwendungen für die Grabpflege;
- Kosten im Zusammenhang mit der Abwicklung des Nachlasses: Gebühren für den Erbschein, Auslagen für die Testamentseröffnung sowie weitere Gerichts-, Notariats- und Anwaltskosten, die im Zusammenhang mit dem Nachlass stehen. Weiterhin Honorare für den Steuerberater, der mit der Erstellung der Erbschaftsteuer beauftragt wird, sowie Anwalts- und Gerichtskosten im Fall von Streitfällen, die aus dem Nachlass resultieren. Übersteigen die Erbfallkosten den Pauschbetrag von 20000 Mark, sind Einzelnachweise erforderlich.
- Zahlungsverpflichtungen des Erben, die sich aus Vermächtnissen, Auflagen, Erbersatzansprüchen oder Pflichtteilansprüchen ergeben

Das dürfen Sie nicht von der Erbschaftssumme abziehen:

- Betriebsschulden bei der Vererbung von Unternehmen;
- Aufwendungen aufgrund von Auflagen, von denen der Erbe direkt profitiert;

- Schulden und Lasten, die einem steuerfreien Erwerb dienten (zum Beispiel Grundstücke, die steuerfrei gestellt sind;
- Kosten für unangemessen teure Grabmäler (es sei denn, der Erblasser hat einen entsprechenden Wunsch als Auflage an seine Erben testamentarisch festgelegt). Im Einzelfall dürfte die Entscheidung schwerfallen, was unter der Definition »angemessen« zu verstehen ist. Letztlich stützen sich die Finanzbehörden bei ihrer Entscheidung auf die soziale Stellung, die der Erblasser zu Lebzeiten einnahm.

Praxistipp

Wie erwähnt, gesteht Ihnen der Gesetzgeber bei den Erbfallkosten einen Pauschbetrag von 20 000 Mark zu. Was geschieht aber nun, wenn mehrere Erben vorhanden sind, die natürlich alle ein Interesse daran haben, die jeweiligen Erbschaftssummen zu reduzieren? Grundsätzlich steht der Pauschbetrag allen Erben zu. Das heißt: Sie müssen den Betrag mit anderen teilen, sofern diese auch für die angefallenen Kosten aufgekommen sind. Ihren Miterben steht jeweils der Teil des Pauschbetrags zu, der ihrem Erbanteil entspricht. Sollten Sie für die Erbfallkosten jedoch in einem Umfang aufgekommen sein, der Ihren eigentlichen Erbanteil übersteigt, können Sie selbstverständlich auch einen höheren Anteil am Pauschbetrag für sich reklamieren.

Die Bewertung von Vermögen

In welcher Höhe Sie der Fiskus nach einer Erbschaft zur Kasse bittet, hängt vor allem davon ab, wie die übertragenen Vermögenswerte tatsächlich bewertet werden. Konkret: Wie viel ist das Grundstück Ihrer verstorbenen Erbtante eigentlich wert, wie schlägt die geerbte Eigentumswohnung zu Buche, nach welchem Prinzip bewerten die Behörden Wertpapiere? Gerade die Bewertung von Grundbesitz erweist sich als ein besonders heikles Kapitel.

Dabei galt die Vererbung von Immobilien oder Anteilen an geschlossenen Immobilienfonds bis Mitte der neunziger Jahre noch als steuerlicher Geheimtipp. Wohlhabende Eltern hinterließen ihren Söhnen und Töchtern möglichst wenig Wertpapiere, weil diese mit einem zeitnahen Kurs in die Ermittlung der steuerpflichtigen Erbschaftsteuersumme einfließen. Anders sah es bei Immobilien aus. Als Grundlage für die Wertermittlung galten bis Ende 1995 die alten Einheitswerte aus dem Jahr 1964 (bzw. 1935 in den neuen Bundesländern). Diese wurden dann mit dem Faktor 1,4 multipliziert, die daraus resultierende Summe blieb jedoch weit hinter dem tatsächlichen Wert der Immobilie zurück. Die logische Konsequenz: Im Alter schichteten viele ihr Vermögen um und vererbten Immobilien. Das Bundesverfassungsgericht bereitete diesem Erbschaftsteuer-Sparmodell ein Ende. Seit 1. Januar 1996 wenden die Finanzbehörden das Prinzip des sogenannten Grundbesitzwertes an. Nehmen wir diese aus Sicht des Fiskus zwar gerechtere, gleichzeitig aber kompliziertere Regelung etwas genauer unter die Lupe.

Wie Immobilien beurteilt werden

Bei der Wertermittlung wird zunächst zwischen bebauten und unbebauten Grundstücken unterschieden, wobei die Abgrenzung weniger eindeutig ist, wie sie klingt. Denn auch ein bebautes Grundstück kann als »unbebaut« gelten, sofern das dort stehende Gebäude verfallen oder zerstört, mithin unbewohnbar ist.

Um ein unbebautes Grundstück zu bewerten, wird zunächst der betreffende Bodenrichtwert zugrundegelegt, der von Gemeinde zu Gemeinde variiert. Dieser von Gutachterausschüssen der Kommunen zum 1. Januar 1996 ermittelte Wert orientiert sich an den Preisen, die beim Verkauf von Grund und Boden in dem entsprechenden Gebiet realisiert wurden. Um etwaige wertmindernde Aspekte zu berücksichtigen, reduzierten die Kommunen den Bodenrichtwert um zwanzig Prozent. Zur Ermittlung des Bodenwertes Ihres Grundstücks müssen Sie nun den verminderten Bodenrichtwert mit der Quadratmeterzahl des Grundstücks multiplizieren.

Beispiel:
Wertermittlung für unbebaute Grundstücke:

Der vom Gutachterausschuss von X-Stetten zum 1. Januar 1996 ermittelte Bodenrichtwert liegt bei 700 Mark pro Quadratmeter. Das ererbte Grundstück umfaßt 500 Quadratmeter. Daraus ergibt sich folgende Rechung:

700 Mark – 20 Prozent Abschlag = 560 Mark × 500 Quadratmeter = 280 000 Mark Bodenwert.

Kommen wir nun zur Bewertung von bebauten Grundstücken. Als »bebaut« gilt ein Grundstück dann, wenn darauf Gebäude vorhanden sind, die entweder vermietet sind oder aber zu üblichen Bedingungen vermietbar wären. In diesem Fall wird das sogenannte Ertragswertverfahren herangezogen, das heißt, man orientiert sich an den erzielbaren Erträgen (Mieten). Grundlage hierfür ist die durchschnittliche Jahresmiete, die in den drei der Erbschaft vorausgegangenen Jahren nach Abzug der Betriebskosten erzielt wurden. Den daraus resultierenden Betrag müssen Sie mit dem Faktor 12,5 multiplizieren.

Darüber hinaus beeinflusst natürlich auch das Alter des Gebäudes dessen tatsächlichen Wert. Jedes vollendete Jahr wird daher mit einem Abschlag in Höhe von 0,5 Prozent berücksichtigt. Allerdings hat der Gesetzgeber eine Obergrenze von 50 Jahren (entsprechend 25 Prozent) gezogen.

Beispiel:
Wertermittlung für bebaute Grundstücke:
Zeitpunkt der Erbschaft: 1999

Jahresmieteinnahmen 1998: 115 000 Mark
Jahresmieteinnahmen 1997: 114 000 Mark
Jahresmieteinnahmen 1996: 113 000 Mark

Daraus ergeben sich durchschnittliche Jahresmieterträge in Höhe von 114 000 Mark. Multipliziert mit dem Faktor 12,5 resultieren daraus 1 425 000 Mark. Unterstellen wir nun, das Haus sei 20 Jahre alt, so darf der Wert um 10 Prozent gekürzt werden (20 × 0,5 Prozent). Ergebnis: 1 282 500 Mark.

Ist das Haus sehr alt und das Mietniveau entsprechend niedrig, so könnte es rein rechnerisch passieren, dass der Wert des bebauten Grundstücks unter den Wert des unbebauten Grundstücks fällt. Um dies zu verhindern, hat der Gesetzgeber eine Untergrenze eingebaut: Der Wert eines bebauten Grundstücks muss mindestens so hoch sein, wie der Wert des unbebauten Grundstücks wäre. Das heißt, Sie müssen erst den Bodenwert des Grundstücks errechnen, um den Mindestwert Ihres bebauten Grundstücks zu ermitteln.

Die Bewertung von teilweise oder ganz selbstgenutzten Immobilien gestaltet sich genauso: Sie erben von Ihrem Vater ein Drei-Familien-Haus. In einer der Wohnungen lebte Ihr Vater, die zweite hatte er Ihnen mietfrei überlassen und lediglich die dritte Wohnung ist zu einem normalen Preis vermietet. Um die durchschnittliche Jahresnettokaltmiete des Hauses festzustellen, werden sowohl für die selbstgenutzte als auch für die unentgeltlich überlassene Wohnung die in der Gemeinde üblichen Vergleichsmieten mit herangezogen. Als Grundlage hierfür gilt der jeweils gültige Mietspiegel der Kommune.

Bedenken sollten Sie jedoch, dass der Gesetzgeber für Ein- und Zweifamilienhäuser eine abweichende Wertfeststellung vorgesehen hat. Bei solchen Immobilien muss auf den nach der oben beschriebenen Methode ermittelten Ertragswert ein Zuschlag von zwanzig Prozent hinzuaddiert werden. Hintergrund: Der Fiskus geht davon aus, dass Ein- und Zweifamilienhäuser stets Verkehrswerte aufweisen, die über dem kapitalisierten Mietwert liegen. Der Zuschlag entfällt, sobald im Haus mindestens drei oder mehr Wohnungen vorhanden sind.

Praxistipp

Sie müssen die auf diese Weise ermittelten Werte der ererbten Immobilien übrigens nicht ohne weiteres akzeptieren. Wenn es Ihnen gelingt, zum Beispiel mit Hilfe eines unabhängigen Gutachtens nachzuweisen, dass Ihr geerbtes Grundstück weniger wert ist als nach der offiziellen Methode eingeschätzt, muss bei der Ermittlung der Besteuerungsgrundlage von dem geringeren Wert ausgegangen werden.

Was passiert aber nun, wenn Sie Anteile an einem Immobilienfonds erben? Die Wertentwicklung hängt in diesem Fall davon ab, ob es sich um einen offenen oder einen geschlossenen Fonds handelt. Bei einem offenen Immobilienfonds, in den also ständig eingezahlt werden kann und der sich nicht auf ein bestimmtes Projekt bezieht, wird der Rücknahmepreis der Fondsanteile am Todestag des Erblassers angesetzt. Etwas komplizierter ist die Sache, wenn Sie Anteile an einem geschlossenen Fonds erben. Diese vor allem aus steuerlichen Gründen begehrten Fonds dienen nur der Finanzierung einer ganz bestimmten Immobilie. Ist die Investitionssumme erreicht, wird der Fonds geschlossen. Die Investoren sind Miteigentümer des betreffenden Projekts (in der Regel gewerbliche Immobilien). Entsprechend verfahren die Steuerbehörden bei der Wertfeststellung der Anteile. Sie schauen sich zunächst die Immobilie an, in die das Geld der Anleger geflossen ist, und ermitteln – wie im Fall der anderen bebauten Grundstücke – den Grundbesitzwert. Dieser wird anteilig auf den Investor beziehungsweise dessen Erben umgelegt. Angenommen, Sie erben von Ihrem Vater Anteile an einem geschlossenen Immobilienfonds, die ein Prozent des gesamten Fondsvermögens ausmachen, so müssen Sie sich auch ein Prozent des Grundbesitzwertes der Immobilie als steuerpflichtige »Bereicherung« anrechnen lassen.

Bewertungsgrundlage für Wertpapiere

Wesentlich einfacher als Immobilien lässt sich das den Erben übertragene Geldvermögen bewerten. Sowohl für Bargeld als auch für Geldforderungen gilt das Nennwertprinzip. Wer beispielsweise 50 000 Mark in bar erbt, muss sich diesen Betrag als Grundlage für die Ermittlung der Erbschaftsteuer anrechnen lassen. Etwas schwieriger wird es, wenn der Verstorbene Wertpapiere hinterlässt. Vor allem Aktien unterliegen innerhalb von nur wenigen Tagen mitunter beträchtlichen Schwankungen. Befinden sich die internationalen Finanzmärkte gerade in Turbulenzen, kann es durchaus sein, dass der Wert der hinterlassenen Aktien in der Zeit zwischen dem Todesfall des Erblassers und dem Antritt des Erbes um 10 oder gar 15 Prozent zurückgeht. Es ist mithin notwendig, die Kurse eines Stichtages zugrunde zu legen. Bei einer Vererbung ist dies der Todestag des Erblassers, bei einer Schenkung der Tag der Übertragung des Vermögens.

Was aber nun, wenn der Erblasser zum Beispiel Anteile an einer GmbH hinterlässt, die nicht an der Börse notiert werden? In diesem Fall gilt der Verkehrswert, also jener Preis, der beim Verkauf der Anteile realisiert werden könnte. Dieser wiederum wird bestimmt von den in der Firma vorhandenen Vermögensgegenständen sowie den Ertragsaussichten des Unternehmens.

Wer Aktien erbt, muss die zwölfmonatige Spekulationsfrist bei Wertpapieren beachten. Erst nach Ablauf dieser Zeitspanne können Sie die Kursgewinne beim Verkauf Ihrer Papiere steuerfrei vereinnahmen. Bei Immobilien beträgt diese Zeitspanne zwischen Erwerb und Veräußerung zehn Jahre. Wichtig zu wissen: Die Spekulationsfrist wird durch den Vermögensübertrag – also die Vererbung – nicht unterbrochen, sondern fortgesetzt.

Beispiel 1:
Ihr Vater kaufte zehn Monate vor seinem Tod Aktien, deren Wert seither um 200 Prozent gestiegen ist. Sie erben diese renditestarken Papiere, und weil Sie eine baldige Korrektur an den Börsen befürchten, möchten Sie die Aktien schnellstmöglich verkaufen, um noch Gewinne mitzunehmen. Da zwischen der Erbschaft und dem Verkauf lediglich vier Wochen liegen, müssten Sie den Gewinn versteuern. Denn: Seit dem Kauf der Dividendentitel sind erst elf Monate vergangen (zehn Monate befanden sich die Papiere im Besitz Ihres Vaters, einen Monat hielten Sie die Aktien).

Beispiel 2:
Sie erben eine Eigentumswohnung, die Ihr Vater vor drei Jahren gekauft hatte. Nicht zuletzt aufgrund bestehender, langjähriger Mietverhältnisse entschließen Sie sich, die Wohnung zu behalten. Nach acht Jahren aber möchten Sie sich ein größeres Haus zur Eigennutzung zulegen und verkaufen daher Ihre Eigentumswohnung, um Ihr Eigenkapital aufzustocken. Sie haben Glück und erwischen eine Phase hoher Immobilienpreise. So erzielen Sie für die Immobilie einen bemerkenswerten Gewinn, über den Sie sich ganz allein freuen dürfen. Das Finanzamt geht leer aus, denn die Spekulationsfrist ist verstrichen (drei Jahre war Ihr Vater Eigentümer, acht Jahre Sie – macht zusammen also elf Jahre).

Der Stufentarif – und seine Tücken

Wie hoch der Fiskus an Ihrer Erbschaft beteiligt ist, hängt neben den Freibeträgen aufgrund Ihres Verwandtschaftsverhältnisses gegenüber dem Erblasser sowie den abzugsfähigen Schulden vor allem natürlich von der Höhe Ihres steuerpflichtigen Erwerbs ab. Auf den zurückliegenden Seiten haben Sie erfahren, wie die Finanzbehörden die unterschiedlichen Vermögensgegenstände bewerten und welche Freibeträge Sie abziehen können. Jetzt heißt es, den zu versteuernden Rest nach allen Abzügen einzuordnen. Sieben Tarifstufen hat der Gesetzgeber festgelegt, was immerhin eine Verbesserung gegenüber der Situation vor 1996 darstellt, als mit 25 Tarifstufen gerechnet werden musste. In jeder dieser sieben Stufen wird allen drei Steuerklassen (siehe Tabelle »Freibeträge der Erbschaft- und Schenkungsteuer«) ein bestimmter Prozentsatz zugeordnet. Und genau diesen Anteil an Ihrem Erbe wird das Finanzamt einfordern.

Erbschaftsteuersätze

Steuerpflichtiger Erwerb bis DM (Euro gerundet)	Steuerklasse I in %	Steuerklasse II in %	Steuerklasse III in %
100 000 (51 129)	7	12	17
500 000 (255 646)	11	17	23
1 000 000 (511 292)	15	22	29
10 000 000 (5 112 918)	19	27	35
25 000 000 (12 782 297)	23	32	41
50 000 000 (25 564 594)	27	37	47
Über 50 000 000 (25 564 594)	30	40	50

Stand: 1. Januar 1996

Schauen wir uns anhand von drei Beispielen an, was diese Regelung in der Praxis bedeutet:

Beispiel 1:
Sie erben von Ihrem Vater 1 000 000 Mark. Nach Abzug Ihres Freibetrags von 400 000 Mark und Nachlassverbindlichkeiten in Höhe von 250 000 Mark müssten Sie noch 350 000 Mark versteuern. Ihre Steuer-

last würde sich also auf 38 500 Mark (= 11 Prozent von 350 000 Mark) belaufen.

Beispiel 2:
Frau Schulze darf sich über ein Vermächtnis von 50 000 Mark freuen, das ihr eine verstorbene Freundin zu Lebzeiten zugedacht hat. Da keine verwandtschaftlichen Beziehungen bestehen, fällt Frau Schulze in die Steuerklasse III – ihr Freibetrag macht daher nur 10 000 Mark aus. Danach müssten 40 000 Mark versteuert werden, und zwar mit 17 Prozent. Sie zahlt somit 6 800 Mark.

Beispiel 3:
Herr Folg-Reich erbt von einem ihm nahestehenden, aber kinderlosen Unternehmer insgesamt 50 000 000 Mark. Der Freibetrag fällt mit 10 000 Mark ebenso wenig ins Gewicht wie die Nachlassverbindlichkeiten. Folg-Reich muss insgesamt 49 500 000 Mark versteuern, und das mit immerhin 50 Prozent. Der Fiskus würde in diesem Fall fast 25 Millionen Mark kassieren.

Zugegeben, dies ist ein rein theoretisches Beispiel, dennoch illustriert es recht anschaulich, in welch exorbitante Höhen die Steuerlast steigen kann. Wie schon erwähnt, unterliegt ein Erbe einer doppelten Steuerprogression: die Steuer steigt einerseits mit abnehmendem Verwandtschaftsgrad und andererseits mit zunehmender Erwerbssumme. Trifft beides zusammen, so ergibt sich schnell eine durchaus beachtliche Summe, die an den Fiskus abgeführt werden muss.

Probleme bei Schwellenbeträgen

So sinnvoll es war, die Zahl der Steuerstufen zu reduzieren – eine Schwäche des Systems bleibt: Sobald die Schwellenbeträge auch nur um eine Mark überschritten werden, greift sofort der deutlich höhere Steuersatz. Das kann im Einzelfall dazu führen, dass die zusätzliche Steuer nicht nur den über die Grenze hinausgehenden Betrag aufzehrt, sondern dem Erben unter dem Strich sogar weniger bleibt als bei einer geringeren Erbschaft.

Beispiel:
Hugo Pechmann zahlt in der Steuerklasse I bei einem steuerpflichtigen Erwerb von 100 000 Mark 7 000 Mark Steuern (= 7 Prozent). Würde sein steuerpflichtiges Erbe hingegen 101 000 Mark ausmachen, so würde er vom Fiskus mit 11 Prozent – entsprechend 11 110 Mark zur Kasse gebeten. Das heißt, für ein um 1000 Mark erhöhtes Erbe müsste Herr Pechmann 4 110 Mark mehr an Steuern zahlen.

Aus diesem Grund hat der Gesetzgeber entsprechende Härtefallregelungen vorgesehen. Daher gilt beim Überschreiten einer Tabellenstufe, dass die mehr zu zahlenden Steuern nicht mehr als die Hälfte des Mehrerwerbs ausmachen dürfen. Auf unser Beispiel bezogen, bedeutet dies: Herr Pechmann zahlt für den Mehrerwerb von 1 000 Mark lediglich 500 Mark Steuern – insgesamt also 7 500 Mark (7000 Mark aus dem geringeren Steuersatz + 500 Mark). Liegt der Steuersatz des Betreffenden allerdings über 30 Prozent, kann die zusätzliche Steuer auf 75 Prozent des Mehrerwerbs erhöht werden.

Sonderfälle bei mehrfachem Erwerb

Angenommen, jemand erbt ein Vermögen, das er entsprechend den genannten Steuersätzen und Freibeträgen versteuern muss. Drei Jahre später stirbt auch der Erbe und dessen Sohn tritt das Erbe an. Auch dieser muss wieder Erbschaftsteuern zahlen. Wiederholt sich dies innerhalb von zehn Jahren mehrmals, bliebe vom Erbe nicht mehr allzuviel übrig. Daher räumt der Fiskus bei mehrfachem Erwerb Abschläge auf die Erbschaftsteuer ein. Diese sind nach der Dauer des Zeitraums zwischen den Todesfällen gestaffelt.

Auf unser Beispiel bezogen, bedeutet dies folgendes: Der Erbe erbt ein steuerpflichtiges Vermögen von 500 000 Mark. Nach seinem Tod erbt dessen Sohn drei Jahre später diese 500 000 Mark sowie weiteres Vermögen im Wert von 250 000 Mark. In diesem Fall müsste der Sohn auf die bereits schon einmal vererbten 500 000 Mark nur eine um 40 Prozent verringerte Steuer entrichten. Für die restlichen 250 000 Mark, die nicht auf einen mehrfachen Erwerb zurückzuführen sind, gilt hingegen die normale Steuerhöhe.

Abschläge bei mehrfachem Erwerb

Abschlag auf den Steuerbetrag in %	Zeitraum zwischen Entstehung der Erbschaft- oder Schenkungsteuer
50	maximal 1 Jahr
45	1 – maximal 2 Jahre
40	über 2 – maximal 3 Jahre
35	über 3 – maximal 4 Jahre
30	über 4 – maximal 5 Jahre
25	über 5 – maximal 6 Jahre
20	über 6 – maximal 8 Jahre
10	über 8 – maximal 10 Jahre

Die Stiftung – eine Alternative?

Bei der Vererbung größerer Vermögen kommt immer wieder die mögliche Gründung einer Stiftung ins Spiel. Häufig verknüpft sich damit die Hoffnung, auf diese Weise die Erbschaft- beziehungsweise Schenkungsteuer ganz oder zumindest teilweise umgehen zu können. Gleichzeitig zeigt sich allerdings in der Praxis sehr schnell, dass nur in wenigen Fällen wirklich Klarheit darüber herrscht, was unter einer Stiftung überhaupt zu verstehen ist und welche unterschiedlichen Formen es gibt. Beleuchten wir daher die Thematik ein wenig näher, um festzustellen, welche Chancen eine Stiftung tatsächlich bietet und welche Variante geeignet erscheint. Zwei Feststellungen jedoch vorab:

1. Eine Stiftung als Instrument zur Vererbung kommt nur dann ernsthaft in Betracht, wenn es sich wirklich um große Vermögen (mindestens zweistellige Millionenbeträge) handelt.
2. Nennenswerte steuerliche Vorteile können Sie mit der Gründung einer Stiftung nicht realisieren – zumindest nicht in Deutschland.

Bevor wir die Stiftung etwas genauer untersuchen, möchten wir – um alle Missverständnisse auszuschließen – einmal kurz auf die Unterschiede von Schenken und Stiften eingehen.

Im täglichen Sprachgebrauch stehen die Begriffe »schenken« und »stiften« fast schon synonym zueinander. Tatsächlich aber gibt es beträchtliche Unterschiede. Angenommen, Ihr Vater erfreut Sie mit einer Schenkung in Höhe von 100 000 Mark in bar. In diesem Fall haben Sie wirklich Grund zur Freude, denn nun gehört das Geld Ihnen allein – Sie können damit machen, was Sie wollen. Sie können es im Extremfall an einem Abend in der Spielbank verjubeln. Das würde Ihnen vielleicht verständnislose Vorwürfe Ihres Vaters einbringen, mehr aber auch nicht. Unterstellen wir nun den Fall, Ihr Vater überträgt 100 000 Mark an eine Stiftung. Damit trennt er sich auf Dauer von seinem Geld. Eigentümer ist die Stiftung. Damit sind wir bei einem kursiosen Charakteristikum einer Stiftung: Sie gilt als »juristische Person«, hat aber im Gegensatz etwa zu einer GmbH oder AG keine Eigentümer. Anders ausgedrückt: Eine Stiftung gehört sich sclbst.

Wie eine Stiftung funktioniert

Wählen wir ein konkretes Beispiel, um die Darstellung der äußerst komplexen Thematik zu beleuchten.

Beispiel:
Sie verfügen über ein größeres Vermögen und sind kunsthistorisch ebenso interessiert wie engagiert. Um die sanierungsbedürftige Dorfkirche in Ihrer Gemeinde dauerhaft zu erhalten, gründen Sie eine gemeinnützige Stiftung. Stiftungszweck ist mithin einzig und allein die Erhaltung der Kirche. Sie selbst bilden den Vorstand der Stiftung (selbstverständlich können auch mehrere Personen in dieses Gremium berufen werden). Als Stiftungsvermögen stellen Sie eine Million Mark zur Verfügung.

Sie müssen sich darüber im Klaren sein, dass Sie dieses Geld niemals wiedersehen werden. Denn sollte eine gemeinnützige Stiftung einmal aufgelöst werden, muss das Vermögen erneut einem steuerbegünstigten Zweck zugute kommen. Die aus dem Stiftungsvermögen anfallenden Kapitalerträge (zum Beispiel Zinsen oder Dividenden) stehen dann für Baumaßnahmen zur Erhaltung der Kirche zur Verfügung. Wie gesagt: lediglich die Kapitalerträge, nicht das Stiftungsvermögen an sich.

Grundsätzlich gibt es zwei Möglichkeiten, eine Stiftung ins Leben zu rufen. Bei dem genannten Beispiel handelt es sich um eine »Stiftung unter Lebenden«. Das heißt, Sie haben zu Lebzeiten eine Stiftung gegründet und dieser Vermögenswerte übertragen. Die zweite Möglichkeit besteht darin, eine »Stiftung von Todes wegen« zu etablieren. In diesem Fall bestimmen Sie in Ihrem Testament, dass Ihr Vermögen ganz oder teilweise in eine Stiftung eingebracht werden soll. Sie können dabei die Stiftung direkt als Erbin einsetzen, ihr ein Vermächtnis hinterlassen oder die Erben in Form einer Auflage verpflichten, nach dem Erbfall eine Stiftung einzurichten und ihr bestimmte Vermögenswerte zuzuwenden.

Die Familienstiftung

Dabei handelt es sich um eine Unterkategorie der Stiftung. Unter dem Aspekt der Vererbung größerer Vermögenswerte kommt im Grunde nur sie in Betracht. Eine Familienstiftung setzt voraus, dass nach dem in der Satzung verankerten Willen des Stifters dessen Angehörige und deren Abkömmlinge zu mehr als 50 Prozent bezugsberechtigt sein müssen. Das heißt, den nächsten Verwandten muss mehr als die Hälfte aus den Erträgen des Stiftungsvermögens zufließen. Nur dann ist der gesetzlichen Auflage Genüge getan, wonach eine Familienstiftung »wesentlich im Interesse einer Familie oder bestimmter Familien errichtet« werden muss (§ 1 Abs. 1 Nr. 4 ErbStG).

Praxistipp

Die Errichtung einer Familienstiftung kann zum Beispiel bei der Vererbung eines Unternehmens sinnvoll erscheinen. Auf diese Weise wird erreicht, dass die Hinterbliebenen zwar größtenteils in den Genuss der Erträge kommen, das Vermögen selbst aber unangetastet bleibt. Somit lässt sich ein Vermögen über Generationen hinweg erhalten.

Sonstige Formen der Stiftung

Im Rahmen dieses Buches interessiert uns im Wesentlichen nur die Familienstiftung. Aus Gründen der Vollständigkeit seien aber noch zwei weitere Stiftungformen erwähnt, die häufiger vorkommen:

- Die unselbständige Stiftung (auch treuhänderische oder fiduziarische Stiftung genannt): Eine solche Stiftung besitzt – wie Juristen sagen – »keine eigene Rechtspersönlichkeit«. Das heißt, für sich allein kann eine unselbständige Stiftung nicht existieren. Es bedarf eines treuhänderischen Vermögensträgers, in dessen Obhut diese Stiftung gegeben wird. Bei diesem »Vermögensträger« kann es sich entweder um eine andere, rechtsfähige Stiftung handeln, oder um juristische Personen des öffentlichen Rechts, zum Beispiel eine Stadt, eine Kirchengemeinde oder auch eine Universität. Nehmen wir an, für die Erhaltung der erwähnten Dorfkirche können Sie nur 50 000 Mark zur Verfügung stellen. In diesem Fall wäre die Gründung einer selbstständigen Stiftung sowohl aufgrund der Höhe des Stiftungsvermögens als auch im Hinblick auf den damit einhergehenden bürokratischen Aufwand unsinnig. Geeignet erscheint hingegen eine nichtselbstständige Stiftung, die dann zum Beispiel in die Obhut der Deutschen Stiftung Denkmalschutz gegeben werden könnte.
- Die Zustiftung: Sie stellt lediglich eine Aufstockung des Vermögens einer bereits vorhandenen Stiftung dar. Es handelt sich mithin weder um eine selbstständige noch um eine nicht selbstständige Stiftung. Im Gegensatz zu einer Spende bleibt die Zustiftung aber in ihrer Substanz erhalten. Auch in diesem Fall kommen lediglich die Erträge aus der Zustiftungssumme dem Stiftungszweck zugute.

Der Fiskus langt zu

Es gibt – wie erwähnt – gute Gründe, eine Familienstiftung ins Leben zu rufen. Steuerliche Aspekte gehören in aller Regel nicht dazu. Denn grundsätzlich gilt: Wird ein Vermögen an eine Stiftung übertragen, so unterliegt dieser Vorgang der Schenkung- beziehungsweise Erbschaftsteuer. Lediglich gemeinnützige Stiftungen, deren Erträge ausschließlich und unmittelbar kirchlichen, gemeinnützigen oder mildtätigen Zwecken zufließen, sind von dieser Steuer befreit.

Bei der Übertragung von Vermögen an eine Stiftung – gleichgültig, ob zu Lebzeiten oder durch testamentarische Verfügung – legt der Fiskus die ungünstigste Steuerklasse III zugrunde. Das heißt, abhängig von der Vermögenssumme wird das Finanzamt zwischen 17 bis 50 Prozent des Vermögens kassieren.

Praxistipp

Bei Familienstiftungen – wie bei der Vererbung oder Schenkung unter natürlichen Personen – gilt das Verwandtschaftsverhältnis als Kriterium für die Steuerhöhe. Doch Vorsicht: Maßstab ist das Verhältnis desjenigen Begünstigten, der das entfernteste Verwandtschaftsverhältnis zum Stifter ausweist.

Beispiel:
Zu den Begünstigten einer Familienstiftung gehört als »entfernteste Verwandte« des Stifters dessen geschiedene Ehefrau. Damit gilt die Steuerklasse II. Liegt der steuerpflichtige Erwerb der Stiftung bei 1 000 000 Mark, dann will das Finanzamt mit 220 000 Mark (= 22 %) beteiligt werden.

Doch damit nicht genug: Familienstiftungen werden darüber hinaus alle 30 Jahre zur Kasse gebeten. Dann nämlich verlangen die Finanzbehörden eine sogenannte Erbersatzsteuer. Dabei wird unterstellt, dass normalerweise alle dreißig Jahre ein Generationswechsel stattfindet, bei dem Vermögen übertragen und damit Erbschaftsteuer fällig wird. Eine Familienstiftung ist jedoch gleichsam auf Dauer angelegt – sie »überlebt« die jeweiligen Generationen, weshalb der Fiskus leer ausginge, gäbe es eben nicht die besagte Erbersatzsteuer.

Bei der Berechnung der Erbersatzsteuer wird ein Freibetrag von 800 000 Mark berücksichtigt. Der Fiskus unterstellt dabei den zweifachen Freibetrag eines Kindes (von jeweils 400 000 Mark). Für die

Hälfte des steuerpflichtigen Vermögens gilt dann die niedrige Steuerklasse I.

Praxistipp

Ein in der Praxis gängiger Steuerspartrick besteht darin, gleich mehrere Familienstiftungen zu etablieren. Auf diese Weise kann der Freibetrag mehrfach in Anspruch genommen werden. Da sich bei einer Aufteilung auf mehrere Stiftungen auch die Summe des steuerpflichtigen Vermögens reduziert, sinken gleichzeitig die Steuersätze.

Dies zeigt: Nur bei großen Vermögen und einer die Generationen überdauernden Planung kann die Familienstiftung am Ende einen gewissen Steuervorteil aufweisen.

Die laufende Besteuerung von Stiftungen

Die Einkommen sowohl der selbstständigen als auch der unselbstständigen Stiftungen unterliegen der Körperschaftssteuer. Eine Ausnahme gilt auch hier wiederum für gemeinnützige Stiftungen, deren Erträge von dieser Steuerpflicht befreit sind. Wichtig: Fließen die Erträge einer Stiftung den bezugsberechtigten Familienmitgliedern zu, so müssen diese Einnahmen als wiederkehrende Bezüge ebenfalls voll versteuert werden.

8.

Wie funktioniert das mit …?

Die Konten des Verstorbenen

Prinzipiell haben Sie als Erbe Zugriff auf die Konten des Verstorbenen. Allerdings ist dazu nötig, dass Sie sich bei der Bank als Erbe ausweisen. Dazu benötigen Sie normalerweise die Sterbeurkunde und den Erbschein. Wenn Sie im Besitz einer Vollmacht über den Tod hinaus sind, gestaltet sich das, zumindest was das Girokonto betrifft, relativ problemlos. Die meisten Banken verhalten sich entgegenkommend, wenn dem Berater die Familienverhältnisse bekannt sind und Sie zum Beispiel das Testament als Beweis mitbringen. Dann wird Ihnen als Ehepartner der Zugriff auf das Girokonto ermöglicht, um die Bestattungskosten und die Lebenshaltung zu decken. Ausführliche Informationen dazu finden Sie in Kapitel 2 ab Seite 81 unter der Überschrift »Vorsorgen für den Erbfall«.

Für Wertpapier-, Spar- und Festgeldkonten verlangt die Bank in jedem Fall den Erbschein. Können Sie die geforderten Papiere vorweisen, gibt es in der Regel keine Hindernisse mehr. Die Konten werden auf Ihren Namen umgeschrieben. Damit liegt die Verfügungsgewalt bei Ihnen. Je nachdem, um welche Art von Konten es sich handelt, fallen dafür Gebühren an. Erkundigen Sie sich im Vorfeld.

Sie erben Wertpapiere

Etwa seit Mitte der neunziger Jahre entwickelt sich in der Bundesrepublik – früher als Land der Bausparverträge und Sparbücher belächelt – eine erstaunliche Aktienkultur. Plötzlich kaufen auch Kleinanleger Aktien beziehungsweise Anteile an Aktienfonds und nehmen für die Aussicht auf eine langfristig höhere Rendite ein etwas erhöhtes Risiko in Kauf. Ältere Menschen zeigen sich in dieser Hinsicht zwar noch etwas zurückhaltend, dennoch werden in den nächsten Jahren mehrere Milliarden Mark an Aktienvermögen vererbt. Für den Erben ist es ohne Frage äußerst lukrativ, ein Depot mit renditestarken Werten zu übernehmen. Mit einem Mal steht der neue Eigentümer dann aber vor der Kernfrage, die jeden Aktionär immer wieder umtreibt: Soll er nun verkaufen und Gewinne realisieren oder doch lieber halten und auf eine weitere Wertsteigerung setzen? Schwierig erweist sich diese Frage vor allem für jene, die sich bis zu ihrer Erbschaft noch nicht oder nur unzureichend mit den Chancen und Risiken einer Aktienanlage beschäftigt haben.

Depot behalten oder wechseln?

Das Erben von Aktien ist nicht schwierig. Sobald feststeht, dass Sie tatsächlich der rechtmäßige Erbe sind, wird das Depot mit den Aktien auf Ihren Namen überschrieben. Die erste Frage, die sich Ihnen jetzt stellt, ist die nach den Kosten des Depots, denn die sind nicht bei allen Banken gleich. Prinzipiell haben Sie drei Möglichkeiten:

1. Sie lassen das bei der Hausbank des Erblassers eingerichtete Depot auf Ihren Namen umschreiben.
2. Sie lassen die Wertpapiere in Ihr eigenes Depot transferieren.
3. Sie richten selbst ein neues Depot ein.

Bei mehreren Banken Depots zu unterhalten ist erstens teuer (Sie müssen jedem Kreditinstitut Depotgebühren zahlen) und zweitens unübersichtlich. Daher sollten Sie Ihren eigenen und den ererbten

Wertpapierbesitz in einem Depot konzentrieren. Einkalkulieren sollten Sie andererseits aber, dass die Banken oder Sparkassen für den Depotausgang Gebühren in unterschiedlicher Höhe erheben. Erkundigen Sie sich am besten vor einer endgültigen Entscheidung, mit welchen zusätzlichen Kosten Sie rechnen müssen.

Unterhalten Sie jedoch noch kein eigenes Wertpapierdepot, so ist es ohne Frage bequemer, das Depot bei der Bank des Erblassers einfach auf Ihren Namen umschreiben zu lassen. Bequem bedeutet jedoch nicht unbedingt preiswert. Fragen Sie also nach den laufenden Gebühren und vergleichen Sie diese mit den Konditionen anderer Banken.

Aktien verkaufen oder halten?

Die zweite wichtige Entscheidung, der Sie sich stellen müssen, ist, ob Sie die ererbten Aktien verkaufen oder halten möchten. Sie hängt im Wesentlichen von vier Kriterien ab:

1. Kommt eine Aktienanlage für Sie überhaupt in Betracht?
2. Befinden sich die betreffenden Papiere noch in der zwölfmonatigen Spekulationsfrist? In diesem Fall müssten Sie sich realisierte Kursgewinne als zu versteuerndes Einkommen anrechnen lassen.
3. Brauchen Sie Geld – zum Beispiel, um andere Erben auszubezahlen?
4. Wie stellt sich das aktuelle Klima an der Börse dar? Wie haben sich die in dem ererbten Depot enthaltenen Papiere entwickelt.

Schauen wir uns die genannten Entscheidungskriterien etwas genauer an. Aktien sind keine Geldanlage für Leute mit schwachen Nerven und auch nicht für Leute, die ihr Vermögen jederzeit verfügbar haben möchten oder müssen. Nur durch eine langfristige Anlage lassen sich die Schwankungen des Marktes ausgleichen.

Der Investmentguru Warren Buffett stellt an die Nervenkraft eines Aktienanlegers hohe Anforderungen: »Wer es psychisch nicht schafft, vorübergehend auch einmal die Hälfte seines eingesetzten Vermögens zu verlieren, hat an der Börse nichts zu suchen«. Das mag besonders drastisch formuliert sein, doch die Kernaussage ist richtig: Wer in Aktien investiert, muss mit dem launischen Auf und Ab der internationalen Kapitalmärkte leben, muss – um ein konkretes Beispiel zu nennen – auch dann die Nerven behalten, wenn – wie im Jahr 1998 – der DAX von 6200 auf 3800 Punkte fällt.

Die erste Frage, die Sie sich nach der Erbschaft eines Aktiendepots stellen sollten, lautet daher: Entspricht die Aktienanlage meiner Mentalität? Werden Sie auch dann nicht nervös, wenn der Wert Ihres Aktiendepots zum Beispiel von 100000 Mark am Tag der Erbschaft nach einem Mini-Crash an der Börse auf 60000 Mark zusammenschmilzt? Und: Können Sie aufgrund Ihrer persönlichen wirtschaftlichen Lage wirklich langfristig disponieren?

Praxistipp

Die Statistik beweist, dass trotz aller Berg- und Talfahrten die Börse langfristig gesehen immer nach oben zeigt. Wer zum Beispiel 1980 auf den deutschen Aktienindex DAX setzte, konnte innerhalb von 18 Jahren sein Vermögen verzehnfachen! Und dies ungeachtet der markanten Einbrüche in den Jahren 1987 und 1998. Sie als Erbe müssen sich überdies kein Kopfzerbrechen über die Zusammenstellung des Depots machen – das war eine Entscheidung des Erblassers. Für Sie ist jeder Anstieg der Kurse der betreffenden Aktien gegenüber den Tageskursen zum Zeitpunkt der Erbschaft ein echter Gewinn.

Spekulationsfristen beachten

Entscheiden Sie sich dennoch für einen Verkauf der ererbten Aktien, so sollten Sie anhand der Abrechnungsunterlagen oder gemeinsam mit dem Berater der betreffenden Depotbank überprüfen, ob das Depot Aktien beinhaltet, die sich noch innerhalb der Spekulationsfrist von zwölf Monaten befinden. In diesem Fall müssen Sie Ihre Gewinne (die Differenz zwischen dem seinerzeitigen Kauf- und dem heutigen Verkaufskurs) versteuern, weil der Fiskus ein Spekulationsgeschäft unterstellt. Die Laufzeit der Spekulationsfrist wird aber durch den Tod des Erblassers nicht unterbrochen.

Beispiel:
Ihr Vater kaufte acht Monate vor seinem Ableben Aktien der XY-AG zum Kurs von 35 Euro. Sie erben nach seinem Tod die Wertpapiere, darunter die Anteilsscheine der besagten XY-AG, die in den zurückliegenden Monaten kräftig zulegen konnten. Ihr Kurs liegt nun bei 60 Euro. Bei einem Verkauf der Papiere würden Sie einen im Vergleich zum Kaufpreis ansehnlichen Gewinn realisieren. Liegt dieser über dem Freibetrag von derzeit 1 000 Mark pro Jahr, so müssen Sie das Finanzamt an den Verkaufserlösen beteiligen, da zwischen Kauf und Verkauf nur acht Monate liegen (ungeachtet des Besitzerwechsels durch den Tod Ihres Vaters).

Nehmen wir an, die Kursentwicklung wäre weniger günstig gewesen und Sie hätten als Erbe beschlossen, die Papiere zu behalten. Nach fünf Monaten setzt plötzlich diese Aktie zu einem kaum für möglich gehaltenen Höhenflug an. Sie entschließen sich, die Gewinne mitzunehmen und verkaufen die Anteilsscheine. Jetzt liegen zwischen Kauf und Verkauf 13 Monate (acht plus fünf). Es handelt sich somit um kein Spekulationsgeschäft. Sie dürfen Ihren Gewinn steuerfrei vereinnahmen.

Praxistipp

Während man Spekulationsgewinne versteuern muss, besteht keine Möglichkeit, Spekulationsverluste von der Steuer abzusetzen. Wenn Sie also Ihre Aktien innerhalb von zwölf Monaten nach dem Kauf wieder veräußern und dabei einen Verlust machen, so ist dies – salopp ausgedrückt – Ihr Pech. Aber: Sie dürfen Spekulationsgewinne mit Spekulationsverlusten verrechnen. Unterstellt, Sie verkaufen innerhalb der Spekulationsfrist ererbte Aktien und sichern sich dadurch einen Gewinn von 40 000 Mark. Wenige Wochen später haben Sie hingegen durch ein missglücktes Geschäft mit Optionsscheinen einen Verlust von 20 000 Mark, so bliebe ein zu versteuernder Spekulationsgewinn von 20 000 Mark.

Flüssige Mittel sind gefragt

Bisher gingen wir davon aus, dass Sie frei entscheiden können, ob Sie die Aktien halten oder verkaufen sollen. Anders sieht die Situation aus, wenn Sie Geld brauchen, um Ihre Miterben auszuzahlen oder testamentarisch verfügte Vermächtnisse zu erfüllen. Grundsätzlich weisen Aktien eine hohe Liquidität auf, das heißt, Sie können – nachdem Sie sich durch Vorlage des Erbscheins (siehe Seite 79) als rechtmäßiger Erbe ausgewiesen haben – die Papiere börsentäglich zu dem jeweils gültigen Tageskurs verkaufen. Und genau dies ist das Risiko jeder Aktienanlage: Der Tageskurs kann – abhängig von der aktuellen Bewertung des betreffenden Unternehmens und dem allgemeinen Börsenklima – beträchtlich schwanken. Natürlich ist es ärgerlich, Aktien beispielsweise zu einem Preis von 32 Euro zu verkaufen, wenn die faire Bewertung eigentlich bei 55 Euro liegen müsste. In diesem Fall sollten Sie überlegen, ob Sie mit dem Verkauf der Papiere nicht ein paar Wochen oder Monate warten können, bis an den Finanzmärkten die Kurse wieder nach oben zeigen.

Praxistipp

Im Einzelfall kann es sich lohnen, vorübergehend einen Wertpapierkredit (auch Lombardkredit genannt) aufzunehmen. Dabei verpfänden Sie Ihre Wertpapiere an ein Kreditinstitut, das Ihnen im Gegenzug günstige Darlehenskonditionen einräumt. Für die Bank ist dies ein recht sicheres Geschäft, da sie die Papiere ja ohnehin verwahrt und daher keine umständliche Übertragung der Sicherheiten erforderlich ist.

Beispiel:
Der Erblasser hat Sie als Erben eingesetzt und eine Verwandte mit einem Vermächtnis von 50 000 Mark bedacht. Ihre Erbschaft besteht im Wesentlichen aus Wertpapieren, die in einem Depot bei der örtlichen Sparkasse verwahrt werden. Da Sie selbst keine Ersparnisse haben, um der Verwandten das Vermächtnis auszahlen zu können, müssten Sie Aktien aus dem ererbten Depot verkaufen (wobei wir der Einfachheit hal-

ber annehmen, dieses Depot bestünde aus Aktien einer Gesellschaft). Diese Aktie weist einen aktuellen Kurs von 35 Euro auf, entsprechend etwa 68,60 Mark. Um die 50 000 Mark zu erlösen, müssten Sie 729 Aktien verkaufen (50 000 : 68,60). Nun wissen Sie aber, dass die Aktie mit 35 Euro stark unterbewertet ist, und die meisten Analysten prophezeien einen Kursanstieg dieser Aktie auf bis zu 45 Euro.

Nehmen wir an, nach sechs Monaten wird dieses Kursziel wirklich erreicht. Nunmehr wäre Ihre Aktie umgerechnet 88,20 Mark wert. Und das bedeutet: Sie müssten, um 50 000 Mark zu bekommen, nur 567 Aktien verkaufen – 162 weniger als bei der Veräußerung zu dem schlechteren Kurs. Sie sparen dadurch bares Geld: 162 Aktien multipliziert mit dem aktuellen Kurswert von 88,20 Mark macht immerhin über 14 288 Mark aus.

Da aber nicht davon auszugehen ist, dass die Verwandte geduldig auf die Auszahlung ihres Vermächtnisses wartet, bis wieder bessere Börsenzeiten anbrechen, nehmen Sie für zwölf Monate einen Wertpapierkredit über 50 000 Mark auf. Üblicherweise liegt der Zinssatz für Lombardkredite zwischen 4 und 5 Prozent über dem Leitzins der Europäischen Zentralbank (Refinanzierungszinssatz). Bei einem Zinssatz von 8 Prozent pro Jahr würde der Kredit insgesamt 4 000 Mark kosten (sonstige Bankgebühren nicht mitgerechnet). Unter dem Strich bliebe für Sie ein Gewinn von über 10 000 Mark.

Sollten Sie sich nach reiflicher Überlegung entschieden haben, die ererbten Aktien doch zu verkaufen, dann empfiehlt es sich ebenfalls, ein günstiges Kursniveau abzuwarten. Denn wer in einer Baisse – also in einer schlechten Börsensituation – verkauft, muss bisweilen erhebliche Vermögensverluste akzeptieren. Setzen Sie sich daher nicht selbst unter Zeitdruck.

In den überregionalen Tages- und Wirtschaftszeitungen finden Sie für die meisten Aktien die jeweiligen Höchst- und Tiefstkurse der letzten zwölf Monate. Die Kursentwicklungen der am Neuen Markt notierten Unternehmen können Sie auch bequem über Internet abrufen – und zwar sowohl als Charts als auch in konkreten Zahlen (www.neuer-markt.de). Diese Daten geben einen ersten Eindruck, wie sich die Aktie in den Wochen und Monaten vor der Erbschaft entwickelt hat.

Befindet sich der Kurs in der Nähe des Jahrestiefststandes, so kann dies auf ein allgemein schlechtes Börsenklima hindeuten. Zum anderen ist es aber auch möglich, dass die betreffende Aktie aufgrund einer erwarteten schlechten Entwicklung des betreffenden Unternehmens in den Keller gerutscht ist. Ob es nun an der negativen »Großwetterlage« oder an hausgemachten Problemen der Aktiengesellschaft liegt, stellen Sie fest, indem Sie die Kursentwicklung anderer Aktien aus der gleichen Branche heranziehen. Hat Ihre Aktie im Vergleich mit anderen schlechter abgeschnitten, liegen die Probleme in der Regel beim Unternehmen. Diese Methode stellt zwar keine hundertprozentige Analyse dar, sie gibt aber dem, der sich kurz- bis mittelfristig von den ererbten Aktien aus mangelndem Interesse trennen möchte, wichtige Anhaltspunkte.

- Liegt der aktuelle Kurs des Wertpapiers in der oberen Hälfte der Bandbreite zwischen Jahreshöchst- und -tiefstkurs, können Sie eigentlich verkaufen, denn dann erscheint die Gefahr, dass Sie die Papiere zu einem sehr ungünstigen Kurs abstoßen, relativ gering.
- Befindet sich der Wert der Aktie hingegen in der Nähe des Tiefststandes und tendieren die Anteilsscheine vergleichbarer Unternehmen ebenfalls zur Schwäche, dann sollten Sie eine Verbesserung des Börsenklimas abwarten. Diese kann schon nach wenigen Wochen oder Monaten, bisweilen sogar nach ein paar Tagen eintreten. Hat Ihre Aktie aber gegen den allgemeinen Trend in den zurückliegenden Wochen erheblich an Wert verloren, dann sollten Sie den Fall mit Ihrem Bankberater besprechen. Immerhin könnte es sein, dass sich die Aktiengesellschaft in einer sehr schwierigen wirtschaftlichen Lage befindet. Die Umorganisation eines Unternehmens kann allerdings Jahre dauern. Wer in dieser Situation nicht warten möchte, sollte unter Umständen verkaufen, bevor der Kurs noch tiefer rutscht. Doch wie gesagt: Hier empfiehlt es sich, Expertenrat einzuholen. Denn die Frage, ob Sie schnell verkaufen und Verluste begrenzen oder nicht doch ein paar Wochen warten sollten, hängt vom Einzelfall ab und lässt sich pauschal nicht beantworten.

Was passiert mit Rentenpapieren?

Festverzinsliche Wertpapiere (oder Rentenwerte) unterliegen zwar ebenfalls Kursschwankungen, deren Intensität ist indessen nicht so stark ausgeprägt wie bei Aktien. Rentenpapiere reagieren unmittelbar auf Veränderungen des Zinsniveaus. Dabei gilt der Grundsatz: steigende Zinsen = fallende Kurse – fallende Zinsen = steigende Kurse. Sie können die ererbten festverzinslichen Wertpapiere natürlich ebenso wie Aktien täglich verkaufen, doch sollten Sie auch in diesem Fall prüfen, ob dies wirklich sinnvoll erscheint.

Rentenpapiere (dazu gehören Staats- und Industrieanleihen, Inhaberschuldverschreibungen usw.) werden am Fälligkeitstag üblicherweise zu 100 Prozent zurückgezahlt. Wenn Sie also bis zum Fälligkeitstermin der Wertpapiere warten können, gehen Sie kein Risiko ein. Unsere Empfehlung geht deshalb dahin, auch die im ererbten Depot enthaltenen Rentenpapiere sorgfältig unter die Lupe zu nehmen und insbesondere auf deren Fälligkeit zu achten.

Was die Übernahme beziehungsweise Übertragung der Rentenpapiere in ein anderes Depot angeht, so gilt dasselbe, was wir bereits zum Thema Aktien ausgeführt haben. Aber: Wie der Name schon sagt, sichern Ihnen festverzinsliche Wertpapiere in erster Linie Zinsen, und die müssen Sie als Kapitalerträge voll versteuern, sofern die Freibeträge von 3 000 Mark bei Ledigen und 6 000 Mark bei Verheirateten (ab dem Jahr 2000) überschritten werden.

Praxistipp

Wenn Sie festverzinsliche Wertpapiere erben, müssen Sie unter Umständen den Ihrer Bank erteilten Freistellungsauftrag erhöhen. Sollten Sie hingegen das Depot bei der Hausbank des Erblassers weiterführen lassen, müssen Sie dort einen neuen Freistellungsantrag einreichen. Achten Sie darauf, dass die genannten Freibeträge nicht überschritten werden. Im Einzelfall kann es sinnvoll sein, einen Teil der Rentenpapiere zu verkaufen und das Geld in Aktienfonds mit geringer Dividendenausschüttung zu investieren.

Die Übertragung von Fondsanteilen

Anteile an Investmentfonds gelten als Wertpapiere, so dass vieles, was wir zum Thema Aktien und Rentenpapiere ausgeführt haben, auch auf diese Form der Geldanlage zutrifft. Dabei spielt es keine Rolle, ob der Anlageschwerpunkt des Fonds auf Aktien oder festverzinslichen Papieren liegt. Ebenso wie andere börsennotierte Papiere können Sie auch ererbte Investmentanteile täglich zum jeweils aktuellen Rücknahmekurs verkaufen. Wie Ihre Fondsanteile stehen, erfahren Sie im Wirtschaftsteil der überregionalen Tageszeitungen. Auch hier gilt unsere grundsätzliche Empfehlung: Verkaufen Sie nicht unbedingt in Zeiten niedriger Rücknahmepreise, selbst wenn Sie entschlossen sein sollten, sich von diesem Investment zu trennen. Wer nicht unter Zeitdruck steht, ist gut beraten, bessere Zeiten abzuwarten.

Ganz gleich, ob Sie Ihre Fondsanteile letztlich behalten, umschichten oder verkaufen: In jedem Fall möchte der Fiskus beteiligt werden. Das Stichwort lautet: Zwischengewinn. Seit 1. Januar 1994 sind die bis zum Zeitpunkt des Verkaufs aufgelaufenen Zwischengewinne zu versteuern.

Die Fondsgesellschaften sind verpflichtet, börsentäglich nicht nur den aktuellen Rücknahmepreis des Fondsanteils zu veröffentlichen, sie müssen zudem den steuerpflichtigen Zwischengewinn ausweisen. Steuerpflichtig sind Zins- und Dividendenerträge, aber zum Beispiel auch Mieteinnahmen bei Immobilienfonds. Erträge, die aufgrund von Aktien- beziehungsweise Immobilienverkäufen realisiert werden konnten, bleiben hingegen steuerfrei. Das bedeutet, die Höhe der bis zu einem bestimmten Stichtag aufgelaufenen Gewinne lässt sich mit einem Blick feststellen.

Beispiel:
Der Erblasser hat in einen Rentenfonds investiert, dessen Erträge jeweils am 1. Oktober ausgeschüttet werden. Nach dem Todesfall werden Ihnen die Wertpapiere zum 1. April übertragen. Gleichzeitig ist die Bank verpflichtet, das Finanzamt über die Höhe der vom Verstorbenen hinterlassenen Vermögenswerte zu informieren (diese Mitteilung umfasst nicht nur den Hinweis auf Fondsanteile und andere Wertpapiere, sondern auch auf Guthaben in Form von Sparbüchern, Sparbriefen, Giro-

konten usw.). Zum Stichtag 1. April weist der betreffende Fondsanteil einen Zwischengewinn von 1,35 Mark auf. Dieser Betrag wird ebenfalls dem Finanzamt mitgeteilt.

Sie als Erbe erhalten bei der nächsten Ausschüttung zum 1. Oktober einen Jahresgewinn von 2,70 Mark ausgezahlt. Da es sich um einen Rentenfonds und somit vorrangig um Zinseinnahmen handelt, müssen Sie diese Kapitalerträge versteuern, es sei denn, die Einnahmen liegen unter dem Sparerfreibetrag von 3 000 Mark bei Ledigen und 6 000 Mark bei Verheirateten.

Wichtig dabei: Sie müssen die Einnahmen des gesamten Jahres versteuern, da die Fondsgesellschaft eine Abgrenzung im Einzelfall nicht vornehmen kann. Für Sie bedeutet dies, Sie müssen die für die ersten sechs Monate vor dem Todesfall gezahlten Steuern über Ihre Einkommensteuererklärung wieder zurückholen. Konkret wird vom steuerpflichtigen Gesamtgewinn der Zwischengewinn zum Zeitpunkt der Vermögensübertragung abgezogen und auf dieser Basis die tatsächliche Steuerschuld berechnet.

Praxistipp

Auch als Erbe von Fondsanteilen können Sie frei entscheiden, wer Ihre Wertpapiere verwalten soll. Es besteht zum Beispiel die Möglichkeit, als Alternative zum Bankdepot ein Anlagekonto direkt bei der Fondsgesellschaft zu wählen. Der Vorteil: Im Vergleich zum Bankdepot entstehen geringere oder gar keine Gebühren.

Bundeswertpapiere – praktisch und günstig

Es ist nicht übertrieben, wenn man feststellt, dass es sich vor allem bei Bundesschatzbriefen und Finanzierungsschätzen des Bundes um Formen der Geldanlage handelt, die den Anleger ruhig schlafen lassen. Mögen die Schulden der Öffentlichen Hand auch noch so steil in die Höhe schnellen, ein Staat wie die Bundesrepublik Deutschland kann nicht einfach »Pleite gehen«. Insofern sind Bundeswertpapiere noch sicherer als das bei den Deutschen so beliebte Sparbuch.

Bei einer Erbschaft von Bundeswertpapieren müssen Sie sich dem gleichen Procedere unterziehen wie bei der Übertragung von Aktien, Anleihen, Sparbüchern oder Sparbriefen. Sie müssen gegenüber der Bank oder Sparkasse den Nachweis erbringen, dass Ihnen die Wertpapiere rechtmäßig zustehen. Dann wird das Depot auf Ihren Namen umgeschrieben. Belassen Sie die Bundeswertpapiere im Depot bei der Bank des Verstorbenen oder veranlassen Sie eine Übertragung in ein Depot Ihrer Hausbank, so entstehen Ihnen für die Verwaltung von Bundeswertpapieren beträchtliche Depotgebühren, die sich an der Höhe des Bestandes bemessen.

Praxistipp

Günstiger für Sie ist, wenn Sie die Bundeswertpapiere auf ein Schuldbuchkonto bei der Bundesschuldenverwaltung in Bad Homburg übertragen. Dort werden Bundesschatzbriefe, Finanzierungsschätze, Bundesobligationen, Bundesanleihen, Bundesschatzanweisungen sowie die Anleihen und Obligationen des Bundes sowie die meisten Emissionen der Deutschen Ausgleichsbank kostenlos verwahrt. Ganz gleich, ob Sie Bundeswertpapiere selbst kaufen oder erben – Sie sollten auf jeden Fall die gebührenfreie Verwahrung bei der Bundesschuldenverwaltung wählen.

Diese Behörde leistet den gleichen Service wie eine Bank. Sie bekommen zum Ausschüttungstermin pünktlich eine Gutschrift auf Ihr Girokonto sowie einmal jährlich einen Kontoauszug. Falls Sie sich von Ihren Papieren trennen wollen, genügt eine kurze schriftliche Mitteilung an die Bundesschuldenverwaltung – und wenige Tage später geht das Geld auf Ihrem Konto ein. Selbstverständlich können Sie der Homburger Behörde auch einen Freistellungsauftrag erteilen, so dass Sie in den ungeschmälerten Genuss Ihrer Kapitalerträge kommen – sofern diese unter dem Freibetrag liegen.

Falls also nicht bereits der Erblasser diesen sicheren und kostenlosen Weg gewählt hat, sollten Sie als Erbe handeln. Lassen Sie sich nicht beirren, wenn die Bank wenig erfreut reagiert und Sie mit der Aufzählung vermeintlicher Nachteile zu überreden sucht. Um es ganz klar festzustellen: Ein Schuldbuchkonto ist absolut sicher, kostenlos und unbürokratisch. Tatsächlich besteht der einzige Aufwand für Sie darin, den ausgefüllten Kontoeröffnungsauftrag nach Bad Homburg zu schicken.

Grundsätzlich haben Sie die Wahl, Ihr Schuldbuchkonto als Einzelkonto oder als Gemeinschaftskonto von Eheleuten in Form des »Oder-Kontos« führen zu lassen. Allerdings ist es nicht möglich, Schuldbuchkonten für mehrere Erben oder Erbengemeinschaften einzurichten. Gelingt es im Fall von mehreren Erben nicht, sich auf eine Person als Kontoinhaber zu einigen, kann das Schuldbuchkonto auf den Namen eines Nachlasses eröffnet werden. Voraussetzung hierfür ist, dass ein Nachlasspfleger, Nachlassverwalter oder Testamentsvollstrecker bestellt worden ist. Nachteil dieser Lösung: Bei einem Nachlasskonto kann kein Freistellungsauftrag berücksichtigt werden.

Schuldbuchkonten weisen überdies eine weitere Besonderheit auf: So kann der Erbe auch einen Nacherben in das Konto eintragen lassen, sofern durch Testament oder Erbvertrag eine Nachfolge angeordnet worden ist. In diesem Fall darf der Vorerbe nur mit Zustimmung des Nacherben über die Bundeswertpapiere verfügen. Im Gegensatz zu der bei Banken und Sparkassen üblichen Praxis ist dadurch die Erbmasse vor unberechtigten Verfügungen des Vorerben gesichert. Oder anders ausgedrückt: Die Nacherben sind besser geschützt.

Praxistipp

Sie können die ererbten Bundeswertpapiere auch dann ins Schuldbuch übertragen lassen, wenn Sie im Ausland wohnen. Die Zinserträge werden Ihnen dann auf Ihr ausländisches Referenzkonto überwiesen.

Kündigungsrecht bei Spareinlagen?

Wer ein Sparbuch mit gesetzlicher Kündigungfrist, Sparbriefe oder Festgeldkonten erbt, darf nicht in jedem Fall davon ausgehen, kurzfristig über das Geld verfügen zu können. Insbesondere Sparbriefe weisen eine Laufzeit über mehrere Jahre auf, so dass der Erbe unter Umständen schon ein hohes Maß an Geduld aufbringen muss. Es sei denn, er setzt eine außerordentliche Kündigung des Kontos durch. Ob ihm dies gelingt, bleibt indessen fraglich, denn generelle gesetzliche Regelungen gibt es für solche Fälle nicht. »Entscheidend dürften letztlich die Umstände des Einzelfalles sein«, meinen die Juristen des Bundesverbandes deutscher Banken.

Die Problematik erweist sich gleich in mehrfacher Hinsicht als schwierig. In den »Bedingungen für den Sparverkehr« gestehen die Banken dem Kunden nur ein ordentliches Kündigungsrecht zu. Sparbücher zum Beispiel lassen sich unter Einhaltung einer dreimonatigen Frist auflösen. Überdies ist es möglich, innerhalb eines Kalendermonats ohne Kündigung bis zu 3000 Mark abzuheben. Für Festgeldkonten und Sparbriefe gelten die vereinbarten Laufzeiten. Eine vorzeitige Kündigung ist ausgeschlossen.

Das Recht auf eine außerordentliche Kündigung der Sparkonten wird in den Geschäftsbedingungen der Kreditinstitute gar nicht angesprochen. Hinzu kommt, dass aus bankrechtlicher Sicht für den Erben gleich zwei Paragraphen des BGB relevant sind: Einerseits gilt § 1922 BGB, wonach der Erbe unmittelbar in die Rechtsstellung des Erblassers einrückt. Und das bedeutet im Klartext: Die vom Erblasser mit der Bank getroffenen Vereinbarungen haben grundsätzlich auch für den Erben Gültigkeit. Allein der Eintritt des Erbfalles räumt dem Erben mithin kein Recht zur außerordentlichen Kündigung der vom Erblasser vereinbarten Sparverträge ein.

Doch es gibt noch eine andere Regelung: Spar- und Termineinlagen sind in rechtlichem Sinne nichts anderes als Darlehen (§ 609 BGB), die der Kunde seiner Bank einräumt. Und das bedeutet: Dem Gläubiger – in unserem Fall dem Erben – steht sehr wohl das Recht zur ordentlichen und außerordentlichen Kündigung zu.

Die Bank allerdings dürfte die außerordentliche Kündigung nur dann akzeptieren, wenn ein »wichtiger Grund« vorliegt, zum Beispiel, wenn dem Erben nicht zugemutet werden kann, das Schuldverhältnis fortzusetzen. Nach Ansicht des Bundesverbandes deutscher Banken stellt allein der Eintritt des Nachlassfalles in aller Regel noch keinen ausreichend wichtigen Grund dar, um die Sparkonten fristlos aufzukündigen.

Praxistipp

Wenn Sie ein größeres Vermögen erben und nur ein Teil davon in Sparbriefen angelegt worden ist, dürfte sich die Bank wenig konziliant geben. Besteht die Erbschaft hingegen ausschließlich aus Sparbriefen oder Sparbücher, sollten Sie der Bank mit dem nötigen Nachdruck klar machen, dass Sie auf das Geld angewiesen sind – zum Beispiel, um finanzielle Verpflichtungen aus der Erbschaft zu erfüllen. Die etwas unklare rechtliche Regelung eröffnet jeder Bank einen gewissen Ermessensspielraum. Stellt sich das Kreditinstitut stur, erscheint es auf jeden Fall empfehlenswert, die Filialleitung beziehungsweise bei Sparkassen und Volksbanken den Vorstand einzuschalten und gegebenenfalls mit einer Beschwerde beim Bundesaufsichtsamt für das Kreditwesen zu drohen.

Was tun bei verkaufsunwilligen Miterben?

Sind Sie Mitglied einer Erbengemeinschaft, fallen natürlich auch die Wertpapiere, sofern der Erblasser nichts anderes verfügt hat, in den Nachlass. Das bedeutet, dass keiner der Erben alleine Zugriff hat. Selbst wenn die ererbten Aktien einen Höchststand erreichen und sich der Absturz abzeichnet, kann keiner der Erben die Aktien ohne die Zustimmung der anderen Mitglieder der Erbengemeinschaft verkaufen. Er muss sich mit den anderen einigen. Ist dies nicht möglich und sieht er die Erbschaft ernsthaft bedroht, muss er den Klageweg beschreiten. Zuvor hat er jedoch noch die Möglichkeit, das Nachlassgericht zur Vermittlung anzurufen. Solange die Auseinandersetzung über das Erbe nicht abgeschlossen ist, dürfen nicht einmal die Erträge aus den Wertpapieren verwendet werden. Sie werden auf dem Konto der Erbengemeinschaft angesammelt und erst bei der Teilung aufgeteilt. Mehr dazu finden Sie in Kapitel 4 ab Seite 107.

Das geheime Konto

Geheime Konten in der Schweiz, in Liechtenstein oder in anderen vermeintlichen oder tatsächlichen »Steueroasen« werden schnell zum Risiko, wenn der Kontoinhaber allzu redselig über sein Engagement jenseits der Grenzen plaudert. Experten raten daher zur strikten Geheimhaltung – selbst gegenüber nahen Angehörigen und Verwandten. Für die Erben kann diese Verschwiegenheit indes zum Problem werden. Wissen sie nichts von der Existenz eines diskreten Kontos, geht das angelegte Geld verloren. Die Schweizer Banken kamen auf diese Weise schon zu mehrstelligen Milliardensummen.

Bedenken Sie: Keine Bank wird sich von sich aus melden. Das Institut meldet sich auch dann nicht, wenn das Konto lange Zeit nicht bewegt wurde. Angenommen, die Erben vermuten, dass der Erblasser ein Konto in der Schweiz unterhielt, sie haben aber keine konkreten Belege in der Hand. In einem solchen Fall bleibt eigentlich nur, einen Schweizer Rechtsanwalt oder Notar mit diesen heiklen Recherchen zu betrauen.

Diese Problemlösung ist jedoch nicht billig, denn auch bei Erfolglosigkeit lassen sich die Juristen ihre Bemühungen honorieren. Wenn die Erben jedoch die Kontonummer kennen, reicht zur Legitimation die Vorlage von Erbschein oder Testament im Original oder in einer beglaubigten Abschrift aus.

Bedenken Sie aber auch: Die Schulden des Erblassers sind die Schulden des Erben – und dazu zählen auch Steuerschulden. Unterhielt der Erblasser also ein so genanntes Geheimkonto, das Sie entdecken, sind Sie verpflichtet, auch dieses Konto anzugeben. Diente das Konto dazu, Steuern zu hinterziehen, wird man Sie für die aufgelaufenen Steuerschulden verantwortlich machen. Verschweigen Sie dem Fiskus die Existenz des Kontos, machen Sie sich genauso strafbar, wie es der Erblasser getan hat.

Praxistipp

Steuerhinterziehung ist kein Kavaliersdelikt, sondern eine kriminelle Handlung. Entdecken Sie tatsächlich das berühmte Geheimkonto, sollten Sie darüber nicht schweigen, sondern es dem Fiskus als Erwerb durch Erbschaft melden und sich schleunigst mit einem Anwalt beraten. Vermutlich können Sie nicht sofort überblicken, was an Zahlungen auf Sie zukommt, deshalb ist es wichtig, Maßnahmen einzuleiten, die Ihr eigenes Vermögen schützen. Wie Sie das am besten bewerkstelligen, können Sie in Kapitel 2, Seite 70 unter der Überschrift »Schutz des Erben und seines Vermögens« und in Kapitel 6, ab Seite 149 nachlesen. Auf jeden Fall sollten Sie nicht auf den fachlichen Rat von Anwalt und Steuerberater verzichten.

Immobilien – immer Anlass zur Freude?

Ja, würden sicher die meisten von uns spontan antworten. Schließlich sparen Millionen von Menschen das halbe Leben auf ihr Eigenheim und zahlen lebenslang daran. Darüber hinaus sind Immobilien – egal ob Eigenheim oder vermietet – eine Form der Alterssicherung. Eltern möchten ihren Kindern gerne ein Heim hinterlassen. Zahlreiche Immobilien, die in den sechziger oder siebziger Jahren angeschafft wurden und mittlerweile entschuldet sind, werden in den nächsten Jahren ihre Besitzer wechseln.

Andererseits erfordern Immobilien im Gegensatz zu anderen Anlageformen einige Mühe. Das Haus oder die Wohnung muss im Interesse der Werthaltigkeit in einem technisch einwandfreien Zustand gehalten werden. Dazu zählen zum Beispiel Modernisierungsmaßnahmen, Reparaturen, der Einbau umweltfreundlicher Heizanlagen und bei älteren Bauwerken die Erneuerung des Daches oder der Leitungssysteme. Der Kostenaufwand hierfür ist erheblich. Auch wenn solche Investitionen bei vermieteten Objekten steuerlich geltend gemacht werden können, müssen Sie als Immobilieneigentümer den größten Teil dennoch selbst tragen.

Erben Sie das Einfamilienhaus oder die Eigentumswohnung Ihrer Eltern und möchten selbst einziehen, dürften Ihre Probleme relativ gering sein. Mit der Renovierung können Sie sich Zeit lassen. Mit Ihren Freibeträgen kommen Sie ziemlich weit, so dass die Steuern, sofern das Eigenheim abbezahlt ist, Sie nicht ruinieren werden. Anders mag es schon aussehen, wenn Sie ein Mietshaus mit mehreren Parteien erben oder wenn Sie zusammen mit anderen erben.

Erster Schritt: Grundbuch ändern

Steht zweifelsfrei fest, dass Sie der Erbe der Immobilie sind, müssen Sie Ihren Anspruch sichern. Dazu müssen Sie Ihren Namen als Eigentümer im Grundbuch eintragen lassen. Das Grundbuchamt verlangt dafür den Erbschein. Handelt es sich um eine Erbengemeinschaft, wird diese als Eigentümer eingetragen. Sind Sie im Grundbuch nicht als Eigentümer eingetragen, können Sie das Grundstück oder die Immobilie nicht verkaufen und auch nicht belasten, zum Beispiel mit einer Hypothek, weil Sie andere Erben auszahlen müssen.

> ***Beispiel:***
> *Georg T. hat kein Testament verfasst. Er hinterlässt seiner Frau und den beiden Söhnen das Einfamilienhaus, in dem die Familie lebt. Die Mutter und der jüngere Sohn sind sich einig, dass der ältere Sohn das Haus bekommen und mit seiner Familie darin wohnen soll. Allerdings möchten sie ihren Anteil ausbezahlt haben. Der Sohn nimmt zu diesem Zweck eine Hypothek auf das Haus auf. Das kann er jedoch erst tun, wenn die Auseinandersetzung der Erbengemeinschaft abgeschlossen und der Teilungsplan fertig ist.*

Die steuerliche Bewertung von Immobilien

In Kapitel 7 ab Seite 171 haben wir die steuerliche Bewertung von Immobilien ausführlich beschrieben. Deshalb nur noch einmal in Kürze: Vererben Ihnen Ihre Eltern ein Einfamilienhaus, mit dem nach dem örtlichen Mietspiegel in den letzten drei Jahren eine Durchschnittsmiete von 14 400 Mark jährlich erzielt wurde, wird diesem Haus ein Wert von 180 000 Mark zugrunde gelegt. Da es über 20 Jahre alt ist, werden 10 Prozent abgezogen, allerdings weil es ein Einfamilienhaus ist, jedoch wieder 20 Prozent zugeschlagen. Der Wert liegt letztlich bei 194 400 Mark. Jetzt wird noch geprüft, ob der angesetzte Wert dem Mindestwert des Grundstücks entspricht. Dieser Mindestwert richtet sich nach der Grundstücksfläche und 80 Prozent des Bodenrichtwerts, den man aus der Bodenrichtwertkarte erfährt. In unserem Beispiel kommen auf diese Weise noch einmal 48 000 Mark hinzu (300 m^3 × 200 DM/m^2, davon 80 %). Insgesamt wird das Haus also mit 242 400 Mark angesetzt. Im Prinzip ist das für ein Einfamilienhaus nicht zu viel. Die meisten Häuser erzielen, wenn sie verkauft werden, weit mehr. Als Kind des Erblassers steht Ihnen ein Freibetrag von 400 000 Mark zu. Wer also ein durchschnittliches Einfamilienhaus erbt, braucht sich allein deswegen noch keine Gedanken um die Erbschaftsteuer zu machen. Sofern nicht noch wesentliche weitere Vermögenswerte hinzukommen, fällt gar keine an.

Praxistipp

Unbebaute Grundstücke werden anders bewertet als bebaute. Falls Sie ein Grundstück erben, auf dem nur eine baufällige Ruine steht, sollten Sie versuchen, das Grundstück als unbebaut bewerten zu lassen. Das ist möglich. Ebenso gibt es Sonderregelungen für Grundstücke, auf denen gerade ein Gebäude errichtet wird und Grundstücke, auf denen zum Beispiel Fabrik- oder Bürogebäude stehen. Auch für landwirtschaftliche Flächen gibt es spezielle Berechnungsverfahren. Am besten ist es, Sie ziehen einen Steuerberater hinzu.

Verdruss mit der ererbten Immobilie

Anders sieht es aus, wenn Sie eine oder gar mehrere vermietete Immobilien erben. In diesem Fall können sehr leicht hohe Erbschaftsteuerforderungen auf Sie zukommen. Außerdem kommen Sie nicht nur in den Genuss der Mieten, sondern müssen auch die Pflichten des Eigentümers übernehmen. Als Erbe übernehmen Sie bekanntlich nicht nur die Rechte, sondern auch die Pflichten. Dazu gehören vor allem die bestehenden Mietverträge. Als Rechtsnachfolger des verstorbenen Eigentümers sind Sie fortan der Vertragspartner der Mieter – und damit an alle vertraglichen Abmachungen gebunden. Sie müssen auch für die Instandhaltung der Häuser sorgen. Je nach Alter der ererbten Immobilie kann das sehr kostenintensiv werden. Die Kosten können Sie zwar steuerlich geltend machen, doch von der Erbschaftsteuer befreit Sie das nicht. Das bedeutet für Sie als Erben, dass Sie sich in einem solchen Fall darüber klar werden müssen, ob die Mietrendite stimmt oder ob Sie langfristig nur Zahlmeister sind.

Beispiel:
Gerlinde T. erbte von ihrer Mutter ein Mehrfamilienhaus in guter Lage. Die alte Dame hatte sich bis zuletzt selbst um die Hausverwaltung gekümmert. Lediglich in technischen und baulichen Fragen verließ sie sich auf den Rat eines ehemaligen Bauingenieurs, der im gleichen Haus wohnte. Gerlinde T. lebte in einer anderen Stadt und war froh, dass ihre Mutter weitgehend allein mit den Mietern zurechtkam.

Im Laufe der Jahrzehnte war in diesem Altbau eine sehr enge Hausgemeinschaft entstanden. Fast alle Mieter waren zwischenzeitlich Rentner und freuten sich über die Bescheidenheit der Eigentümerin, die nur sehr selten und ausgesprochen moderat die Mieten erhöhte. Die Kehrseite der Medaille: Die Eigentümerin investierte kaum noch in die Immobilie, weil ihr zum einen die Kosten zu hoch erschienen, und sie zum anderen den älteren Hausbewohnern und sich selbst nicht die Unannehmlichkeiten von aufwendigen Bauarbeiten zumuten wollte.

Entsprechend stellte sich die Situation für Gerlinde T. dar, als sie das Haus übernahm: Die Mieteinnahmen waren extrem niedrig, der Modernisierungsbedarf hingegen erschien hoch. Aufgrund der größtenteils sehr langen Mietverhältnisse (manche bestanden seit 30 Jahren und mehr) sowie des Alters und der angegriffenen Gesundheit der meisten

Bewohner wären Kündigungen äußerst problematisch bis unmöglich gewesen. Der erste Plan der Erbin, das Haus von Grund auf zu sanieren und dann an zahlungskräftige, mitten im Beruf stehende Leute zu vermieten, erwies sich zumindest kurz- bis mittelfristig als nicht realisierbar. Somit blieb ihr nur der Weg, die Mieten im Rahmen der gesetzlichen Möglichkeiten zu erhöhen, wobei sie die Kappungsgrenze von 30 Prozent beachten musste. Nur um diesen Prozentsatz darf die Miete in drei Jahren steigen.

Als Gerlinde T. das Haus ihrer verstorbenen Mutter übernahm, lag die Nettomiete für eine kleine Drei-Zimmer-Wohnung bei 500 Mark. Laut Mietspiegel wären etwa 800 Mark angemessen gewesen. Schöpfte die neue Eigentümerin ihr Mieterhöhungspotential von 30 Prozent voll aus, so käme sie in den ersten drei Jahren lediglich auf eine Miete von 650 Mark. Es würde also mindestens fünf Jahre dauern, bis das Objekt eine vernünftige Rendite sichern könnte. Hinzu kämen Modernisierungsaufwendungen sowie die Einschaltung eines Verwalters, da sich die neue Eigentümerin aus der Ferne nicht in dem erforderlichen Maß um das Objekt hätte kümmern können. Nach nur einem Jahr entschloß sich Gerlinde T., das Haus zu verkaufen.

Anhand dieses Beispiels können Sie die möglichen Probleme erahnen, die auf Sie als Erbe einer vermieteten Immobilie zukommen könnten. Sie sollten daher, wenn Sie erstmals Besitzer einer vermieteten Immobilie sind, fachlichen Rat bezüglich Vermieter-/Mieterinteressen und Modernisierungs-/Renovierungsabsichten einholen.

Verdruss mit den Miterben

Bevor Sie sich – aus welchen Gründen auch immer – von einer ererbten Immobilie trennen können, müssen Sie die absolute Verfügungsgewalt haben, also zweifelsfrei als alleiniger Erbe feststehen. Sobald es Miterben gibt, müssen Sie alle gemeinsam entscheiden. Solange die Eigentumsverhältnisse nicht eindeutig geklärt sind, sollten Sie auch kein privates Geld in die Immobilie investieren, denn Sie haben später keinen Anspruch auf Rückerstattung Ihrer Auslagen. Eigenmächtig auf Kosten der Erbengemeinschaft dürfen Sie nur Notmaßnahmen veranlassen, um Schaden von dem Erbe oder den Mietern abzuwenden. Regnet es zum Beispiel in eine Wohnung hinein oder bricht ein Rohr, müssen und dürfen Sie handeln. Allerdings sollten Sie immer nur das absolut Notwendige ohne Rücksprache mit den anderen Erben veranlassen.

Kann sich die Erbengemeinschaft nicht darauf einigen, einem Erben die Immobilie zu übertragen oder sie zu verkaufen, besteht die Möglichkeit, die Immobilie als Gemeinschaftsbesitz zu behalten und gemeinsam zu verwalten.

Heikel wird es unter Umständen auch dann, wenn Sie oder ein anderer Erbe laut Verfügung des Erblassers die Immobilie alleine bekommen sollen und für die Miterben kein ausreichender Ausgleich vorgesehen ist, wenn Sie Pfichtteilforderungen zu erfüllen haben oder wenn in dem Ihnen vermachten Haus eine andere Person ein Wohnrecht erhält. Im Falle von Ausgleichs- oder Pflichtteilforderungen müssen Sie genug Geld aufbringen, um diese Forderungen zu erfüllen (mehr dazu finden Sie in Kapitel 2 ab Seite 37 und in Kapitel 4 ab Seite 115). Am einfachsten ist es, eine Hypothek aufzunehmen und damit die bestehenden Geldforderungen zu erfüllen.

Praxistipp

Ausgleichs-, Pflichtteil- und Pflichtteilergänzungsansprüche sollten Sie genau prüfen, bevor Sie ihnen nachkommen. Das Thema ist hoch kompliziert. Sie sollten deshalb anwaltlichen Rat einholen.

Sonderfall Dauerwohnrecht

Wird einer anderen Person ein Wohnrecht in einer von Ihnen geerbten Immobilie übertragen oder besteht es bereits, müssen Sie damit leben, es sei denn, die betreffende Person ist willens, darauf zu verzichten, zum Beispiel gegen eine Geldzahlung oder gegen das Wohnrecht in einem anderen Gebäude. Solche Vereinbarungen müssen unbedingt vertraglich und notariell festgehalten werden.

Beispiel 1:
Hans L. erbt von seiner Mutter ein Zweifamilienhaus. In einer Wohnung wohnte seine Mutter, in der anderen ihre Schwester. Für die Schwester ist im Grundbuch ein Dauerwohnrecht eingetragen. Hans L. würde die Wohnung gerne anderweitig vermieten, weil er dann auch mehr Miete verlangen könnte. Das ist nicht möglich, wenn die Schwester seiner Mutter nicht einwilligt.

Beispiel 2:
Traudel G. erbt von ihrem Vater ein Mehrfamilienhaus. In einer Wohnung wohnte der Vater mit seiner Lebensgefährtin. Per Testament billigt der Vater seiner Lebensgefährtin ein Dauerwohnrecht in der bisherigen gemeinsamen Wohnung zu. Die anderen Wohnungen sind vermietet. Traudel G., deren Mann arbeitslos ist, würde gerne selbst in die Wohnung des Vaters ziehen. Das kann sie nicht. Sie kann nur versuchen, einem der anderen Mieter zu kündigen, was sich unter Umständen über Jahre hinziehen kann.

Beispiel 3:
Friedrich F. schenkt seinem Sohn Udo das Zweifamilienhaus bereits zu Lebzeiten. Er selbst sichert sich das unbefristete Dauerwohnrecht in der Einliegerwohnung. Udo kann über die Einliegerwohnung erst verfügen, wenn der Vater gestorben ist.

Das Dauerwohnrecht ist übrigens auch verkäuflich und vererblich. Viele Verträge beinhalten jedoch eine »Veräußerungsbeschränkung«. Das heißt, der Inhaber des Dauerwohnrechts kann es nicht ohne das Einverständnis des Grundstückseigentümers verkaufen. Das Dauerwohnrecht macht auch den Verkauf eines Grundstücks oder einer Immobilie schwierig, denn der Käufer muss den Vertrag über das Dauerwohnrecht übernehmen, wozu aber nur die wenigsten Käufer bereit sind. Denn das Dauerwohnrecht schmälert immer die Rendite einer Immobilie.

Praxistipp

Möchten zum Beispiel Ihre Eltern, deren Erbe Sie einmal sein sollen, jemandem ein Dauerwohnrecht einräumen, sollten Sie auf einen Vertrag drängen, der den sogenannten Heimfallanspruch beinhaltet oder das Dauerwohnrecht zeitlich begrenzt. Mit dem Wort Heimfallanspruch wird eine Vereinbarung bezeichnet, die den Nutzer des Dauerwohnrechts verpflichtet, dem Grundstückseigentümer unter bestimmten Voraussetzungen das Dauerwohnrecht zurückzuübertragen. Auch eine Vereinbarung über eine Entschädigung kann in diesem Rahmen getroffen werden.

Sichern Sie sich rechtzeitig ab, denn einschlägige Gerichtsentscheidungen werden meist im Sinne der Inhaber des Dauerwohnrechts gefällt.

Auf Spekulationsfristen achten

Ähnlich wie beim Aktiengeschäft schreibt der Gesetzgeber eine bestimmte Frist vor, die zwischen Kauf und Verkauf einer Immobilie verstreichen muss, um Gewinne steuerfrei vereinnahmen zu können. Im Fall von Immobilien beträgt die Spekulationsfrist zehn Jahre. Erfolgt der Verkauf früher, sieht das Finanzamt in dem erzielten Gewinn steuerpflichtige Einnahmen. Wichtig: Diese Frist gilt auch dann, wenn keine Spekulationsabsicht, sondern zum Beispiel ein Notverkauf vorliegt. Die Spekulationsfrist beginnt mit Unterzeichnung des Kaufvertrags und nicht mit dem Datum des Eintrags in das Grundbuch.

Steuerpflichtig ist dabei jener Gewinn, der sich aus der Differenz zwischen dem Verkaufspreis und den Anschaffungskosten sowie den Werbungskosten für den Verkauf der Immobilie ergibt (hierzu zählen Maklergebühren, Kosten für Zeitungsanzeigen, Notargebühren usw.).

Beispielrechung:

Verkaufspreis eines Penthouses	*550 000 DM*
./. Werbungskosten	*8 000 DM*
./. Anschaffungskosten	*500 000 DM*
= Spekulationsgewinn	*42 000 DM*

Liegt der Spekulationsgewinn unter 1 000 Mark pro Jahr, werden keine Steuern fällig. Das Finanzamt geht darüber hinaus auch dann leer aus, wenn eine Schenkung vorliegt, denn ein Spekulationsgeschäft kommt nur zustande, wenn der Verkäufer die Immobilie seinerzeit »angeschafft« – spricht: gekauft – hat.

Daher Vorsicht: Wer eine Immobilie erbt und anschließend verkauft, kann vom Fiskus durchaus zur Kasse gebeten werden. Ausschlaggebend ist der Zeitpunkt, zu dem der Erblasser das Haus, die Wohnung oder das Grundstück erstanden hat.

Beispiel:
Der Vater kaufte am 1. Juli 1999 eine Eigentumswohnung zum Preis von 300 000 Mark. Acht Jahre später stirbt der Immobilienbesitzer. Sein Sohn als alleiniger Erbe verkauft die Wohnung sechs Monate nach dem Tod seines Vaters mit Gewinn. In diesem Fall läge ein Spekulationsgeschäft vor, da die zehnjährige Frist noch nicht verstrichen ist.

Sie erben eine Immobilie, die noch nicht abbezahlt ist

Auch diesen Fall gibt es: Sie erben ein Haus oder eine Eigentumswohnung, die noch mit einer Hypothek belastet ist, die abbezahlt werden muss. Als Rechtsnachfolger des Erblassers übernehmen Sie seine Schulden. Seine Verbindlichkeiten bei der Bank sind also die Ihren. Laufende Kreditverträge gehen auf Sie als Erben über. Beachten Sie bei Ihren Überlegungen folgende Punkte:

- Können und wollen Sie die monatlichen Raten für Zins und Tilgung aufbringen?
- Gibt es flüssige Mittel, zum Beispiel aus einer Lebensversicherung, die Sie dafür verwenden können, die Immobilie abzuzahlen? Erlauben das die Kreditverträge (Sondertilgungen)?
- Möchten Sie in der Immobilie selbst wohnen oder soll sie vermietet werden? Entscheiden Sie sich dafür, in der Immobilie selbst zu wohnen, sollten Sie auf jeden Fall klären, ob Sie die staatliche Eigenheimzulage in Anspruch nehmen können. Vermieten Sie die Immobilie, können Sie alle Aufwendungen steuerlich absetzen und verringern auch mit den Zinsen Ihre Steuerschuld.

Sie erben einen Bausparvertrag

Möglicherweise erben Sie nicht gleich eine komplette Immobilie, wohl aber einen soliden Grundstein dafür. Hinterlässt Ihnen der Verstorbene einen Bausparvertrag, so sind zwei Szenarien denkbar. Entweder der Vertrag befindet sich in der Ansparphase (diese endet mit der ersten Auszahlung des Bauspardarlehens), oder aber das Darlehen wurde bereits zum Kauf einer Immobilie eingesetzt – es befindet sich somit in der Darlehensphase. In beiden Fällen können Sie wählen, ob Sie den Vertrag weiterführen oder aufkündigen. In Ihrer Entscheidung sind Sie indessen nur dann frei, wenn Sie Alleinerbe sind. Ansonsten müssen sämtliche Miterben der Weiterführung oder der Kündigung des Bausparvertrages zustimmen.

Bausparvertrag in der Ansparphase

Angenommen, Ihre Mutter hinterlässt Ihnen einen Bausparvertrag in Höhe von 60 000 Mark. Sie sind Alleinerbe und planen in absehbarer Zeit weder einen Immobilienkauf noch Renovierungsarbeiten oder sonstige Investitionen, für die Sie die Bausparsumme einsetzen könnten. In diesem Fall erscheint es nicht empfehlenswert, den Vertrag weiterzuführen, denn Bausparverträge werden in der Ansparphase schlecht verzinst. Sie legitimieren sich daher gegenüber der Bausparkasse als Alleinerbe (Vorlage des Erbscheins) und kündigen den Vertrag. Die Bausparkasse muss Ihnen dann das bis zu diesem Zeitpunkt aufgelaufene und verzinste Guthaben auszahlen. Allerdings tut sie das in aller Regel nicht kostenlos. Erkundigen Sie sich rechtzeitig nach den entstehenden Kosten. Anders ist die Situation zu beurteilen, wenn Sie ohnehin den Kauf einer Immobilie planen. Dann kann sich der ererbte Bausparvertrag als willkommene Finanzierungsquelle zu günstigen Konditionen erweisen – vor allem, wenn der Vertrag kurz vor der Zuteilung steht. Entscheiden Sie sich dafür, den Vertrag weiterzuführen, so wird dieser lediglich auf Ihren Namen umgeschrieben. Fortan müssen Sie die vereinbarten Sparbeiträge leisten.

Praxistipp

Auch ein Miterbe aus einer Erbengemeinschaft kann den Bausparvertrag allein weiterführen. Vorausgesetzt natürlich, die anderen Erben stimmen zu, was einen finanziellen Ausgleich voraussetzt.

Bausparvertrag in der Darlehensphase

Nun zu dem aus Sicht der Erben weniger erfreulichen Fall: Der Bausparvertrag befindet sich in der Darlehensphase. Wiederum haben Sie zwei Möglichkeiten: Sie können als Alleinerbe den Bausparvertrag weiterführen. Das heißt, die Zins- und Tilgungsbeträge sind weiterhin zu begleichen. Auch eine Erbengemeinschaft kann im Kollektiv die aus dem Bausparvertrag resultierenden Verpflichtungen übernehmen und die Darlehenssumme samt Zinsen zurückführen.

Daneben besteht für den Alleinerben oder die Miterben die Möglichkeit, den Vertrag zu kündigen und die Restschuld komplett zurückzuführen. In der Regel ist jedoch davon auszugehen, dass der Erblasser sein Darlehen durch eine Risikolebensversicherung abgedeckt hat. Im Normalfall machen Bausparkassen den Abschluss einer solchen Police zur Voraussetzung für die Gewährung von Bauspardarlehen. Dann braucht sich der Erbe um nichts zu kümmern – die Bausparkasse holt sich ihr Geld von der Versicherung und zahlt das nach Ablösung noch vorhandene Restguthaben an den oder die Erben aus.

Sie erben Kunstgegenstände und/oder Antiquitäten

Kunst und Kapital lukrativ zu kombinieren, setzt vor allem eines voraus: fundierte Kenntnisse. Nur wer selbst in der Welt der schönen Kostbarkeiten einigermaßen zu Hause ist, kann mit Kunst und

Antiquitäten Geld verdienen – und zwar oftmals beträchtlich mehr als mit anderen Formen der Kapitalanlage. Dabei ist es unerheblich, ob es sich um Gemälde, Plastiken, Möbel, Schmuck, Uhren, Porzellan, alte Bücher und Handschriften oder auch um historische Waffen handelt. Um nicht auf Schwindler und Betrüger hereinzufallen, sollte der Eigentümer solcher Kostbarkeiten selbst über entsprechendes Fachwissen verfügen oder aber auf das Urteil eines vertrauenswürdigen Experten setzen können. Kunstgegenstände können aber nicht nur ein lohnendes Investment darstellen, vielmehr verheißen sie ihrem Eigentümer auch ein hohes Maß an Prestige. Die Erfahrung zeigt, dass die emotionale Verbundenheit mit den »schönen Künsten« viele Erben davor abhält, diese Gegenstände zu verkaufen. Wer ziert seine Wohnung nicht gern mit dem antiken Schreibtisch vom Großvater, den dieser vor sehr langer Zeit und für sehr viel Geld auf einer Auktion ersteigert hat? Und wer verkauft schon das sprichwörtliche »Tafelsilber«, das von Generationen gehütet wurde wie ein Augapfel?

Manches spricht dagegen, ererbte Sammlungen und Kunstgegenstände vorschnell zu verkaufen, zumal auch dies ein hohes Maß an Kenntnissen und seriöse Partner voraussetzt, um einen fairen Preis zu erzielen. Bedenken Sie: Was eine Aktie aktuell wert ist, können Sie mit einem Blick in die Tageszeitung erfahren. Doch welcher Preis lässt sich mit den ererbten Gemälden erzielen? Nachfolgend einige Tipps, die Ihnen beim Verkauf von Antiquitäten und Kunstgegenständen weiterhelfen sollen

- Holen Sie nach Möglichkeit zunächst unabhängigen Rat über den Wert der ererbten Gegenstände ein (wissenschaftliche Mitarbeiter von Museen, Denkmalschützer, vereidigte Sachverständige usw.).
- Besorgen Sie sich Fachliteratur und Kataloge. Unser Tipp: Falls Sie über einen Internetzugang verfügen, besuchen Sie unbedingt die Homepage des international renommierten Auktionshauses Sotheby's (www.sothebys.com). Dort erhalten Sie unter dem Stichwort »Bookshop« Hinweise auf interessante Fachbücher. Aber auch darüber hinaus steckt das Internetangebot von Sotheby's voller wissenswerter Informationen.

- Wenden Sie sich an ein Auktionshaus, das bereits über langjährige Erfahrungen verfügt und entsprechende Referenzen aufweisen kann. Kleinere Auktionshäuser sind in der Regel stark spezialisiert (Teppiche, Möbel usw.). Wenn der Inhaber oder einer der leitenden Mitarbeiter gleichzeitig als vereidigter Sachverständiger zum Beispiel Expertisen für Versicherungen erstellt, deutet dies ebenfalls auf ein hohes Maß an Kompetenz und Seriosität hin.

Praxistipp

Falls Sie gar Kunstgegenstände oder -sammlungen, Archive, Bibliotheken oder wissenschaftliche Sammlungen erben, deren Erhaltung wegen ihrer Bedeutung für Kunst, Geschichte oder Wissenschaft im öffentlichen Interesse liegt, wenn zudem die jährlichen Kosten in der Regel die erzielten Einnahmen übersteigen und die Gegenstände in vertretbarem Umfang den Zwecken der Forschung oder der Volksbildung nutzbar gemacht werden, dann setzt der Fiskus nur 60 Prozent des geschätzten Wertes bei der Ermittlung der Erbschaftsteuer an.

Die problematische Seite der Kunst

Können Sie sich vorstellen, 30 000 Mark bar über Jahre hinweg auf Ihrem Küchentisch liegen zu lassen? Völliger Unsinn, werden Sie jetzt denken. Natürlich bringen Sie das Geld zu Ihrer Bank. Kunstgegenstände aber können Sie nicht auf ein Konto einzahlen. Teuren Schmuck oder wertvolle Münzsammlungen zu Hause aufzubewahren, wurde so manchem schon zum Verhängnis. Sollten Sie solche kleineren Kunstgegenstände erben, mieten Sie sich auf jeden Fall ein Bankschließfach. Bei einem Gemälde oder antiken Möbeln wird die Sache schwieriger. Sie können die Gegenstände nicht einfach wegsperren – zum einen wegen ihrer Größe, zum anderen aber natürlich auch, weil Sie sich am Anblick Ihrer Kostbarkeiten erfreuen wollen. Sie müssen Ihre Schätze daher angemessen gegen Diebstahl und

Beschädigungen absichern. Dazu gehört, dass Sie Ihre Wohnung oder Ihr Haus vor ungebetenen Gästen schützen (einbruchhemmende Fenster nach DIN-Vorgaben, Sicherheitsverriegelung der Türen, gut abgesicherte Keller- und Dachfenster sowie eine Alarmanlage vom anerkannten Fachmann). Überdies empfiehlt es sich dringend, eine Kunstversicherung abzuschließen. Entsprechende Policen sind häufig kaum teurer als eine Hausratsversicherung. Doch Vorsicht: Die Versicherungssumme muss mit dem tatsächlichen Wert der Kunstgegenstände übereinstimmen, da ansonsten im Schadensfall wegen unzureichender Deckung nur ein Teil des tatsächlich entstandenen Verlustes ersetzt wird.

Sie sehen, wenn Sie sich dafür entscheiden, wertvolle Kunstgegenstände oder Antiquitäten aus der Erbmasse zu behalten, kann dies erhebliche zusätzliche Investitionen erfordern. Außerdem bringen Kunstgegenstände – ebenso wie Gold – keine laufenden Renditen. Sie verzichten also auf eine angemessene Verzinsung, allerdings können Sie aber oftmals auf beträchtliche Wertsteigerungen hoffen.

Die Versicherungen des Verstorbenen

Jeder Mensch ist heutzutage versichert. Stirbt ein Mensch, hinterlässt er eine Anzahl von Versicherungsverträgen, die von den Erben gekündigt oder weitergeführt werden können oder müssen. Aus manchen Versicherungen erhält der Erbe möglicherweise Leistungen, zum Beispiel aus einer privaten Rentenversicherung oder aus einer Lebensversicherung.

Leistungen aus der Lebensversicherung

Die meisten Menschen setzen in ihrer Lebensversicherung einen Begünstigten ein, benennen also jemanden, der die Versicherungsleistung im Todesfall erhalten soll. Tun sie das nicht, geht die Versicherungssumme an den oder die Erben.

Sind Sie der Begünstigte, ist der Fall klar. Die Versicherungssumme wird Ihnen ausbezahlt, unterliegt allerdings der Erbschaftsteuer. Diese kann dadurch umgangen werden, dass der Erblasser und der potentielle Erbe, zum Beispiel Ehepartner, zu Lebzeiten beide eine Lebensversicherung auf den Tod des Partners abschließen und sich selbst als Begünstigten einsetzen. Das bedeutet: Stirbt der Partner, erhält der Überlebende die Versicherungssumme aus der von ihm selbst abgeschlossenen Versicherung. Dafür muss er keine Erbschaftsteuer zahlen – schließlich hat er die Beiträge selbst bezahlt. Für die Erträge aus Lebensversicherungen fällt auch – noch – keine Einkommensteuer an, wenn die Verträge auf mindestens zwölf Jahre Laufzeit abgeschlossen werden, völlig unabhängig davon, ob der Versicherte nun 15 oder schon sechs Jahre nach Vertragsabschluss stirbt.

Praxistipp

Wissen Sie, dass Sie als Begünstigter einer Lebensversicherung eingesetzt sind, sollten Sie sich zeigen lassen, wo der Versicherungsschein aufbewahrt wird und eventuell auch eine Kopie davon machen, denn der Versicherer sollte nach dem Tod des Versicherten möglichst schnell benachrichtigt werden.

Erhalten Sie die Versicherungssumme einfach aufgrund dessen, dass Sie der Erbe des Verstorbenen sind, fällt sie auf jeden Fall in das Nachlassvermögen und muss versteuert werden, sofern sie nicht unter Ihren Freibetrag fällt.

Leistungen aus der gesetzlichen Rentenversicherung

Hier muss unterschieden werden zwischen der gesetzlichen und der privaten Rentenversicherung. Durch die gesetzliche Rentenversicherung werden Ansprüche erworben, die mit dem Tod des Versicherten erlöschen. Sie können prinzipiell nicht auf die Erben übertragen werden. Hat zum Beispiel der Ehepartner eine monatliche

Altersrente von 2000 Mark erhalten, hat die überlebende Ehefrau darauf nach seinem Tod keinen Anspruch.

Hinterbliebene Ehepartner (Frauen und Männer) und Kinder haben aber Anspruch auf Witwen- bzw. Witwer- und Waisenrenten, die allerdings weit geringer sind als die ursprüngliche Rente des verstorbenen Partners.

Hinterbliebenenrenten müssen auf jeden Fall beantragt werden. Die Antragsvordrucke dafür erhalten Sie bei den Beratungsstellen der Rentenversicherer, bei den Versicherungsämtern, bei der Gemeindeverwaltung und bei den gesetzlichen Krankenkassen. Dort hilft man Ihnen auch beim Ausfüllen der Formulare. Tipps und Informationen finden Sie auf der Internetseite der BfA www.bfa-berlin.de.

Witwen-/Witwerrente

Es gibt eine kleine und eine große Witwen-/Witwerrente. Die kleine Witwen-/Witwerrente erhalten hinterbliebene Ehepartner unter folgenden Bedingungen:

- Sie haben das 45. Lebensjahr noch nicht vollendet,
- Sie erziehen kein waisenrentenberechtigtes Kind,
- Sie sind nicht berufs- oder erwerbsunfähig.

Die kleine Witwen-/Witwerrente beträgt 25 Prozent der Rente wegen Erwerbsunfähigkeit des Versicherten. Die große Witwen-/Witwerrente beträgt 60 Prozent. Folgende Voraussetzungen müssen dafür erfüllt sein:

- Sie haben das 45. Lebensjahr vollendet oder
- Sie haben ein waisenrentenberechtigtes Kind zu erziehen oder
- Sie sind berufs- oder erwerbsunfähig.

Und immer ist Grundvoraussetzung für Witwen-/Witwerrente, dass die Ehe zum Zeitpunkt des Todes noch rechtsgültig bestand.

Praxistipp

Sollten Sie nach dem Tod Ihres Partners wieder heiraten, fällt die Witwen-/Witwerrente weg. Allerdings haben Sie dann Anspruch auf eine Abfindung, die das 24fache der durchschnittlichen Monatsrente der vergangenen zwölf Monate beträgt.

Auf diese relativ geringen Beträge wird noch das eigene Einkommen angerechnet, sofern es den Freibetrag überschreitet, der jährlich entsprechend der allgemeinen Einkommensentwicklung neu festgelegt wird. Die Beträge, die den Freibetrag übersteigen, werden zu 40 Prozent angerechnet. Wenn Sie also über ein eigenes Einkommen verfügen, das den Freibetrag überschreitet, wird Ihnen die Rente gekürzt. Übrigens: Mieteinnahmen zählen nicht zu den Einnahmen, die angerechnet werden.

In Zukunft wird bei der Berechnung der Witwen-/Witwerrente noch unterschieden, ob der Verstorbene bereits Rente bezog oder nicht. Erhielt er noch keine Rente, muss die Witwe/der Witwer noch einmal einen Abschlag hinnehmen.

Praxistipp

Während des Sterbevierteljahrs, das sind die ersten drei Monate nach dem Tod des Ehepartners, erhalten Sie als Witwe oder Witwer die volle Rente, die Ihrem Ehegatten zugestanden hätte.

In diesem Zeitraum darf auch Ihr eigenes Einkommen nicht angerechnet werden. War Ihr verstorbener Partner bereits Rentner, können Sie sogar innerhalb von 20 Tagen nach dem Tod bei Ihrem Rentenzahlpostamt einen Vorschuss beantragen. Der Antrag auf Vorschuss gilt gleichzeitig als Antrag auf Witwen- bzw. Witwerrente.

Waisenrente

Für hinterbliebene Kinder gibt es die Halbwaisen- und die Vollwaisenrente. Darauf haben auch Stief- und Pflegekinder und sogar Enkel und Geschwister Anspruch, die im Haushalt des Verstorbenen lebten. Auch hierfür muss ein Antrag gestellt werden. Die Waisenrente wird bis zur Vollendung des 18. Lebensjahrs gezahlt, unter besonderen Umständen bis zur Vollendung des 27. Lebensjahrs. Dann wird eigenes Einkommen, das den festgesetzten Freibetrag übersteigt, zu 40 Prozent angerechnet. Die Halbwaisenrente beträgt 10 Prozent der Rente wegen Berufsunfähigkeit, die Vollwaisenrente 20 Prozent.

Praxistipp

Hatte Ihr verstorbener Ehepartner auch Ansprüche auf eine betriebliche Altersversorgung, sollten Sie sich auch dort erkundigen, ob Ansprüche Ihrerseits oder auf Seiten Ihrer Kinder bestehen.

Leistungen aus privaten Rentenversicherungen

Im Unterschied zur gesetzlichen Rentenversicherung hat es der Erblasser, der über eine private Rentenversicherung verfügt, selbst in der Hand, wie er den überlebenden Partner versorgt. Hier gelten keine festgelegten Quoten, sondern das, was der Erblasser investierte und vereinbarte. Die private Rente basiert darauf, dass der Versicherte entweder über Jahre hinweg Beiträge oder einen größeren Einmalbetrag in die Versicherung zahlt. Dafür erhält er ab dem 65. Lebensjahr eine monatliche Rente ausbezahlt. Er kann zwischen mehreren Vertragsarten wählen. Zum Beispiel kann er einen Vertrag mit Garantiezeit wählen. Das bedeutet, er legt fest, dass, sofern er stirbt, bevor er ein bestimmtes Alter erreicht hat, die monatliche Rentenzahlung für eine bestimmte Anzahl von Jahren an seine Erben geht. Diese Garantiezeit beträgt meist fünf Jahre, manchmal auch mehr. Eine andere Variante ist die Rückzahlung der eingezahlten Beträge, sofern nach seinem Tod noch etwas davon übrig ist.

Praxistipp

Private Renten fallen unter die Einkommensteuer. Sie müssen aber nicht voll versteuert werden, sondern nur der sogenannte Ertragsanteil. Er ist je nach Lebensalter des Empfängers unterschiedlich hoch. Ein 40jähriger muss 52 Prozent der Rente versteuern, ein 60jähriger nur noch 32 Prozent.

Das geschieht mit der Krankenversicherung

Der Krankenversicherungsvertrag erlischt in dem Moment, in dem der Versicherte stirbt. Für die Hinterbliebenen bedeutet dies, dass sie der Versicherung unter Angabe der Versicherungsnummer eine kurze Mitteilung über den Tod des Verstorbenen schicken. Am Besten legen Sie eine Kopie der Sterbeurkunde bei.

Praxistipp

Die gesetzlichen Krankenkassen zahlen Sterbegeld, wenn ein Mitglied stirbt. Sie haben Anspruch auf diesen Zuschuss zu den Bestattungskosten, wenn Sie der- oder diejenige sind, die für die Bestattung aufkommt und wenn der Verstorbene am 1. Januar 1989 bei der Kasse versichert war. Versicherte, die später in die gesetzliche Krankenversicherung eingetreten sind, haben diesen Anspruch nicht. Das Sterbegeld beträgt beim Tod eines Mitglieds 2100 Mark, bei Tod mitversicherter Familienangehöriger 1050 Mark.

Fragen für die Hinterbliebenen ergeben sich aus der Familienversicherung. In der gesetzlichen Krankenversicherung besteht die Möglichkeit, die nicht selbst verdienende Frau und die Kinder über die

Versicherung des Beiträge zahlenden Mannes mitzuversichern. Was geschieht nun, wenn das versicherte Mitglied stirbt? Denn prinzipiell endet die Familienversicherung mit dem Tod des Mitglieds.

Die gesetzliche Versicherung gesteht den Angehörigen ab dem Todestag des Mitglieds einen sogenannten »nachgehenden Leistungsanspruch« zu. Das heisst konkret: Stirbt das Mitglied, über das die Familie mitversichert ist, am 1. 10. 1999, kann die Familie bis zum 1. 11. 1999 weiterhin Leistungen beanspruchen. Danach können sich die Familienmitglieder freiwillig versichern. Werden Rentenanträge gestellt, werden die Rentenempfänger möglicherweise in die Krankenversicherung der Rentner aufgenommen. Ansonsten kann sich der überlebende Ehepartner bei der gesetzlichen Kasse freiwillig versichern. Erhalten die Kinder nicht mehr als 630 Mark Halbwaisenrente, werden sie kostenlos mitversichert. Die Krankenkasse informiert die Hinterbliebenen über den weiteren Ablauf, sobald sie vom Tod des Mitglieds benachrichtigt wurde.

Praxistipp

Normalerweise müssen nicht einmal die Hinterbliebenen den Tod des Mitglieds melden, sofern das Sterbegeld an das Bestattungsunternehmen abgetreten wird, das dann wiederum das Sterbegeld bei der Kasse beantragt und diese informiert. Bei Kassenmitgliedern, die keinen Anspruch auf Sterbegeld haben, genügt eine formlose Mitteilung mit Angabe des Todestags.

Anders verhält es sich, wenn der Verstorbene Mitglied einer privaten Krankenversicherung war. Zunächst einmal sollten die Angehörigen der Krankenkasse ebenfalls Mitteilung vom Tod des Mitglieds machen. Damit erlischt der Versicherungsvertrag. Eventuell zu viel gezahlte Beiträge werden von der Versicherung zurücküberwiesen. Außerdem gilt es zu prüfen, ob der Versicherte Anspruch auf Beitragsrückerstattung hatte. Das ist dann der Fall, wenn er in einem kompletten Kalenderjahr, also vom 1. 1. bis 31. 12., keine Leistungen der Krankenkasse in Anspruch genommen hat.

Praxistipp

In der privaten Krankenversicherung erhalten die Hinterbliebenen kein Sterbegeld, es sei denn, es besteht eine separate Sterbegeldversicherung. Verbraucherschützer halten eine solche Versicherung jedoch für relativ unsinnig. Zum einen richtet sich der Beitrag nach dem Eintrittsalter des Versicherten. Das heißt, er ist umso höher, je später der Kunde eintritt. Ein junger Mensch müsste, sofern sein Leben normal verläuft, viele Jahre Beiträge zahlen. Das lohnt sich nicht.

Hausrat, Haftpflicht und Co.

Hausrat-, Haftpflicht-, Glas-, Fahrraddiebstahlversicherungen etc. können von den Erben des Verstorbenen jederzeit gekündigt werden. Leistungen sind daraus nicht zu erwarten. Allerdings sollten Sie im Einzelfall überlegen, ob es sinnvoll ist oder nicht. Wenn Sie beispielsweise mit dem Verstorbenen im selben Haushalt lebten oder mit ihm verheiratet waren, werden Sie vermutlich auch dort bleiben. In diesem Fall ist beispielsweise die Kündigung einer Hausratversicherung nur sinnvoll, wenn der Vertrag Ihrer Ansicht nach nicht gut ist bzw. zu teuer. Wollen Sie die Versicherung kündigen, genügt eine formlose Mitteilung an die Versicherung mit einer Kopie der Sterbeurkunde.

Wollen Sie nicht kündigen, ist die Übernahme des Vertrags problemlos möglich, wenn Sie mit dem Verstorbenen verheiratet waren oder mit ihm in einer Partnerschaft lebten. Die Versicherungen haben auch damit inzwischen keine Probleme mehr. Versicherungsmakler empfehlen unverheirateten Paaren jedoch, zur Sicherheit den Namen des Partners in den Vertrag mit aufzunehmen. Auch Kinder des Verstorbenen treffen normalerweise bei der Übernahme eines Versicherungsvertrags auf keine Schwierigkeiten.

Eine Ausnahme bilden die Versicherungen, die Sie mit einer Immobilie erwerben. Das gilt besonders im Falle einer Eigentumswohnung. Die Versicherungen (Gebäudebrand-, Haftpflichtversicherung etc.) werden in der Regel gemeinschaftlich von der Verwaltung einer Wohnanlage abgeschlossen. Als Eigentümer haben Sie keinen Einfluss auf die Wahl des Versicherungsunternehmens. Erben Sie ein Haus, für das der Eigentümer die Versicherungen selbst abgeschlossen hat, sind Sie zunächst einmal der Rechtsnachfolger des Verstorbenen. Sie müssen die Versicherungen auf normalem Wege, unter Einhaltung der vertraglichen Fristen, kündigen, denn schließlich ist der Versicherungsgegenstand (das Haus) nach wie vor existent.

Praxistipp

Setzen Sie sich am Besten mit dem Versicherungsmakler des Verstorbenen zusammen oder treten Sie an die Sachbearbeiter bei den Versicherungen heran. Im Zuge der europäischen Liberalisierung sind viele Bestimmungen gelockert worden. Die Versicherer lassen heute in vielen Dingen mit sich reden, denn die Konkurrenz ist hart.

Rabatte erhalten in der Fahrzeugversicherung

Erben Sie als Ehepartner oder Kind das Auto des Erblassers, sollten Sie sich auch darum kümmern, dass Sie dessen Schadensfreiheitsrabatte erben. Die Übertragung des Schadensfreiheitsrabatts ist in den Tarifbestimmungen geregelt. Wie immer im Leben müssen Sie auch dafür ein Formular ausfüllen. Darin geben Sie den Todestag an und unterschreiben, dass Sie das Auto des Verstorbenen auch bisher gelegentlich oder sogar ausschließlich (Zweitwagen) gefahren haben. Früher mussten Kinder noch nachweisen, dass sie tatsächlich mit dem Verstorbenen in häuslicher Gemeinschaft lebten. Das ist heute nicht mehr notwendig. Außerdem benötigen Sie eine Kopie Ihres Führerscheins, denn die Höhe des Rabatts, der Ihnen übertragen wird, ist abhängig von dem Zeitpunkt, seit dem Sie den Führerschein haben.

Beispiel:
Der Schadensfreiheitsrabatt des Verstorbenen lag bei 30 Prozent. Das entspricht 18 Jahre unfallfreien Fahrens. Die Ehefrau hat ihren Führerschein jedoch erst vor zehn Jahren gemacht. Sie bekommt also nur 45 Prozent übertragen.

Verkaufen Sie das Auto des Verstorbenen, wird automatisch der Versicherungsvertrag nichtig. Melden Sie das Fahrzeug ab, liegt der Vertrag sozusagen auf Eis. In beiden Fällen verfällt der Schadensfreiheitsrabatt nicht oder zumindest nicht sofort. Sie müssen allerdings innerhalb von sechs Monaten nach dem Tod des Erblassers die Übertragung auf Ihren Namen bei der Versicherung beantragen.

Praxistipp

Haben Sie bis zu sechs Monaten kein Fahrzeug angemeldet, erleiden Sie rabatttechnisch gesehen überhaupt keine Nachteile. Der Rabatt steigt sogar weiter. Im Rahmen von 12 Monaten bleibt er unverändert. Bei manchen Versicherern sind sogar sieben Jahre Unterbrechung ohne Folgen. Bei anderen wird der Rabatt jährlich zurückgestuft und ist nach sieben Jahren völlig weg. Am Besten erkundigen Sie sich bei der Versicherung nach den Modalitäten. Wie gesagt, die meisten Versicherer haben mittlerweile ein offenes Ohr für Ihre Kunden.

Übrigens funktioniert die Übertragung des Schadenfreiheitsrabatts auch zwischen Lebenspartnern. Lediglich bei homosexuellen Paaren gibt es bei manchen Versicherern Probleme.

Wer erbt den Haushalt und das Auto?

Das ist eine Frage, die besonders Ehe- oder Lebenspartnern und Kindern, die schließlich mit dem Verstorbenen in einem Haushalt lebten, wichtig ist.

- Der Lebenspartner erbt nur, wenn es in einem Testament ausdrücklich festgelegt ist. Unter Umständen muss er jedoch noch die Pflichtteilansprüche der (übergangenen) gesetzlichen Erben erfüllen.
- Existiert kein Testament und ist der Ehepartner gesetzlicher Erbe, hat der Ehepartner auf jeden Fall Anspruch auf den sogenannten Voraus. Dazu gehören Möbel, andere Einrichtungsgegenstände, Bücher, Bilder und auch das Familienauto. Existieren jedoch Abkömmlinge des Verstorbenen, ist dieser Anspruch beschränkt auf die Gegenstände, die der überlebende Ehegatte zur Führung eines angemessenen Haushalts benötigt. Was ein »angemessener Haushalt« ist, definiert sich durch die bisherigen Lebensverhältnisse des Ehepaares. Das Voraus bzw. dessen Wert wird bei der Berechnung eventueller Pflichtteile nicht berücksichtigt.
- Damit Lebenspartner, Kinder oder andere Verwandte, die mit dem Verstorbenen in einem Haushalt lebten, nicht unnötig hart behandelt werden, wenn andere erben, gibt es den Dreißigsten. Diese Regelung besagt, dass der Erbe diesem Personenkreis 30 Tage lang gestatten muss, im bisherigen gemeinsamen Haushalt zu leben, und verpflichtet ist, solange für ihren Unterhalt zu sorgen.

Hausrat, Wäsche und Kleidung können teilweise steuerfrei erworben werden. Wer in Steuerklasse I fällt, zum Beispiel die Ehefrau, hat dafür einen Freibetrag von 80 000 Mark. Zusätzlich steht ihr für »andere bewegliche Gegenstände« (Auto, Schmuck, Kunstgegenstände) ein Freibetrag bis 20 000 Mark zur Verfügung. Für Personen der Steuerklassen II und III beträgt der Freibetrag insgesamt nur 20 000 Mark.

Praxistipp

Achtung: Bargeld, Wertpapiere, Münzen, ungefasste Edelsteine, Perlen, Goldbarren etc. gehören nicht in diese Kategorien. Ihr Erwerb unterliegt der Erbschaftsteuer.

Sie sollen ein Unternehmen erben

Meist werden Unternehmen an Kinder oder Enkelkinder weitergegeben. Leider oft unvorbereitet. Wenn Ihre Eltern ein Unternehmen oder einen Handwerksbetrieb besitzen und Sie als Erbe vorgesehen sind, sollten Sie und Ihre Eltern die Übernahme idealerweise noch zu Lebzeiten Ihrer Eltern vorbereiten. Tun Sie es nicht, hat das nicht nur steuerliche Nachteile zur Folge, sondern bedeutet auch für das Unternehmen, Sie selbst und die Mitarbeiter eine unnötige Belastung, die im Extremfall dazu führen kann, dass ein Niedergang des Unternehmens einsetzt.

Praxistipp

Ist vorgesehen, dass Sie ein Unternehmen erben, müssen Sie sich rechtzeitig darauf vorbereiten. Dazu gehört nicht nur, dass Sie Ihre eigene Position im Unternehmen aufbauen, sondern auch die Beratung durch Steuerberater und Rechtsanwälte, die die Nachfolge begleiten sollten. Unternehmensberater empfehlen eine Vorbereitungszeit von mindestens fünf Jahren.

Die Industrie- und Handelskammern sowie die Handwerkskammern informieren darüber und bieten Seminare für Unternehmer und deren Nachfolger an. Nutzen Sie diese Angebote im Interesse von Erblasser und Erben.

Die gesamten Regeln, die man bei der Nachfolgeregelung betriebsintern, bei der Abfassung eines Unternehmer-Testaments und bei der Betriebsübernahme durch eine Erbschaft beachten sollte, würden ein eigenes Buch rechtfertigen. Deshalb werden wir uns auf die wichtigsten Aspekte beschränken, die Ihnen Anreiz sein sollen, sich fachlichen Rat zu holen und sich weiter mit dem Thema zu befassen.

Die wichtigsten steuerlichen Regelungen

Der Gesetzgeber hat erkannt, dass Erbschaft- und/oder Schenkungsteuer ein Unternehmen an den Rand der Insolvenz bringen können. Viele Erben mussten in der Vergangenheit bereits aufgeben, weil die liquiden Mittel von der Steuer aufgebraucht wurden. Das Bundesverfassungsgericht hat deshalb vorgegeben, dass Erbschaftsteuer für Unternehmen so zu bemessen ist, dass die Fortführung des Unternehmens nicht gefährdet ist.

- Gehen inländische Betriebsvermögen einschließlich land- und forstwirtschaftliche Vermögen – dazu gehören Einzelunternehmen, Beteiligungen an Personengesellschaften, Freiberuflerpraxen und Sozietäten – und wesentliche Anteile an inländischen Kapitalgesellschaften (über 25 Prozent des Nennkapitals) – auf Erben über, wird ein besonderer Betriebsvermögensfreibetrag von 500 000 Mark gewährt. Dieser Freibetrag gilt zusätzlich zu den persönlichen Freibeträgen.
- Der Betriebsvermögensfreibetrag kann alle zehn Jahre in Anspruch genommen werden. Firmenbesitzer sollten dies ausnützen und den Kindern oder anderen Nachfolgern den Betrieb sukzessive übertragen. Sie können sich zum eigenen Schutz immer den Nießbrauch vorbehalten.
- Das unternehmerische Vermögen, das über diesem Freibetrag liegt, wird nur mit 60 Prozent seines Wertes angesetzt. Ein Kind kann dadurch zum Beispiel Betriebsvermögen im Wert von bis zu 1,166 Millionen Mark steuerfrei erwerben.
- Bei diesem begünstigten Betriebsvermögen gelten die Steuersätze der Steuerklasse I unabhängig vom Verwandtschaftsgrad. Der Erbe muss nicht einmal mit dem Erblasser verwandt sein.
- Beachten Sie jedoch, dass die oben genannten steuerlichen Vergünstigungen rückwirkend entfallen, wenn der Erbe das begünstigte Vermögen innerhalb von fünf Jahren nach dem Erbfall veräußert oder den Betrieb aufgibt. Auch wenn der Erbe große Teile des Betriebsvermögens in seinen Privatbesitz überführt, entfällt die 40-prozentige Vergünstigung.

Praxistipp

Erbengemeinschaften sollten beachten, dass der besondere Betriebsvermögensfreibetrag in Höhe von 500 000 Mark sich nicht multipliziert, wenn mehrere Erben eingesetzt werden.

Erblasser müssen überdies rechtzeitig überlegen, welche Rechtsform für das Unternehmen die günstigste ist. Bei Einzelunternehmen und Personengesellschaften wird der steuerliche Wert des Betriebsvermögens als Substanzwert ermittelt. Das heißt, der Ertrag spielt keine Rolle. Der Substanzwert entspricht in etwa dem bilanzierten Eigenkapital. Bei Kapitalgesellschaften wird neben der Vermögenssubstanz auch die Ertragskraft berücksichtigt. Ist das Unternehmen sehr ertragsstark, wird es in der Regel deutlich höher bewertet als eine Personengesellschaft gleicher Ertragskraft.

Ein weiteres Argument gegen die Kapitalgesellschaft ist die Stundung der Erbschaft- und Schenkungsteuer. Beim Übergang von Kapitalgesellschaften ist dies nicht möglich, aber sehr wohl beim Übergang von Einzelunternehmen oder Anteilen an Personengesellschaften. Die Steuerschuld kann in diesen Fällen bis zu zehn Jahre gestundet werden. Bei Erwerb von Todes wegen ist sogar eine zinslose Stundung möglich.

Das Unternehmer-Testament

Ein Unternehmer-Testament entscheidet nicht nur über das Wohl und Wehe der Erben, sondern auch über das der Firma und ihrer Mitarbeiter. Entscheidende Ziele sind:

- Sicherung des Unternehmens,
- Sicherung des Lebensstandards des überlebenden Ehegatten und der eventuell noch unmündigen Kinder,
- gerechte Beteiligung der Kinder am Gesamterbe.

Diesen Zielen gerecht zu werden schafft der Erblasser normalerweise nicht alleine. Er braucht dazu rechtlichen und steuerlichen

Expertenbeistand. Möglicherweise ist es nötig, um alle Ziele zu erreichen, mit den einzelnen Kindern Erb- oder Pflichtteilverzichtverträge abzuschließen. Außerdem müssen sämtliche Verfügungen, die getroffen wurden, alle paar Jahre erneut auf den Prüfstand, um an den tatsächlichen Verhältnissen gemessen und eventuell angepasst zu werden.

Praxistipp

Sind die Kinder noch minderjährig oder befinden sich noch in der Ausbildung, sollte der Unternehmer überlegen, ob es nicht sinnvoll wäre, einen Testamentsvollstrecker einzusetzen. Er kann diesem auch das Recht gewähren, eines der Kinder später als Nachfolger zu bestimmen. In diesem Fall sollte der Testamentsvollstrecker allerdings fachlich vorgebildet sein, damit er die Fähigkeiten der Kinder beurteilen kann.

Experten raten Unternehmern von einem Berliner Testament, in dem sich die Ehegatten gegenseitig zu Alleinerben einsetzen, ab. Das endet nur in erhöhter Erbschaftsteuer. Sind Kinder vorhanden, ist es günstiger, den Kindern das Unternehmen zu übertragen und dem Ehegatten eine lebenslange Rente auszusetzen. Arbeitet der Ehegatte im Betrieb gleichberechtigt mit, hält er vermutlich sowieso eigene Anteile. In jedem Falle sollte vor der Abfassung eines Testaments geprüft werden, ob Testament und Gesellschaftsvertrag übereinstimmen. Denn in vielen Gesellschaftsverträgen gibt es Klauseln, nach denen zum Beispiel Ehefrauen nicht als Gesellschafter zugelassen sind und nicht als Gesellschafter zugelassene Erben abgefunden werden müssen. Das kann zu hohen Abfindungsansprüchen führen, die das Unternehmen über Gebühr belasten.

Praxistipp

Unternehmer mit mehreren Kindern übergeben das Unternehmen oft an eines der Kinder. Wird das vorher mit den anderen

Kindern nicht geklärt, machen diese oft gegenüber dem Unternehmenserben Pflichtteilansprüche geltend, die dem Erben bzw. der Firma das Genick brechen. Denn Pflichtteilansprüche beziehen sich nicht auf Buchwerte, sondern auf Verkehrswerte, und sind in bar und sofort zu erfüllen. Sollen Sie also als eines von mehreren Kindern den elterlichen Betrieb erben, müssen Sie unbedingt darauf achten, dass Ihre Eltern mit den Geschwistern beim Notar Pflichtteilverzichtsvereinbarungen abschließen.

9.
Erben von A bis Z

Abfindung

Abfindungen kommen in der Regel im Zusammenhang mit einem Erbverzicht zum Tragen. Gibt es zum Beispiel mehrere Erben und der Erblasser möchte nicht, dass sein Besitz nach seinem Tod aufgeteilt wird bzw. die Aufteilung zu Streit unter den Erben führt, kann er versuchen, einen oder mehrere der Erben zum Erbverzicht zu bewegen. Dafür wird er in der Regel eine Abfindung anbieten. Sind zum Beispiel zwei Geschwister erbberechtigt und der Vater möchte Auseinandersetzungen zwischen den Geschwistern vermeiden, kann er einem von ihnen schon vorher ein Haus schenken. In diesem Fall spricht man von »vorweggenommener Erbfolge«. Solche Vereinbarungen sollten immer vertraglich festgehalten werden. Ein Erbverzichtvertrag muss sowieso von einem Notar beurkundet werden.

Für die Abfindung fällt Erbschaftsteuer an. Als Zeitpunkt des Erwerbs gilt die Erklärung des Verzichts. Zu diesem Stichtag wird das erworbene Vermögen, also die Abfindung, bewertet.

Daneben gibt es noch die Abfindung zwischen den Mitgliedern einer Erbengemeinschaft. Es kann zum Beispiel sein, dass ein Erbe dem anderen eine Abfindung als Wertausgleich zahlt, weil er einen höheren Anteil vom Nachlass erhalten hat. In diesem Fall sollten Sie sich als Empfänger der Abfindung unbedingt bei einem Steuerberater über die steuerlichen Auswirkungen informieren. Bezieht sich die Abfindung nicht auf privates Vermögen, sondern zum Beispiel auf den Ausgleich von Betriebsvermögen, könnten unerwartet Einkommensteuerzahlungen auf Sie zukommen. Müssen Sie hingegen einem anderen Erben eine Abfindung zahlen, winken Abschreibungsmöglichkeiten.

Ablieferungspflicht

Eine letztwillige Verfügung, ein Testament und ein Erbvertrag müssen beim zuständigen Nachlassgericht abgegeben werden. Ist eine letztwillige Verfügung in Ihrer Verwahrung oder wissen Sie, wo sich eine befindet, müssen Sie dies, sobald Sie vom Tod des Erblassers erfahren, beim Nachlassgericht melden. Zuständig ist immer das Amtsgericht am Wohnort des Verstorbenen. Sie können die entsprechenden Papiere oder Informationen auch per Post schicken. Allerdings empfiehlt es sich, ein Einschreiben mit Rückschein zu verwenden, damit Sie einen Nachweis darüber haben. Lebte der Verstorbene im Ausland, ist das Amtsgericht Schöneberg in Berlin zuständig.

Halten Sie eine letztwillige Verfügung zurück, geben sie nicht ab oder vernichten sie, machen Sie sich strafbar. Selbst wenn alle Erben damit einverstanden wären: Ein Testament darf nicht vernichtet werden. Werden mehrere Testamente gefunden, müssen auch alle abgegeben werden. Das Gericht entscheidet, welches gültig ist.

Adoptivkind

Adoptivkinder haben im Hinblick auf ihre Adoptiveltern dasselbe gesetzliche Erbrecht wie leibliche Kinder. Auch die Adoptiveltern sind gegenüber dem adoptierten Kind erbberechtigt im Sinne der gesetzlichen Erbfolge. Kind und Eltern sind gegeneinander auch pflichtteilberechtigt. Haben Eltern zum Beispiel neben dem Adoptivkind noch leibliche Kinder, haben alle dieselben Rechte. Das Adoptivkind hat jedoch gegenüber seinen leiblichen Eltern und deren Familien keine Ansprüche mehr.

Eine Ausnahme besteht nur bei Adoptionen zwischen Erwachsenen. Wurden Sie beispielsweise als Erwachsener adoptiert, sind Sie zwar gegenüber Ihren Adoptiveltern erb- und pflichtteilberechtigt, jedoch nicht gegenüber deren Familien. Eine gegenteilige Entscheidung kann nur von den Gerichten getroffen werden.

Amtliche Verwahrung

Eine letztwillige Verfügung kann man zu Hause in der Schublade aufbewahren. Sicherer ist es, sie in amtliche Verwahrung zu geben. Zuständig dafür ist das Amtsgericht, in Baden-Württemberg der Notar. Wird das Dokument zu Hause verwahrt, kann es vorkommen, dass es nicht gefunden oder von einer am Erbe interessierten Person vernichtet wird. Befindet sich das Testament dagegen in amtlicher Verwahrung, wird es auf jeden Fall im Todesfall berücksichtigt, denn das Amtsgericht erfährt auf dem Behördenweg vom Tod des Erblassers. Das Nachlassgericht bestimmt dann einen Termin zur Testamentseröffnung.

Anfechtung der letztwilligen Verfügung

Die häufigste Art der Anfechtung ist die gegen eine letztwillige Verfügung. Wurden Sie zum Beispiel von Ihrem Vater per Testament enterbt, also ein anderer als Alleinerbe eingesetzt, können Sie sich dagegen nur wehren, wenn Sie das Testament anfechten. Allerdings brauchen Sie dafür einen guten Grund. Gründe sind in § 2078 BGB aufgeführt: Inhaltsirrtum, Erklärungsirrtum, Motivirrtum oder Drohung. Bevor Sie eine Anfechtungserklärung einreichen, sollten Sie unbedingt anwaltlichen Rat einholen, denn Sie müssen beweisen, dass der Erblasser sein Testament in der Form, in der es vorliegt, nicht errichten wollte, er beispielsweise einem Irrtum unterlegen war oder von jemandem bedroht wurde. Zweitens müssen Sie prüfen, ob Sie überhaupt das Recht zur Anfechtung haben, denn dies können nur Personen, die von der Unwirksamkeit des Testaments profitieren würden.

Unproblematisch liegt der Fall, wenn Sie pflichtteilberechtigt sind, aber erst geboren wurden, nachdem das Testament schon verfasst war: Zum Beispiel wenn Sie ein Kind aus der zweiten Ehe des Erblassers sind, dieser aber vor dieser Ehe sein Testament geschrieben und es dann zu ändern vergessen hat. Anfechtungsberechtigt sind Sie in diesem Fall, denn Sie zählen zu den gesetzlichen Erben.

Eine Anfechtungserklärung muss immer beim zuständigen Nachlassgericht eingereicht werden. Die Form ist nicht vorgeschrieben, allerdings sollte genau erklärt werden, welche Bestimmungen des Testaments angefochten werden. Normalerweise müssen Sie die Anfechtungserklärung innerhalb eines Jahres ab dem Zeitpunkt einreichen, an dem Sie vom Tod des Erblassers erfahren haben. 30 Jahre nach dem Erbfall ist eine Anfechtung endgültig ausgeschlossen.

Das Testament bzw. die Teile des Testaments, die angefochten werden, sind unwirksam. Parallel zu einer Anfechtungserklärung müssen Sie einen Erbschein beantragen, denn erst dann prüft das Nachlassgericht, ob Ihre Anfechtung berechtigt ist oder nicht. Tun Sie das nicht, gibt es für das Gericht keinen Grund, Ihre Erklärung zu prüfen. Das Gericht informiert lediglich die anderen Beteiligten und schickt Ihnen eine Rechnung.

Anfechtung der Ausschlagung oder Annahme einer Erbschaft

Haben Sie als Erbe eine Erbschaft angenommen oder ausgeschlagen, können Sie auch Ihre eigenen Erklärungen anfechten. Stellen Sie fest, dass Ihre Entscheidung falsch war, sollte ein versierter Anwalt prüfen, ob die Möglichkeit zur Anfechtung besteht. Eine solche Anfechtung muss innerhalb von sechs Wochen, nachdem Ihnen der Anfechtungsgrund bekannt wurde, erklärt werden. Die Gründe für eine Anfechtung entsprechen im Wesentlichen denen in § 2078 BGB, allerdings kann der Laie eine Entscheidung ohne rechtlichen Beistand kaum treffen.

Sie sollten sich darüber im Klaren sein, dass die Anfechtung Folgen für Sie hat. Fechten Sie zum Beispiel Ihre eigene Ausschlagung der Erbschaft an, nehmen Sie die Erbschaft damit an, fechten Sie die Annahmeerklärung an, schlagen Sie damit gleichzeitig die Erbschaft aus. Darüber hinaus kommen Kosten auf Sie zu. Außerdem vergeht in der Regel Zeit. Gelten Sie während dieser Zeit als vorläufiger Erbe und erledigen Formalitäten im Zusammenhang mit dem Erbfall (Kündigung von Mietverhältnissen, Versicherungen, Beantragung von Sterbegeld etc.), sollten Sie alle Ihre Handlungen dokumentieren und genau Buch führen über Ausgaben und eventuelle Einnahmen. Die endgültigen Erben können von Ihnen Rechenschaft verlangen, sind aber auch verpflichtet, Ihre Auslagen aus dem Nachlass zu ersetzen.

Haben Sie eine Erbschaft ausgeschlagen, weil Sie der Meinung waren, es lohne sich nicht, und erklären Sie später die Anfechtung der Ausschlagung, weil Sie erfahren haben, dass doch beträchtliche Vermögenswerte vorhanden sind, sind Sie chancenlos. »Falsche Vorstellungen über die Bewertung einzelner Nachlassgegenstände« lassen die Gerichte nicht als Begründung für eine Anfechtung gelten.

Annahme

Eine Erbschaft kann Ihnen nicht aufgezwungen werden. Sie können Sie ablehnen, im Amtsdeutsch »ausschlagen«. Dafür und für die Annahme gibt es bestimmte Regeln. Bevor Sie eine Erbschaft annehmen, sollten Sie sich zunächst einmal einen Überblick über Aktiva und Passiva, also über Schulden und andere Verpflichtungen sowie über das, was tatsächlich vorhanden ist, verschaffen. Entschließen Sie sich dazu, die Erbschaft anzunehmen, müssen Sie das deutlich machen, entweder durch eine ausdrückliche Annahmeerklärung oder durch sogenanntes »schlüssiges Verhalten« oder indem Sie die Frist für die Ausschlagung verstreichen lassen.

Eine ausdrückliche Annahme kommt nur sehr selten vor. Viel häufiger ist das »schlüssige Verhalten«. Beantragen Sie zum Beispiel einen Erbschein oder begleichen Sie Schulden des Erblassers, geht man davon aus, dass Sie die Erbschaft annehmen. Hier ist Vorsicht geboten: Überlegen Sie sich alle Handlungen, die Sie im Zusammenhang mit einer Erbschaft vornehmen, gründlich. Denn selbst wenn Ihnen die Folge Ihrer Handlungen nicht klar sind, gilt die Erbschaft in solchen Fällen als angenommen. Haben Sie unbeabsichtigt die Erbschaft angenommen und wollen das eigentlich nicht, müssen Sie die Annahme anfechten.

Die einzigen Maßnahmen, die Sie in die Wege leiten können, ohne dass daraus zwingend eine Annahme der Erbschaft abgeleitet werden kann, sind unaufschiebbare Dinge, die der Erhaltung der Erbschaft dienen, auch Sicherungsmaßnahmen genannt. Ein Beispiel wäre das Auto des Erblassers, das im Halteverbot steht. Sie können es in die Garage oder auf einen Stellplatz bringen, ohne dass es als Annahme der Erbschaft ausgelegt wird.

Aufgebotsverfahren

Das Aufgebotsverfahren dient dazu, das Vermögen des Erben zu schützen und ihm Klarheit über den Umfang der Verbindlichkeiten zu verschaffen, die im Zusammenhang mit dem Erbe zu regeln sind. Der Erbe stellt einen entsprechenden Antrag beim Nachlassgericht, dem er eine Liste der ihm bekannten Nachlassgläubiger beifügt. In einer öffentlichen Bekanntmachung fordert dann das Gericht alle Gläubiger auf, sich binnen einer bestimmten Frist mit ihren Forderungen zu melden. Danach erlässt das Gericht ein Ausschlussurteil. Gläubiger, die sich dann noch nicht gemeldet haben, haben zwar prinzipiell noch einen Anspruch auf die Erfüllung ihrer Forderungen, allerdings nur solange das Erbe noch nicht komplett verbraucht ist.

Der Erbe haftet nicht mit seinem eigenen Vermögen, sondern kann sich darauf berufen, dass von der Erbschaft nichts mehr übrig ist. Haben Sie das Aufgebotsverfahren innerhalb eines Jahres nach Annahme der Erbschaft beantragt und wird es vom Gericht durchgeführt, können Sie den Gläubigern bis zur Beendigung des Verfahrens die Zahlung von Schulden verweigern.

Auflage

Als Auflage wird alles bezeichnet, was das Erbe »beschwert«, das heißt, was der Erblasser Ihnen als Erbe auferlegt, nach seinem Tode zu tun. Konkret können das Vermächtnisse sein, aber auch eine Nacherbschaft oder andere Bestimmungen, zum Beispiel die Katze des Erblassers zu versorgen. Testamentarische Auflagen müssen von den Erben erfüllt werden, sofern sie nicht kriminelle Handlungen verlangen. Möchten Sie als Erbe die Ihnen gemachten Auflagen nicht erfüllen, müssen Sie die Erbschaft ausschlagen. Sind Sie pflichtteilberechtigt, können Sie statt dessen Ihren Pflichtteil einfordern. Dieser ist lediglich ein Geldanspruch, den Sie gegenüber den Erben haben.

Auseinandersetzung

Meist erbt nicht einer allein, sondern mehrere Erben müssen sich das Erbe teilen. Die Aufteilung des Erbes unter den Erben wird Auseinandersetzung genannt. Vor der Auseinandersetzung muss eine Bestandsaufnahme gemacht werden, bei der möglichst alle Nachlassverbindlichkeiten, Pflichtteil-, Pflichtteilergänzungs- und Ausgleichsansprüche beachtet werden sollten, nicht zu vergessen die Kosten für die Beerdigung des Erblassers.

Der Gesetzgeber stellt vor die Auseinandersetzung die Begleichung der Schulden. Erst wenn alle Schulden und Verpflichtungen abgelöst sind, kann der Rest des Erbes unter den Erben aufgeteilt werden. Die Auseinandersetzung kann jeder Erbe jederzeit verlangen. Versuchen Sie die Auseinandersetzung möglichst ohne den Einsatz des Gerichts zu bewältigen, denn wenn sich die Erben nicht selbstständig einigen, wird es langwierig und teuer.

Das Gericht hilft auf zwei Wegen bei der Lösung von Auseinandersetzungsproblemen. Zum einen durch eine Vermittlertätigkeit, zum anderen natürlich, wenn einer der Erben eine Auseinandersetzungsklage einreicht. Für die Vermittlertätigkeit berechnet das Gericht den zweifachen Satz nach der Kostenordnung, kommt durch die Vermittlung eine Auseinandersetzungserklärung zustande, wird noch einmal derselbe Betrag fällig. Die Klage wird noch viel teurer, weil die Auslagen für Gerichtsgebühren und Anwälte hinzukommen.

Solange die Auseinandersetzung noch nicht abgeschlossen, also das Erbe noch nicht aufgeteilt ist, sind die Erben dazu verpflichtet, das Erbe gemeinsam zu verwalten. Auch die Erträge aus dem Erbe, zum Beispiel Mieteinnahmen oder Zinsgutschriften, dürfen nicht angetastet werden, sondern müssen auf einem gemeinschaftlichen Konto gesammelt werden. Müssen zur Befriedigung von Gläubigern Teile des Erbes verkauft werden, bedarf dies ebenfalls der Zustimmung aller Erben. Gehören zum Nachlass Immobilien und Grundstücke, werden sie auf die Erbengemeinschaft eingetragen.

Ausgleichspflicht

Die Ausgleichspflicht bezieht sich nur auf Abkömmlinge des Erblassers, also auf Kinder, Enkel etc. Damit möchte der Gesetzgeber sicherstellen, dass Eltern oder Großeltern nicht ein Kind oder ein Enkelkind übermäßig benachteiligen. Allerdings begibt er sich damit in eine widersprüchliche Lage, denn per Testament kann der Erblasser die Paragraphen umgehen.

Eltern sind verpflichtet, ihren Kindern eine »Ausstattung« mitzugeben, die ihnen eine Heirat und eine selbstständige Lebensstellung ermöglicht. Erhält ein Kind mehr als ein anderes, soll die Benachteiligung durch den Ausgleich beim Tod der Eltern aufgehoben werden. Andererseits können Eltern per Testament diese Ausgleichspflicht ausschließen. Außerdem sind Geschenke, die weder der Ausstattung noch der üblichen Berufsausbildung dienen, nicht ausgleichspflichtig. Allerdings können die Eltern den Ausgleich anordnen.

Ein Sonderfall ist der Ausgleich für die Mithilfe im Beruf und in der Pflege. Verzichtet beispielsweise die Tochter auf eine eigene Berufstätigkeit, um die Mutter zu pflegen, hat sie im Erbfall Anspruch auf einen Ausgleich, es sei denn, sie wurde von den Eltern für ihre Hilfe bezahlt.

Empfehlung der Experten: Eltern sollten in Schenkungsverträgen festlegen, ob die Geschenke, die sie ihren Kindern machen, ausgleichspflichtig sind oder nicht. Grenzen werden auch durch das Pflichtteilrecht gesetzt.

Ausschlagung

Sie müssen eine Erbschaft nicht annehmen, sondern können sie auch ablehnen (»ausschlagen«). Die Ausschlagung der Erbschaft unterliegt gewissen Regeln. Für die Entscheidung, ob Sie eine Erbschaft annehmen oder ausschlagen, bleiben Ihnen sechs Wochen. Die Frist beginnt zu laufen, sobald der Erbfall eingetreten ist und Sie erfahren haben, dass und weshalb (gesetzlicher oder per Testament eingesetzter Erbe) Sie Erbe werden. Hatte der Erblasser seinen Wohnsitz im Ausland oder befand sich der Erbe zur Zeit des Erbfalls im Ausland, verlängert sich die Frist auf sechs Monate.

Die Frist beginnt nicht erst zu laufen, wenn Sie Nachricht vom Gericht erhalten, sondern wird individuell festgelegt. Das heißt, sind Sie der einzige Sohn und wissen, dass Ihr verstorbener Vater kein Testament gemacht hat, beginnt die Zeit mit dem Tod Ihres Vaters zu laufen. Fristverlängerungen sind nicht möglich.

Die Ausschlagung der Erbschaft können Sie entweder beim Nachlassgericht oder bei einem Notar zu Protokoll geben. Die Kosten für die Ausschlagung tragen Sie selbst. Sie werden nach dem Wert des Nachlasses entsprechend der Kostenordnung mit einem Viertel der vollen Gebühr berechnet. Haben Sie die Erbschaft ausgeschlagen, rücken die nächsten gesetzlichen Erben an Ihre Stelle.

Sind Sie gesetzlicher Erbe, können Sie die Erbschaft ausschlagen und gleichzeitig Ihren Pflichtteil fordern, der wertmäßig der Hälfte Ihres gesetzlichen Erbes entspricht, aber nur ein Geldanspruch gegen die Erben ist.

Bankvollmacht

Immer wieder kommt es vor, dass verwitwete Frauen Schwierigkeiten haben, nach dem Tod des Mannes ihren Lebensunterhalt und die Beerdigungskosten zu bestreiten. Denn wenn Sie Geld vom Konto des Erblassers holen möchten, verlangt die Bank entweder einen Erbschein oder eine beglaubigte Abschrift des Testaments, in dem Sie namentlich als Erbe genannt sein müssen, sowie das Eröffnungsprotokoll. Die Ausstellung des Erbscheins dauert mehrere Wochen oder Monate. Um sicherzustellen, dass Sie in dieser Situation ausreichend Bargeld zur Verfügung haben und laufende Kosten weiter bezahlt werden, sollten Sie und Ihr Ehepartner sich gegenseitig eine Bankvollmacht – entweder über den Tod hinaus oder auf den Todesfall – ausstellen. Das Gleiche gilt für Eltern und Kinder. Erbt eine andere Person, kann sie diese Vollmacht widerrufen.

Richten Sie sich mit Ihrem Ehe- oder Lebenspartner ein gemeinsames Konto ein, sollten Sie bedenken, dass im Todesfall die Hälfte dieses Geldes zum Erbe gerechnet wird.

Beerdigungskosten

Die Beerdingungskosten müssen die Erben übernehmen. Sind die Erben nicht gleichzeitig die nächsten Angehörigen, sind sie jedoch nicht befugt, die Art und Weise der Bestattung zu bestimmen. Dies wird in jedem Fall den nächsten Angehörigen zugestanden. Als nächste Angehörige gelten der Ehegatte, danach die Kinder, die Eltern und zuletzt die Geschwister. Der Erblasser kann auch eine dritte Person mit dieser Aufgabe betrauen. Leben Sie in einer nicht ehelichen Partnerschaft, ist es sinnvoll, die Wünsche des Erblassers schriftlich festzulegen.

Die Kosten für die Grabpflege müssen jedoch die nächsten Angehörigen tragen. Mitunter ist es sinnvoll, diese Aufgabe per Testament den Erben aufzuerlegen.

Die Beerdigungskosten sollten nicht unterschätzt werden. Zwar gibt es einen einfachen Kiefernsarg bereits ab 1 000 Mark, eine luxuriöse Ausführung zum Beispiel in Eichenholz kann jedoch 20000 Mark und mehr kosten. Hinzu kommen die Kosten für Transport, Blumenschmuck, Kränze, Grabstelle und Leichenschmaus. Ein Kostenvergleich ist nicht pietätlos, sondern dringend zu empfehlen.

Beschränkte und unbeschränkte Steuerpflicht

Die Frage, ob in einem Erbschaftsfall die Finanzbehörden eine beschränkte oder eine unbeschränkte Steuerpflicht unterstellen, ist von erheblicher Bedeutung. Handelt es sich um eine beschränkte Steuerpflicht, so wird nur das sogenannte Inlandsvermögen zugrunde gelegt. Die unbeschränkte Steuerpflicht hingegen umfasst sowohl inländisches wie auch ausländisches Vermögen. Entscheidend ist, ob der Erblasser beziehungsweise Schenker oder der Erbe beziehungsweise Beschenkte als »Inländer« gilt. Überdies ist zu klären, ob inländisches Vermögen vererbt oder verschenkt wird.

Die Definition des Begriffes »Inländer« ist in steuerlicher Hinsicht sehr weit gefasst und setzt keineswegs den Besitz der deutschen Staatsbürgerschaft voraus. Als Inländer gilt grundsätzlich, wer in der Bundesrepublik Deutschland seinen Wohnsitz hat – ganz gleich, ob dort der sogenannte »Lebensmittelpunkt« liegt oder nicht. Das heißt, auch ein Zweitwohnsitz in der Bundesrepublik führt dazu, dass der Betreffende als »Inländer« gilt. Selbst jene, die in Deutschland keinen Wohnsitz haben, aber mindestens sechs Monate dort arbeiten, fallen für den Fiskus in die Kategorie »Inländer«.

Ist der Erblasser/Schenker oder der Erbe/Beschenkte in diesem Sinne Inländer, dann gilt die unbeschränkte Steuerpflicht. Der Fiskus berücksichtigt bei der Ermittlung der Erbschaftsteuer mithin sowohl in- als auch ausländisches Vermögen.

Wer als Deutscher ins Ausland übersiedelt, um der unbeschränkten Steuerpflicht im Erbfall zu entgehen, sollte die im Erbschaftsteuergesetz vorgeschriebene Fünf-Jahres-Frist bedenken (§2 Abs. 1, Nr. 1b ErbStG). Danach sind Deutsche, die im Ausland leben, auch dann noch unbeschränkt steuerpflichtig, wenn sie sich weniger als fünf Jahre dort aufhalten.

Dreißigster

Der Dreißigste ist eine Härtefallregelung gegenüber Personen, die im Haushalt des Verstorbenen lebten und von ihm Unterhalt bezogen. § 1969 BGB regelt, dass der Erbe diesen Personen in den 30 Tagen nach Eintritt des Erbfalls Unterhalt gewähren und die Benutzung von Wohnung und Haushaltsgegenständen gestatten muss.

Dieser Paragraph schützt zum Beispiel im Haus der Eltern lebende erwachsene Kinder und auch die Partner in nicht ehelichen Beziehungen davor, sofort beim Tod des Erblassers vor die Tür gesetzt zu werden.

Doppelbesteuerung

Bei grenzüberschreitenden Erbschaftsfällen kann es zu einer doppelten Besteuerung der Hinterlassenschaft kommen. Diese Situation entsteht zum Beispiel, wenn der Erbe oder der Erblasser einen doppelten Wohnsitz – etwa in den USA und in Deutschland – unterhält. In diesem Fall möchte sowohl der amerikanische als auch der deutsche Fiskus beteiligt werden. Aber auch wenn Erblasser und Erbe ausschließlich in Deutschland leben, kann das Problem der Doppelbesteuerung entstehen, und zwar, wenn Vermögen im Ausland übertragen werden soll – zum Beispiel das Haus am Genfer See. Gleiches gilt, wenn Erblasser und Erbe beide seit mehr als fünf Jahren im Ausland leben, aber Anteile an einem Unternehmen mit Geschäftssitz in Deutschland (= Inlandsvermögen) an den Erben übergehen. Um solche fiskalischen Mehrfachbelastungen zu vermeiden, haben manche Staaten untereinander Doppelbesteuerungsabkommen geschlossen. Solche Verträge bestehen zum Beispiel mit der Schweiz und den USA, allerdings weichen die Verfahren voneinander ab. Zwei Methoden gilt es zu unterscheiden:

- Das Aufteilungsprinzip sieht vor, dass entsprechend der vertraglichen Regelung nur einem Staat das Besteuerungsrecht zusteht. Ausschlaggebendes Kriterium hierfür kann die Frage sein, in wel-

chem Land der Erblasser seinen Wohnsitz hatte oder wo sich das vererbte Vermögen befindet.
- Die Anrechnungsmethode, wie sie etwa zwischen der Bundesrepublik und den Vereinigten Staaten vereinbart wurde, räumt das Besteuerungsrecht zunächst jenem Staat ein, in dem das Vermögen vorhanden ist. Die dort zu zahlende Steuer wird auf die Erbschaftsteuer jenes Landes angerechnet (= abgezogen), in dem der Erblasser lebte.

Die ausländische Erbschaftsteuer darf aber nur angerechnet werden, wenn es sich um Auslandsvermögen handelt und Erblasser oder Erbe der unbeschränkten Steuerpflicht unterliegen.

Ehegattenerbrecht

Neben den Verwandten hat der Ehepartner ein gesetzliches Erbrecht. Laut § 1931 BGB erbt der Ehegatte neben Verwandten der ersten Ordnung ein Viertel des Nachlasses, neben Verwandten der zweiten Ordnung und neben Großeltern die Hälfte. Leben die Großeltern nicht mehr oder nur einer von ihnen, fällt dessen Erbteil nicht an seine Nachkömmlinge, sondern an den Ehepartner. Gibt es weder lebende Verwandte erster und zweiter Ordnung noch Großeltern, erbt der Ehepartner alles.

Je nach Güterstand der Eheleute – Gütertrennung, Gütergemeinschaft, Zugewinngemeinschaft –, ist die Erbquote des überlebenden Ehepartners jedoch unterschiedlich. Die Zugewinngemeinschaft ist der bei uns mit Abstand am häufigsten vertretene Güterstand. Er tritt automatisch ein, wenn nicht vertraglich zwischen den Ehepartnern ein anderer Güterstand vereinbart wurde.

Leben Sie in Zugewinngemeinschaft, haben Sie Kinder und gibt es kein Testament, erhalten Sie beim Tod Ihres Ehepartners 1/4 gesetzliches Erbe plus 1/4 als sogenannten pauschalen Zugewinnausgleich, insgesamt also die Hälfte des Nachlasses. Die Kinder erhalten die andere Hälfte zu gleichen Teilen. Haben Sie keine Kinder, erhalten Sie 1/2 gesetzliches Erbe plus 1/4 pauschalen Zugewinnausgleich, das vierte Viertel müssen sich die Eltern Ihres Partners teilen. Der Gesetzgeber nimmt bei dieser Regelung keine Rücksicht darauf, ob ein Zugewinn erzielt wurde und von welchem der Partner.

Haben Sie Gütertrennung vereinbart, sieht es anders aus. Haben Sie ein oder zwei Kinder, die gegenüber Ihrem Partner erbberechtigt sind, erben Kinder und Ehepartner zu gleichen Teilen. Gibt es drei oder mehr Kinder, erhält der Ehepartner immer ein Viertel. Leben keine Kinder des Erblassers, gilt im Verhältnis zu anderen Verwandten die normale gesetzliche Erbfolge.

Erbrechtlich gesehen bestehen bei der Gütergemeinschaft keine Besonderheiten. Es gilt das gesetzliche Erbrecht ohne Zugewinnausgleich. Hatte der Erblasser Kinder, erhält der überlebende Ehegatte also 1/4 des Nachlasses.

Für den Zugewinnausgleich muss keine Erbschaftsteuer bezahlt werden. Bei größeren Vermögen können sich deshalb Gütertrennung und Gütergemeinschaft hinsichtlich der Höhe der Erbschaftsteuer nachteilig auswirken.

Einreden

Es gibt vier Einreden, die dem Erben dabei helfen sollen, die Forderungen von Nachlassgläubigern zu prüfen und sein eigenes Vermögen zu schützen.

1. Mit der Dreimonatseinrede kann er die Begleichung der Gläubigerforderungen in den ersten drei Monaten nach Annahme der Erbschaft ablehnen. Die Frist endet früher, wenn er in dieser Zeit ein Inventar errichtet.
2. Haben Sie ein Aufgebotsverfahren beantragt, sind Sie dadurch berechtigt, mittels der Einrede des Aufgebotsverfahrens Zahlungen an die Gläubiger bis zur Beendigung des Verfahrens zu verweigern.
3. Die Erschöpfungseinrede können Sie Gläubigern entgegen halten, die im Aufgebotsverfahren ausgeschlossen wurden oder ihre Forderungen mehr als fünf Jahre nach dem Erbfall geltend ge-

macht haben. Ist kein Nachlassvermögen mehr übrig, müssen Sie diese Forderungen nicht begleichen.

4. Die Einrede der Dürftigkeit greift, wenn das Erbe so gering war, dass damit nicht einmal die Kosten der Nachlassverwaltung oder des Insolvenzverfahrens gedeckt wären und deshalb beide eingestellt wurden. Sie können die Gläubiger darauf verweisen, allerdings nur, wenn wirklich keine Vermögenswerte aus dem Nachlass mehr übrig sind.

Enterbung

Eine Enterbung liegt vor, wenn der Erblasser ein Testament macht, in dem er eine andere Person als die gesetzlichen Erben als Erben einsetzt. Allerdings gibt es eine völlige Enterbung nur sehr selten. Denn selbst wenn als Erbe eine fremde Person eingesetzt wird, haben die gesetzlichen Erben einen Anspruch auf den Pflichtteil. Dieser ist jedoch nur ein Geldanspruch, den der Berechtigte gegenüber den Erben geltend machen muss. Der Wert des Pflichtteils entspricht der Hälfte des gesetzlichen Erbes. Würden Sie also ein Viertel erben, erhalten Sie als Pflichtteil ein Achtel in Geld.

Erbengemeinschaft

Meist gibt es mehrere Erben, zum Beispiel Ehegatte und Kinder oder Ehegatte und Eltern oder Geschwister. Die Erben gemeinsam bilden die sogenannte Erbengemeinschaft. Die Erbengemeinschaft muss das Erbe solange gemeinsam verwalten, bis alle Schulden beglichen sind und die Auseinandersetzung stattgefunden hat. Während dieser Zeit können sie nur gemeinsam handeln und müssen Entscheidungen gemeinsam treffen. Sie können Nachlassgegenstände nutzen, aber nur, wenn die anderen Erben dadurch in der Nutzung nicht eingeschränkt werden. Erträge aus dem ererbten Vermögen müssen bis zur Aufteilung gesammelt werden.

Wirklich allein entscheiden kann der Einzelne in einer Erbengemeinschaft nur, wenn es darum geht, seinen Erbteil zu verkaufen oder zu verschenken. Allerdings muss er dies komplett tun, Teile kann er nicht verkaufen. Falls einer der Erben eine Bankvollmacht auf ein Konto des Erblassers hat, kann ein anderer diese Vollmacht widerrufen, so dass der Inhaber der Vollmacht ihn bei zukünftigen Entscheidungen einbeziehen muss.

Erbersatzanspruch

Der Erbersatzanspruch ist eine Regelung aus dem Jahre 1970, die uneheliche Kinder und ihre Väter betrifft. Sie gilt nur noch für Erbfälle, die vor dem 31. März 1998 eintraten. Für nicht eheliche Kinder, die in den neuen Bundesländern geboren wurden, gilt sie nur für diejenigen, die nach dem 3. Oktober 1990 geboren wurden und vor dem 31. März 1998 erbten. Seit 1. April 1998 gibt es ein Gesetz, das eheliche und nicht eheliche Kinder gleichstellt.

Davor konnten nicht eheliche Kinder einen Erbersatzanspruch in Höhe des gesetzlichen Erbes gegen die Erben ihres Vaters geltend machen, den diese in Geld auszubezahlen hatten. Ersatzweise konnten sie den vorzeitigen Erbausgleich wählen.

Erbersatzsteuer

Wird das Vermögen des Erblassers einer Familienstiftung übertragen, so ist es in seiner Substanz geschützt. Die Hinterbliebenen erhalten entsprechend den testamentarischen Verfügungen Anteile aus den Kapitalerträgen der Stiftung ausgezahlt, das Vermögen als solches bleibt hingegen über Generationen hinweg Eigentum der Stiftung. Mithin würde der Fiskus nur einmal Erbschaftsteuer vereinnahmen können, nämlich dann, wenn das Vermögen vom Erblasser auf die Stiftung übergeht. Um dies zu verhindern, hat der Gesetzgeber eine Erbersatzsteuer eingeführt. Bei Familienstiftungen wird alle 30 Jahre ein fiktiver Generationswechsel unterstellt. Das heißt, die Stiftung als juristische Person muss Erbschaftsteuer auf ihr Vermögen entrichten, wobei allerdings ein Freibetrag von 800 000 Mark gilt. Überdies wird nur die Steuerklasse I für die Hälfte des steuerpflichtigen Vermögens berechnet.

Erbfallkosten

Aufwendungen, die den Erben im Zusammenhang mit dem Erbfall entstehen (auch »Erbfallverbindlichkeiten«). Dazu zählen zum Beispiel die Kosten für die Beerdigung oder Feuerbestattung, die Todesanzeige, die Reisekostenerstattung für Verwandte, die zur Beerdigung kommen, der finanzielle Aufwand für die Trauerfeierlichkeiten und gegebenenfalls für den Kauf von Trauerkleidung sowie die Kosten für ein angemessenes Grabmal. Diese Erbfallkosten kann der Erbe als Verbindlichkeiten bei der Ermittlung der Erbschaftsteuer geltend machen. Die nachgewiesenen Kosten werden dabei von der ererbten Vermögenssumme abgezogen. Wer nicht in der Lage ist, dem Finanzamt Belege über diese Kosten beizuschaffen, kann einen Pauschbetrag für Erbfallkosten in Höhe von 20 000 Mark ansetzen. Dieser Betrag steht aber allen Erben zu, das heißt, er muss entsprechend der Beteiligung der betreffenden Erben an den gesamten Erbfallkosten aufgeteilt werden. Hat hingegen ein Erbe allein diesen Aufwand bestritten, haben die Miterben keinen Anspruch auf einen anteiligen Pauschbetrag.

Liegen die Erbfallkosten über dieser Pauschale, so müssen die Erben die tatsächliche Höhe des finanziellen Aufwands gegenüber dem Finanzamt belegen.

Erbfallschulden

Im Unterschied zu den Erblasserschulden entstehen die Erbfallschulden – wie der Name schon sagt – erst zum Zeitpunkt des Todes des Erblassers. Er selbst trägt für diese Verbindlichkeiten allenfalls indirekte Verantwortung, indem er zum Beispiel seinen Erben bestimmte Auflagen macht, die diese bei der Annahme der Erbschaft zu erfüllen haben. Hierzu gehören:

- Vermächtnisse und Auflagen,
- Verbindlichkeiten aus geltend gemachten Pflichtteilrechten und Erbersatzansprüchen,
- gesetzliche Vermächtnisse (Voraus der Ehegatten, Ausbildungsansprüche der Stiefkinder, der »Dreißigste« für Familienangehörige des Hausstands usw.),
- der Unterhaltsanspruch der werdenden Mutter eines Erben,
- die Erbschaftsteuer.

Erbfolge

Die gesetzliche Erbfolge ist im Fünften Buch des BGB § 1924ff. festgelegt. Danach sind gesetzliche Erben erster Ordnung der Ehegatte und die Abkömmlinge des Verstorbenen. Erben zweiter Ordnung die Eltern des Erblassers und deren Abkömmlinge, Erben dritter Ordnung sind die Großeltern des Erblassers und deren Abkömmlinge, Erben vierter Ordnung die Urgroßeltern und deren Abkömmlinge. Solange ein Verwandter der vorhergehenden Ordnung lebt, sind die Verwandten der folgenden Ordnungen nicht erbberechtigt. Leben also noch Kinder des Erblassers, können die Eltern nicht erben. Leben noch Geschwister des Erblassers, können die Großeltern nicht erben.

Eine Ausnahme bildet der Ehegatte. Lebt der Ehegatte noch, können trotzdem die Eltern des Erblassers miterben. Leben weder gesetzliche Erben der ersten und zweiten Ordnung noch die Großeltern, fällt das gesamte Erbe an den Ehegatten. Er muss dann nicht mehr mit den Abkömmlingen der Großeltern oder den Urgroßeltern teilen.

Erblasserschulden

Erblasserschulden sind Verbindlichkeiten, die der Erblasser hinterlässt und für die der Erbe beziehungsweise die Erbengemeinschaft haften muss, sofern die Hinterlassenschaft angenommen wurde. Ist abzusehen, dass die Schulden die Summe aller Aktiva überschreiten oder doch weitgehend aufzehren, so ist es ratsam, die Erbschaft auszuschlagen. Generell sind die Erben verpflichtet, unbeschränkt für die Verbindlichkeiten des Erblassers zu haften. Das heißt, sie stehen nicht nur mit der Hinterlassenschaft in der Pflicht, sondern auch mit ihrem persönlichen Vermögen. Die unbeschränkte Haftung lässt sich aber in eine auf das Erbe beschränkte umwandeln, indem das durch Erbschaft zugeflossene Vermögen von den privaten Aktiva des/der Erben getrennt wird. Konkret geschieht dies zum Beispiel durch Einleitung einer Nachlassverwaltung.

Zu den Erblasserverbindlichkeiten gehören Kaufpreisschulden, Kreditverpflichtungen, Steuerschulden und Hypothekenschulden.

Derlei Verbindlichkeiten können bei der Ermittlung des steuerrelevanten Wertes der Erbschaft abgezogen werden. Abzugsfähig sind darüber hinaus Schulden, die erst nach dem Erbfall entstehen, zum Beispiel wenn Taten des Erblassers erst nach seinem Tod zu einem Schaden führen. Die daraus resultierenden Schadenersatzansprüche gelten ebenfalls als Erblasserschulden und mindern somit den steuerpflichtigen Erwerb.

Muss der Erbe zur Regulierung der offenen Steuerschulden des Erblassers einen Steuerberater beauftragen, so kann dessen Honorar ebenfalls steuermindernd geltend gemacht werden.

Erbschaft- und Schenkungsteuer

Dies sind Steuern, die der Bürger für eine »Bereicherung« zu zahlen hat, in deren Genuss er durch eine Erbschaft oder Schenkung kommt. Rechtliche Basis für diese Art der Steuer ist das Erbschaft- und Schenkungsteuergesetz. Davon betroffen sind natürliche und juristische Personen, also zum Beispiel auch Unternehmen. Um zu vermeiden, dass Vermögensübertragungen noch vor dem Todesfall in Form von Schenkungen steuerfrei abgewickelt werden, umfasst die Steuer auch »Bereicherungen« aufgrund von Schenkungen und Zweckzuwendungen. Mit anderen Worten: Schenkungen werden als eine Art vorweggenommene Erbfolge angesehen und entsprechend besteuert.

Die Erbschaft- und Schenkungsteuer wird auf die folgenden Rechtsvorgänge erhoben:

- Erwerb von Todes wegen. Dies ist der Erbfall infolge des Ablebens des Erblassers.
- Schenkung unter Lebenden. Darunter ist jede Form der unentgeltlichen Zuwendung zu verstehen, die den Begünstigten »bereichert«.
- Zweckzuwendungen, die mit einer bestimmten Auflage verbunden sind.
- Übertragung des Vermögens auf eine Stiftung, wenn diese im Interesse einer Familie errichtet worden ist (Familienstiftung).

Erbschein

Der Erbschein weist Sie als Erben aus. Sie müssen ihn beim zuständigen Nachlassgericht beantragen. Dazu benötigen Sie verschiedene Unterlagen, die Ihren Anspruch beweisen. Als gesetzlicher Erbe benötigen Sie die Sterbeurkunde, das Familienstammbuch, Ihren Personalausweis. Sie müssen außerdem eine eidesstattliche Erklärung abgeben, dass Ihnen nichts bekannt ist, was Ihren Angaben entgegen steht. Existiert ein Testament oder ein Erbvertrag, müssen Sie die entsprechenden Dokumente mitbringen. Das Gericht prüft dann Ihren Anspruch und stellt Ihnen gegebenenfalls den Erbschein aus. Zwischen Beantragung und Ausstellung des Erbscheins können Wochen oder gar Monate vergehen. Besonders wichtig ist der Erbschein für den Zugriff auf Konten und Wertpapierdepots des Verstorbenen. Erbengemeinschaften können einen gemeinschaftlichen Erbschein beantragen.

Erbunwürdigkeit

In § 2339 BGB wird erklärt, welche Personen erbunwürdig sind:

1. Wer den Erblasser getötet oder zu töten versucht hat.
2. Wer den Erblasser durch Täuschung, Gewalt oder Drohung daran gehindert hat, eine letztwillige Verfügung aufzustellen oder aufzuheben.
3. Wer den Erblasser durch Täuschung, Gewalt oder Drohung dazu gebracht hat, eine letztwillige Verfügung aufzustellen oder aufzuheben.
4. Wer eine letztwillige Verfügung des Erblassers gefälscht oder geändert hat.

Wer vor Gericht als erbunwürdig befunden wird, erbt nichts. Er hat nicht einmal Anspruch auf den Pflichtteil. Wer der Meinung ist, ein Erbe sei erbunwürdig, muss eine Anfechtungsklage einreichen. Berechtigt ist dazu jeder, der von der Erbunwürdigkeit des Betroffenen profitieren würde. Allerdings muss er für seine Klage gute und nachprüfbare Argumente haben. Hat der Erblasser allerdings dem Beklagten noch zu Lebzeiten verziehen, ist eine Anfechtung nicht möglich.

Erbvertrag

Ein Erbvertrag ist für den Erben optimal. Er weiß, was er zu erwarten hat und auch, was von ihm erwartet wird. Im Gegensatz zum Testament, das jederzeit vom Erblasser geändert und widerrufen werden kann, kann ein Erbvertrag nicht einseitig aufgehoben werden. Er muss zudem vor einem Notar geschlossen werden. Bei der Abfassung des Vertrags ist es wichtig, genau festzulegen, welche Vertragsbedingungen bindend und welche nicht bindend, also vom Erblasser einseitig widerrufbar sind. Außerdem sollte eine Rücktrittsklausel vereinbart werden, damit der Erblasser – sollten sich gravierende Änderungen ergeben – vom Vertrag zurücktreten kann.

Ohne diese Klausel ist dies nur im Einverständnis mit dem Vertragspartner vor einem Notar möglich.

Wer einen Erbvertrag eingeht, sollte bedenken, dass es eine langfristige Bindung zwischen Erblasser und Erbe bedeutet, denn auch dem Erben können Aufgaben aufgebürdet werden, zum Beispiel die Pflege des überlebenden Elternteils zu übernehmen. Ist der Erblasser verstorben, kann der Erbvertrag vom überlebenden Vertragspartner nicht mehr geändert werden.

Der Erbvertrag ist eine gute Möglichkeit, sich in nicht ehelichen Partnerschaften gegenseitig abzusichern. Dabei sollten Sie jedoch beachten, dass ein Erbvertrag zwischen Ehegatten bei einer Scheidung zwar unwirksam wird, bei der Trennung in einer nicht ehelichen Lebensgemeinschaft dagegen nicht. Außerdem müssen auch bei einem Erbvertrag die Pflichtteilansprüche der gesetzlichen Erben beachtet werden. Anwaltliche Beratung ist empfehlenswert.

Erbverzicht

Der Erbverzicht ist für den Erblasser ein Mittel, Streit unter seinen Erben zu vermeiden. Meist geht ein Erbverzicht deshalb einher mit einer Abfindung, die der Verzichtende bereits zu Lebzeiten des Erblassers erhält. Die Abfindung unterliegt der Erbschaftsteuer.

Der Erbverzichtsvertrag kann unterschiedlich ausgestaltet werden, zum Beispiel kann der Erbe nur auf sein gesetzliches Erbrecht verzichten oder nur auf den Pflichtteil oder nur auf Teile seines gesetzlichen Erbrechts. Im Erbverzichtsvertrag kann auch festgelegt werden, dass der Erbe nur unter bestimmten Bedingungen oder zugunsten einer bestimmten Person verzichtet, zum Beispiel zugunsten des Bruders, weil dieser das Familienunternehmen übernehmen soll.

Der Erbberechtigte sollte sich einen Erbverzicht auf jeden Fall gut überlegen, denn er entscheidet nicht nur für sich, sondern auch für seine Abkömmlinge. Wer auf sein Erbrecht verzichtet, gilt – im Erbrecht – sozusagen als tot, seine Abkömmlinge als nicht existent. Der Erbverzichtsvertrag muss von einem Notar beurkundet werden.

Bevor Sie zur Unterschrift schreiten, sollten Sie sich auf jeden Fall über die Folgen dieses Schritts ausführlich beraten lassen.

Familienstiftung

Jede Stiftung funktioniert nach demselben Prinzip: Der Stifter trennt sich auf Dauer ganz oder teilweise von seinem Vermögen und überträgt dieses einer staatlich genehmigten und beaufsichtigten Stiftung, die eine eigene Rechtspersönlichkeit darstellt. Das Vermögen wird angelegt und die daraus resultierenden Kapitalerträge kommen dem Stiftungszweck zugute. Das können gemeinnützige oder religiöse Zwecke sein, es kann aber auch die Absicht verfolgt werden, Familienmitglieder zu versorgen. Kommen die Hinterbliebenen zu mehr als 50 Prozent in den Genuss der Kapitalerträge, so handelt es sich um eine Familienstiftung. Für sie gelten in den einzelnen deutschen Bundesländern zum Teil unterschiedliche Bestimmungen. In der Regel unterliegen sie nur einer beschränkten Staatsaufsicht.

Jede selbstständige Stiftung bedarf der staatlichen Genehmigung. Ihre Gründung muss generell schriftlich erfolgen. Dies kann auch in einem Testament oder Erbvertrag geschehen. Der Stiftungszweck muss in der Stiftungsurkunde festgelegt sein. Die sogenannte treuhänderische oder fiduziarische Stiftung steht sozusagen unter der Obhut einer selbstständigen Stiftung. Sie kann zwar ohne staatliche Genehmigung aus der Taufe gehoben werden, als Familienstiftung kommt sie aber nicht in Betracht.

Steuersparende Effekte gehen zumindest in Deutschland von der Gründung einer Familienstiftung kaum aus. Tatsächlich unterliegen solche Stiftungen einer periodischen Erbersatzsteuer, die alle dreißig Jahre erhoben wird.

Freibeträge

Jedem Erben gesteht der Fiskus einen besonderen Freibetrag zu. Dieser kann vom Wert seiner gesamten Erbschaft – dem so genannten Erwerb – abgezogen werden. Zu versteuern ist dann nur der verbleibende Betrag. Zudem erhalten der überlebende Ehegatte und die Kinder des Erblassers in der Regel einen Versorgungsfreibetrag. Lebten die Ehegatten in einer Zugewinngemeinschaft, ist darüber hinaus ein Freibetrag in Höhe der dem überlebenden Ehegatten zustehenden Ausgleichsforderungen abzuziehen.

Den höchsten Freibetrag mit 600 000 Mark (306 775 Euro) erhält in der Steuerklasse I der Ehegatte. Kinder und Stiefkinder sind zwar in der gleichen Steuerklasse angesiedelt, ihr Freibetrag beschränkt sich indessen auf 400 000 Mark (204 517 Euro). Enkeln, Eltern und Großeltern – ebenfalls in der Steuerklasse I – billigt der Fiskus einen Freibetrag von 100 000 Mark (51 129 Euro) zu. Alle übrigen Personen unterliegen der Steuerklasse II (Freibetrag: 20 000 Mark/10 226 Euro) beziehungsweise III (Freibetrag: 10 000 Mark/ 5 113 Euro).

Zudem steht dem überlebenden Ehegatten und den Kindern des Erblassers ein Versorgungsfreibetrag zu. Er macht für den Ehegatten 500 000 Mark (255 646 Euro) und für die Kinder (maximal bis zum 27. Lebensjahr) zwischen 20 000 Mark (10 226 Euro) und 100 000 Mark (51 129 Euro) aus. Dieser Versorgungsfreibetrag kann jedoch gekürzt werden, wenn dem Ehegatten oder den Kindern Versorgungsbezüge zustehen, die nicht der Erbschaftsteuer unterliegen. Dazu gehören zum Beispiel Pensionen, Renten und Waisengelder.

Gemeinschaftliches Testament

Ein gemeinschaftliches Testament können nur Ehegatten errichten. Ebenso wie das Einzeltestament kann es als privates oder als notarielles Testament verfasst werden. Das private Testament muss von einem der Ehegatten von Hand geschrieben und von beiden mit vollem Namen, Datum und Ort unterzeichnet werden. Meistens setzen sich in einem gemeinschaftlichen Testament die Ehegatten gegenseitig zu Alleinerben und die gemeinsamen Kinder zu Schlusserben ein (Berliner Testament). Notare warnen jedoch vor dieser Form des gemeinschaftlichen Testaments, denn der überlebende Ehepartner hat in diesem Fall keine Möglichkeit, das Testament nach dem Tod seines Partners zu ändern. Selbst wenn sich das bedachte Kind sehr nachteilig entwickeln sollte, bleiben die gemeinsam getroffenen Verfügungen wirksam.

Ein gemeinschaftliches Testament kann nur durch beide Ehegatten gemeinsam aufgehoben werden. Die Bestimmungen entsprechen denen bei der Aufhebung eines Erbvertrags. Im Falle einer Scheidung wird das gemeinschaftliche Testament unwirksam.

Inventar

Der Erbe kann ein Inventar entweder aus eigenem Interesse errichten oder er muss es auf Antrag eines Nachlassgläubigers tun. Im Inventar müssen die beim Erbfall vorhandenen Aktiva und Passiva aufgestellt werden. Die Vermögenswerte müssen beschrieben und bewertet werden. Diese Aufgabe bleibt nicht dem Erben allein überlassen. Beim Nachlassgericht erfahren Sie, welche Amtspersonen zuständig sind. Es ist von Bundesland zu Bundesland unterschiedlich geregelt. Generell sind bei der Erstellung des Inventars zwei Dinge zu beachten:

1. Wurde die Inventarerstellung von einem Nachlassgläubiger beantragt, setzt das Gericht dem Erben eine Frist, in der er seiner Pflicht nachkommen muss. Hält er diese Frist nicht ein, haftet der Erbe unbeschränkt für sämtliche Nachlassverbindlichkeiten. Das bedeutet, er haftet mit seinem eigenen Vermögen und muss es auch zur Tilgung der Nachlassschulden einsetzen.
2. Das Inventar sollte sehr sorgfältig erstellt werden. Verschweigt der Erbe Vermögenswerte, macht wissentlich falsche oder unvollständige Angaben oder verweigert Auskünfte, haftet er ebenfalls unbeschränkt.

Achten Sie also unbedingt darauf, gesetzte Fristen nicht zu versäumen und das Inventar sorgfältig und gründlich vorzubereiten. Nur wenn Sie das Inventar korrekt beim Nachlassgericht abgeliefert haben, können Sie im Zweifelsfall die Nachlassverwaltung oder das Insolvenzverfahren beantragen und so die Haftung mit Ihrem eigenen Vermögen verhindern.

Lebensversicherung

Die Leistungen einer Lebensversicherung an die Hinterbliebenen können unter bestimmten Voraussetzungen erbschaftsteuerpflichtig sein. Auf diesen Aspekt sollte daher beim Abschluss einer solchen Police unbedingt geachtet werden. Lässt sich der Versicherte selbst als Bezugsberechtigten einsetzen und/oder wird ein Dritter nicht im Versicherungsvertrag, sondern durch das Testament als Empfänger der Versicherungssumme genannt, so gelten die Zahlungen der Assekuranz als Teil des Nachlasses und sind entsprechend zu versteuern. Mehr noch: Auch eventuelle Nachlassgläubiger haben in diesem Fall Zugriff auf die Versicherungssumme. Daher ist es dringend zu empfehlen, im Versicherungsvertrag einen Bezugsberechtigten zu benennen – in aller Regel handelt es sich dabei um den Ehepartner. Dann nämlich sind die Leistungen der Lebensversicherung nicht Bestandteil des Nachlasses. Wichtig zu wissen: Die bei Abschluss der Versicherungspolice genannte Bezugsberechtigung wird durch eine Scheidung nicht automatisch aufgehoben. Vielmehr muss der Versicherte die seinerzeitige Verfügung gegenüber der Assekuranz schriftlich widerrufen. Auch wenn die Bezugsberechtigung aufrechterhalten werden soll, empfiehlt es sich, die Versicherung zu informieren und die Vereinbarung unter Hinweis auf die erfolgte Scheidung ausdrücklich zu bestätigen.

Nachlasspfleger

Das Gericht betraut den Nachlasspfleger mit der Aufgabe, die gesetzlichen Erben des Verstorbenen ausfindig zu machen und den Nachlass zu sichern. Seine genauen Aufgaben werden teilweise in § 1960, Absatz 2 BGB aufgezählt. So muss er zum Beispiel Geld, Wertpapiere und andere wertvollen Dinge aus dem Nachlass hinterlegen, ein Nachlassverzeichnis anfertigen und ähnliches mehr. Der Nachlasspfleger vertritt die oder den unbekannten Erben. In diesem Sinne kann er auch Nachlassschulden und Steuern bezahlen. Auch ein Nachlassgläubiger kann die Einsetzung eines Nachlasspflegers verlangen. Die Kosten für dessen Tätigkeit müssen aus dem Nachlass beglichen werden. Die Höhe seiner Vergütung setzt das Gericht fest. Die vorläufigen Erben können sowohl gegen die Einsetzung des Nachlasspflegers als auch gegen die Höhe seiner Vergütung Beschwerde einlegen.

Nachlassverbindlichkeiten

»Der Erbe haftet für die Nachlassverbindlichkeiten«, sagt § 1967, Absatz 1 BGB. Zu diesen Nachlassverbindlichkeiten gehören außer den vom Erblasser herrührenden Schulden die den Erben treffenden Verbindlichkeiten, insbesondere die Verbindlichkeiten aus Pflichtteilrechten, Vermächtnissen und Auflagen. Außerdem erlegt das Gesetz dem Erben die Begleichung der Beerdigungskosten und den Unterhalt der mit dem Erblasser in einem Haushalt lebenden Familienmitglieder für die ersten 30 Tage nach dem Tode des Erblassers (Dreißigster) auf. Weitere Kosten können hinzukommen: zum Beispiel die Ausbildung von Stiefkindern, Unterhaltsansprüche, Gerichtskosten, Kosten für einen Nachlasspfleger, für Anwälte, und natürlich die Erbschaftsteuer. Je unübersichtlicher das Erbe ist, desto schwieriger ist es für den Erben abzuschätzen, was tatsächlich auf ihn zukommt. Deshalb kann es ratsam sein, beim Amtsgericht das Aufgebotsverfahren zu beantragen – auch um das eigene Vermögen vor den Forderungen der Gläubiger zu schützen.

Besonders wenn Sie mit Ausgleichs-, Pflichtteil- und Pflichtteilergänzungsansprüchen rechnen, sollten Sie sich fachlichen Rat einholen. Sind Sie Mitglied einer Erbengemeinschaft, müssen vor Beginn der Auseinandersetzung, also der Aufteilung des Vermögens, Nachlassverbindlichkeiten abgelöst werden.

Nachlassverwaltung

Innerhalb der ersten beiden Jahre ab Annahme der Erbschaft kann der Erbe beim Nachlassgericht die Nachlassverwaltung beantragen, allerdings nur, wenn er nicht bereits den Nachlassgläubigern gegenüber unbeschränkt haftet. Reicht die Erbschaft zur Deckung der daraus entstehenden Kosten aus, wird das Gericht die Nachlassverwaltung anordnen. Ein vom Gericht bestellter Nachlassverwalter übernimmt dann die Verwaltung des Erbes. Ab diesem Zeitpunkt hat der Erbe zwar nichts mehr zu sagen, haftet aber auch nicht mit dem eigenen Vermögen für die Nachlassverbindlichkeiten. Hat der Verwalter alle Verbindlichkeiten geregelt, übergibt er dem Erben die noch vorhandenen Vermögenswerte. Stellt er während seiner Tätigkeit fest, dass der Nachlass überschuldet ist, wird er das Nachlassinsolvenzverfahren beantragen.

Nicht eheliche Lebensgemeinschaften

Die gesetzliche Erbfolge nach BGB begünstigt eindeutig die Familie in ihrer traditionellen Form. Die Partner einer nicht ehelichen Lebensgemeinschaft befinden sich demgegenüber im Nachteil. Wer nicht verheiratet und nicht verwandt ist, hat als Erbe die schlechtesten Karten. Er muss nicht nur die Ansprüche der pflichtteilberechtigten Verwandten befriedigen, sondern muss auch die höchsten Erbschaftsteuern bezahlen. Sein steuerlicher Freibetrag beträgt nur 10000 Mark (5113 Euro) und er wird der Steuerklasse III zugerechnet, der bei weitem die höchsten Steuern aufgebürdet werden.

Leben Sie in einer nicht ehelichen Gemeinschaft und wollen Sie Ihren Partner nach Ihrem Tod versorgt wissen, sollten Sie auf jeden Fall ein Testament machen. In einem Erbvertrag können Sie, ähnlich wie im gemeinschaftlichen Testament der Ehegatten, gegenseitige Verfügungen treffen. Beachten Sie bei der Erstellung eines Erbvertrags immer die Ansprüche Ihrer gesetzlichen Erben.

Auch Lebensversicherungen bieten eine gute Möglichkeit, den Partner zu versorgen und auf der sicheren Seite zu sein. Um die Erbschaftsteuer zu umgehen, sollte jeder Partner eine Versicherung auf den Tod des anderen abschließen und sich selbst als Begünstigten einsetzen. Erträge aus Lebensversicherungen sind unter bestimmten Voraussetzungen einkommensteuerfrei.

Pflichtteilrecht

Mit dem Pflichtteilrecht wird der Möglichkeit des Erblassers, per Testament die ihm genehmen Erben gegenüber seinen gesetzlichen Erben zu bevorzugen, eine Grenze gezogen. Der Gesetzgeber versucht damit, die engsten Angehörigen zu schützen. Nach der geltenden Rechtsauffassung genießt die Familie den besonderen Schutz der Gesellschaft.

Setzt also der Erblasser per Testament zum Beispiel einen Dritten als Alleinerben ein oder bevorzugt die zweite Frau gegenüber den Kindern aus erster Ehe, bietet den so übergangenen Familienmitgliedern das Pflichtteilrecht einen Ausgleich. Allerdings ist das Pflichtteilrecht auf die nächsten Angehörigen begrenzt, nur Ehegatten, Eltern, Kinder und deren Abkömmlinge (Enkel, Urenkel etc.) können einen Pflichtteil verlangen. Allerdings macht sie der Pflichtteil nicht zu Miterben, denn er ist eine reine Geldforderung in Höhe des halben gesetzlichen Erbes, die an die Erben gestellt werden muss. Der Pflichtteilanspruch kann nur geltend gemacht werden, wenn der Betroffene ohne das Testament des Erblassers gesetzlicher Erbe wäre.

Darüber hinaus kann der Erbe den Pflichtteilanspruch auch dann geltend machen, wenn er zwar erbt, aber viele Auflagen zu erfüllen hätte oder Testamentsvollstreckung angeordnet wurde. Dazu muss er die Erbschaft zunächst ausschlagen und dann seinen Pflichtteil verlangen. Das mag zwar weniger sein, aber gleichzeitig entfallen die Auflagen und die Testamentsvollstreckung.

Pflichtteil, großer und kleiner

Der große und der kleine Pflichtteil sind Begriffe im Zusammenhang mit dem Güterstand der Zugewinngemeinschaft. Nach der gesetzlichen Erbfolge erhält der Ehegatte, sofern noch Kinder leben, ein Viertel des Erbes. Darauf erhält er ein weiteres Viertel als Zugewinn aus seiner Ehe. Der große Pflichtteil entspricht der Hälfte des Wertes aus Erbe und Zugewinn, also einem Viertel. Der kleine Pflichtteil entspricht einem Achtel, der Hälfte des gesetzlichen Erbes.

Der Ehegatte hat die Möglichkeit, zum Beispiel wenn das Testament des Partners Auflagen enthält oder ihn »in seinem Erbrecht stark einschränkt«, das Erbe auszuschlagen und stattdessen den konkret errechneten Zugewinn plus den kleinen Pflichtteil zu fordern. Wurde dem Ehegatten per Testament weniger als der große Pflichtteil zugedacht, kann er die Aufstockung seines Erbes bis zu dieser Höhe verlangen. Wenn der Ehegatte im Testament überhaupt nicht bedacht wurde, hat er nur Anspruch auf den kleinen Pflichtteil, nicht auf den großen, kann aber zusätzlich noch den konkret errechneten Zugewinnausgleich verlangen. Um herauszufinden, was für ihn am Besten ist, hat der überlebende Ehegatte nur sechs Wochen Zeit, denn das ist die Frist für die Ausschlagung einer Erbschaft.

Scheidung

Wer sich scheiden lässt, wird automatisch auch vom gesetzlichen Erbrecht gegenüber dem einstigen Ehepartner geschieden. Schwierig wird es, wenn zum Zeitpunkt des Todes des Ehepartners die

Scheidung zwar beantragt, aber noch nicht ausgesprochen ist. Hat der Verstorbene die Scheidung beantragt oder dem Antrag des Partners zugestimmt und bestanden die Voraussetzungen für eine Scheidung, hat der überlebende Partner keinen Erbanspruch mehr. Als Voraussetzung gilt zum Beispiel das Trennungsjahr. Klagt der überlebende Partner, müssen die Richter entscheiden.

Das volle gesetzliche Erbrecht gilt weiter, wenn der überlebende Partner die Scheidung beantragt hat, jedoch der Verstorbene sie weder beantragt noch ihr zugestimmt hat.

Gemeinschaftliche Testamente und Erbverträge zwischen Ehegatten werden ebenfalls erst mit der Scheidung unwirksam. Falls Sie bereits während des Scheidungsverfahrens ein neues Testament aufsetzen möchten, müssen Sie zuvor für das alte Testament oder den Erbvertrag einen Aufhebungsvertrag schließen.

Schenkung

Eine Schenkung ist eine unentgeltliche Übertragung von Vermögen – unabhängig, ob es sich um Barmittel oder um Gegenstände wie etwa Autos, Kunstobjekte oder Immobilien handelt. Der Schenker übergibt das Vermögen an den Beschenkten, ohne dafür eine konkrete Gegenleistung zu erhalten. Der Fiskus sieht in einer Schenkung eine vorweggenommene Erbschaft, weshalb Schenkungen und Erbschaften steuermäßig gleichgestellt sind. Dennoch lässt sich durch eine zeitlich geschickte Streckung von Schenkungen, die jeweils die Freibeträge nicht übersteigen, Erbschaftsteuer sparen. Ob sich eine solche Strategie empfiehlt, sollte in jedem Einzelfall ganz gezielt von einem Anwalt und einem Steuerberater geprüft werden.

Unterschieden werden muss zwischen der reinen Schenkung, der Schenkung unter Auflagen und der gemischten Schenkung. In den beiden letztgenannten Fällen erwartet der Schenker zwar keine entgeltliche Gegenleistung vom Beschenken, wohl aber ein bestimmtes Verhalten. Zum Beispiel überträgt der Vater sein Haus an seinen Sohn, lässt sich aber vertraglich ein lebenslanges Wohnrecht einräumen.

Bei jeder Schenkung kommt ein Vertrag zustande, auch wenn keine schriftliche Vereinbarung getroffen wird. Der Schenker übergibt das Geschenk und der Beschenkte nimmt es entgegen, wobei sich beide Parteien einig sind, dass diese Eigentumsübertragung unentgeltlich erfolgt (sogenannte Realschenkung).

Eine andere Situation entsteht, wenn es sich lediglich um ein Schenkungsversprechen handelt. Damit verpflichtet sich der Schenker, innerhalb einer vereinbarten Frist bestimmte Gegenstände oder Barmittel unentgeltlich an den Beschenkten zu übertragen. Im Gegensatz zu einer Realschenkung bedarf ein Schenkungsversprechen eines notariell beurkundeten Vertrags. Liegt ein solcher Vertrag nicht vor, ist das Versprechen der Schenkung unwirksam. Kommt der Schenker allerdings seinem Versprechen trotzdem nach, ist die Schenkung wirksam und vollzogen.

Jede Schenkung ist definitiv für den Schenker. Nur in sehr wenigen Fällen besteht ein Rückgewährungsanspruch. Dieser kann dann gegeben sein, wenn der Schenker durch die erfolgte Vermögensübertragung mittellos gemacht wurde und er dadurch unterhaltsbedürftig ist oder seinen Unterhaltspflichten nicht mehr nachkommen kann. In diesen Fällen kann gegenüber dem Beschenkten ein Rückgewähranspruch wegen Notbedarf geltend gemacht werden. Auch die Sozialbehörden können Ansprüche auf Rückgewähr erheben, wenn der Schenker Sozialhilfe bezog. Schließlich kann eine Schenkung noch sittenwidrig sein, wenn sie gegen das Anstandsgefühl aller »billig und gerecht Denkenden verstößt«.

Sterbeurkunde

Für die Sterbeurkunde ist das Standesamt des Ortes oder Bezirks zuständig, in dem der Erblasser verstorben ist. Dort muss der Tod spätestens am ersten auf den Todestag folgenden Werktag mitgeteilt werden. Dazu benötigen Sie einen Personalausweis, den Totenschein (stellt der Arzt aus), die Geburtsurkunde des Verstorbenen und, wenn er verheiratet war, die Heiratsurkunde, eventuell das Scheidungsurteil oder die Sterbeurkunde des Ehepartners. Der Gang zum Standesamt ist Sache des »Familienhaupts«, also je nach den Familienverhältnissen der Ehepartner, die Eltern oder die Kinder des Verstorbenen.

Die Sterbeurkunde benötigen Sie, wenn Sie einen Erbschein beantragen möchten oder müssen.

Steuerklassen

Die Erbschaftsteuer zeichnet sich durch eine doppelte Progression aus. Sie steigt zum einen mit der Höhe des ererbten Vermögens und zum anderen mit abnehmender verwandtschaftlicher Beziehung zwischen Erblasser und Erbe. Eben diese verwandtschaftliche Beziehung entscheidet darüber, in welche der drei Steuerklassen der Erbe fällt.

Steuerklasse I	Ehepartner, Kinder und Stiefkinder, Enkel, Stiefenkel, Urenkel, Eltern und Großeltern bei Erwerb von Todes wegen
Steuerklasse II	Eltern und Großeltern bei Zuwendung unter Lebenden, Geschwister, Nichten und Neffen, Stiefeltern, Schwiegerkinder, Schwiegereltern, geschiedene Ehepartner
Steuerklasse III	Onkel, Tanten, Freunde, entfernte Verwandte, Bekannte, Lebensgefährte

Teilungsanordnung

Hat ein Erblasser mehrere Erben, kann er in seiner letztwilligen Verfügung anordnen, wie der Nachlass unter den Erben aufgeteilt werden soll. So könnte der Erblasser zum Beispiel seine drei Kinder zu gleichen Teilen als Erben einsetzen und anordnen, dass eines der Kinder die Eigentumswohnung erhält, das andere das Ferienhaus und das dritte Kind den Familienschmuck.

Die Erben müssen diese Anweisungen befolgen, es sei denn, sie setzen sich durch einen einstimmigen Beschluss darüber hinweg. Eine solche Teilungsanordnung bewahrt die Erben vielleicht vor einigen Streitereien, aber nicht davor, gemeinsam Eigentümer des Nachlasses zu werden. Denn sie müssen zuerst die Schulden tilgen, Vermächtnisse und andere Forderungen erfüllen und sich dann darauf einigen, die Teilungsanordnung des Erblassers zu befolgen. Erst am Schluss der Kette kann die Aufteilung stattfinden. Soll dann zum Beispiel die Eigentumswohnung auf eines der Kinder eingetragen werden, müssen dem alle drei zustimmen.

Testament

Ein Testament ist sinnvoll, wenn Sie mit der gesetzlichen Erbfolge nicht einverstanden sind und wenn Sie sich, zum Beispiel in einer Ehe, gegenseitig absichern möchten. Man unterscheidet zwischen privatem und notariellem Testament. Ein privates Testament muss von Hand geschrieben, mit Ort und Datum versehen und unterschrieben werden. Wird später etwas hinzugefügt, sollte der Zusatz wieder datiert und unterschrieben werden. Ein mit der Schreibmaschine oder dem Computer geschriebenes Testament ist auch mit Unterschrift ungültig. Das notarielle Testament wird von einem Notar aufgesetzt. Auf Wunsch berät er bei der Abfassung des Textes. Auf jeden Fall ist er verpflichtet, den Erblasser auf die Folgen seines Testaments hinzuweisen. Es empfiehlt sich, auch ein privates Testament beim Notar oder beim Amtsgericht in Verwahrung zu geben.

Ein Testament kann jederzeit widerrufen werden. Dazu ist es ausreichend, das Testament entweder aus der amtlichen Verwahrung zurückzunehmen, es zu zerreißen oder einfach ein neues aufzusetzen. Allerdings sollte auf dem neuen Testament das Datum klar erkennbar sein, damit es auch wirklich gilt. Sobald es mehrere Testamente gibt, die sich widersprechen, gilt das neueste.

Ehegatten haben die Möglichkeit, ein gemeinschaftliches Testament aufzusetzen. Allerdings können sie es auch nur gemeinsam aufheben. Ist einer der Ehepartner verstorben, ist eine Änderung nicht mehr möglich.

Jeder, der nach dem Tod eines Menschen ein Testament findet oder weiß, dass es eines gibt, muss das Testament beim zuständigen Nachlassgericht abgeben oder mitteilen, dass es ein Testament gibt und wo es sich befindet. Falls Sie nicht wissen, welches Gericht zuständig ist, können Sie das Testament auch beim nächsten Amtsgericht abgeben; es wird weitergeleitet. Dasselbe gilt übrigens für einen Erbvertrag. Ist das Testament in amtlicher Verwahrung, muss sich dafür bei den Unterlagen des Verstorbenen ein Hinterlegungsschein befinden. Das Nachlassgericht wird jedoch von den Behörden in diesem Fall automatisch informiert.

Testamentseröffnung

Sobald dem Nachlassgericht eine letztwillige Verfügung, ein Testament oder ein Erbvertrag, vorliegt, setzt es einen Termin zur Eröffnung fest. Allerdings werden in der Regel die Erben nicht zur Testamentseröffnung eingeladen. Das Gericht öffnet das Testament, fertigt ein Protokoll an und schickt es den Erben zusammen mit einer Abschrift der eröffneten Schriftstücke zu. Auch die gesetzlichen Erben erhalten diese Information, damit sie prüfen können, ob sie das Testament zum Beispiel anfechten oder von den Erben ihren Pflichtteil verlangen möchten.

Das eröffnete Testament bleibt beim Nachlassgericht. Wer nachweisen kann, dass er ein rechtliches Interesse daran hat, kann Einsicht nehmen.

Uneheliches Kind

Uneheliche oder nicht eheliche Kinder haben heute dasselbe Erbrecht wie ehelich geborene Kinder. Sie sind Erben der ersten Ordnung und erben zum Beispiel gemeinsam mit den ehelichen Kindern. Dieses Gesetz gilt seit dem 1. April 1998 und damit für alle Erbfälle ab diesem Datum. Für die Zeit davor gibt es unterschiedliche Regelungen.

Nicht eheliche Kinder, die vor dem 1. April 1949 in der ehemaligen Bundesrepublik geboren wurden, erben nichts. In den alten Bundesländern gilt für alle Erbfälle vor dem 1. April 1998 das alte Recht. Danach konnten nicht ehelich geborene Kinder entweder einen Erbersatzanspruch in Höhe des gesetzlichen Erbes geltend machen oder den vorzeitigen Erbausgleich wählen. Kinder, die vor dem 3. Oktober 1990 in der ehemaligen DDR geboren wurden und bis zum 31. März 1998 erbten, sind ehelich geborenen Kindern gleichgestellt. Kinder, die nach dem 3. Oktober 1990 geboren wurden und bis zum 31. März 1998 erbten, müssen sich mit dem Erbersatzanspruch oder dem vorzeitigen Erbausgleich zufrieden geben.

Nicht eheliche Kinder sollten sich darum kümmern, die Vaterschaft einwandfrei feststellen zu lassen. Das ist kein Problem, wenn der Vater die Vaterschaft anerkannt hat, ansonsten wird eine Vaterschaftsklage vor Gericht nötig sein.

Verkauf der Erbschaft

Jeder der erbt, kann seine Erbschaft verkaufen, allerdings nur als Ganzes. Das empfiehlt sich besonders dann, wenn Sie Mitglied einer Erbengemeinschaft sind, die sich nicht einigen kann, und es absehbar ist, dass die Auseinandersetzung noch einige Zeit in Anspruch nehmen wird. In diesem Fall sind Sie verpflichtet, den Verkauf gegenüber Ihren Miterben anzuzeigen, denn diese haben ein Vorkaufsrecht. Um zu entscheiden, ob sie davon Gebrauch machen möchten, haben Ihre Miterben zwei Monate Zeit. Sie müssen sich aber mit dem Verkauf nicht an diese Frist halten. Der Käufer tritt dann in Ihre Fußstapfen. Sollten sich die Miterben dazu entschließen, ihr Vorkaufsrecht auszuüben, müssen sie die Auslagen des Käufers ersetzen.

Verkaufen Sie die Erbschaft als Ganzes, dann haftet der Käufer auch für die Nachlassverbindlichkeiten. Der Kaufvertrag muss vor dem Notar abgeschlossen werden. Am Besten, Sie lassen den Notar auch den Vertrag entwerfen, damit die Sache hieb- und stichfest ist, denn es sollte eindeutig geklärt sein, wer welche Kosten trägt, was aus den Nachlassverbindlichkeiten wird und wer wofür haftet.

Vermächtnis

Die Begriffe Testament, Erbe und Vermächtnis werden von Laien oft als gleichwertig verwendet, was aber falsch ist. Ein Vermächtnis ist eine Auflage im Testament. Ein Vermächtnis ist Teil eines Erbes. Derjenige, der mit dem Vermächtnis bedacht wurde, muss seinen Anspruch gegenüber dem eigentlichen Erben geltend machen, aber er wird nicht Mitglied der Erbengemeinschaft. Vermacht werden können einzelne Gegenstände, Grundstücke, ein Betrieb oder zum Beispiel Mieteinnahmen.

Versorgungsfreibetrag

Bei der Ermittlung der Erbschaftsteuer stehen dem Ehepartner sowie den Kindern über die eigentlichen Freibeträge hinaus weitere Versorgungsfreibeträge zu, die vom Nachlasswert abgezogen werden. Diese betragen beim Ehepartner seit 1. Januar 1996 500 000 Mark und bei den Kindern – je nach Alter – zwischen 20 000 und 100 000 Mark (siehe Tabelle). Versorgungsfreibeträge können jedoch gekürzt werden, wenn der Ehepartner Versorgungsbezüge erhält, die nicht erbschaftsteuerpflichtig sind. Dazu gehört zum Beispiel die Hinterbliebenenrente. Diese wird in der Höhe ihres Kapitalwertes von den Versorgungsfreibeträgen abgezogen.

Versorgungsfreibeträge für Kinder

Alter	Freibetrag
Bis 5 Jahre	100 000 Mark / 51 129 Euro
5 bis 10 Jahre	80 000 Mark / 40 903 Euro
10 bis 15 Jahre	60 000 Mark / 30 677 Euro
15 bis 20 Jahre	40 000 Mark / 20 451 Euro
20 bis 27 Jahre	20 000 Mark / 10 226 Euro

Voraus

Der Gesetzgeber gesteht Ehepaaren mit dem Voraus ein Sonderrecht zu. Der überlebende Ehegatte hat vorab und zusätzlich zu seinem Erbteil Anspruch auf den sogenannten Voraus, der in § 1932 BGB definiert ist. Der Voraus umfasst zum Haushalt gehörende Gegenstände wie Möbel, Bilder, Teppiche, Geschirr, Küchenausstattung, Bücher, das Familienauto sowie die Hochzeitsgeschenke. Persönlicher Besitz des verstorbenen Ehegatten, also zum Beispiel Schmuck oder ein nur beruflich genutztes Fahrzeug, gehört nicht dazu. Der Wert des Voraus geht nicht in die Berechnung der Pflichtteile mit ein.

Der Voraus steht dem Ehegatten jedoch nur zu, wenn er gesetzlicher Erbe wird. Ist er in einem Testament oder einem Erbvertrag bedacht oder hat er das Erbe ausgeschlagen, steht ihm der Voraus nicht zu. Eine Einschränkung gibt es auch, wenn der Ehegatte neben anderen Erben der ersten Ordnung, zum Beispiel neben Kindern, gesetzlicher Erbe wird. In diesem Fall schränkt § 1932 BGB den Voraus ein, indem ihm diese Gegenstände nur zugesprochen werden, »soweit er sie zur Führung eines angemessenen Haushalts benötigt« – eine Formulierung, über die es sich gar trefflich streiten lässt.

Vor- und Nacherbschaft

Manche Erblasser möchten ihren Nachlass über mehrere Generationen sichern oder verschiedene Erben bedenken. Ein Mittel dafür ist die Anordnung von Vor- und Nacherbschaft. Der Vorerbe erhält den Nachlass nach dem Tod des Erblassers. Beim Tod des Vorerben oder zu einem vom Erblasser bestimmten Zeitpunkt geht der Nachlass an den Nacherben über.

Das Gesetz unterscheidet zwischen befreiten und nicht befreiten Vorerben. Der nicht befreite Vorerbe kann den Nachlass nicht für sich nutzen oder verkaufen. Er kann lediglich die Erträge für sich verbrauchen. Sieht es der Vorerbe zum Beispiel als sinnvoll an, ein Grundstück zu verkaufen, weil daraus Bauland wurde, benötigt er dazu die Zustimmung des Nacherben.

Die Stellung des befreiten Vorerben ist weitaus besser. Er darf über den Nachlass komplett verfügen. Das bedeutet zwar nicht, dass er ihn verschleudern oder gar »böswillig zu Lasten des Nacherben vermindern« darf, aber immerhin ist er in der Nutzung des Nachlasses nicht wesentlich eingeschränkt.

Der Erblasser kann sogar mehrere Nacherben festlegen. Die Anordnung der Nacherbschaft bleibt normalerweise 30 Jahre gültig. Ist sie jedoch auf ein bestimmtes Ereignis festgelegt, bleibt sie auch länger bindend.

Zehnjahresfrist

Schenkungen, die der Erblasser einzelnen gesetzlichen Erben zu Lebzeiten zukommen ließ, müssen unter Umständen im Erbfall zur Berechnung der Pflichtteile und Ausgleichsansprüche herangezogen werden. Entscheidend dafür ist, wie lange die Schenkung bereits zurückliegt. Schenkungen des Verstorbenen an Dritte bleiben unberücksichtigt, wenn der Erbfall erst zehn Jahre nach der Schenkung eintritt. Sobald die Zehnjahresfrist verstrichen ist, sind Schenkungen nicht mehr anrechnungspflichtig. Bei beweglichen Dingen und Geld gilt die Übergabe als Zeitpunkt der Schenkung, bei Grundstücken die Eintragung ins Grundbuch.

Muss die Schenkung bei der Berechnung der Pflichtteile berücksichtigt werden, wird ihr Wert dem Erbe zugeschlagen, danach erfolgt die Teilung nach Quoten. Pflichtteilergänzungs-, Restpflichtteil- und Ausgleichsansprüche sind Forderungen gegen die Erben.

Zugewinnausgleich

Der Zugewinnausgleich steht dem überlebenden Ehegatten zu, der mit seinem Partner im Güterstand der Zugewinngemeinschaft lebte. Dem Ehegatten steht nach dem gesetzlichen Erbrecht, wenn er neben Erben der ersten Ordnung erbt, nur ein Viertel des Nachlasses zu, hinzu kommt aber ein weiteres Viertel, eben der pauschale Zugewinnausgleich.

Ist der Ehegatte gesetzlicher Erbe mit anderen oder wurde ein anderer als Alleinerbe eingesetzt, hat der Ehegatte Anspruch auf den kleinen Pflichtteil, also 1/8 des Nachlasses in Geld plus den konkret errechneten Zugewinn. Mitunter ist das mehr als der große Pflichtteil, dessen Wert einem Viertel des Nachlasses entspricht. Wurde der Ehegatte im Testament zwar bedacht, aber mit weniger als einem Viertel des Nachlasses, so kann er die Aufstockung seines Anteils bis zu diesem Viertel verlangen.

Für die Berechnung des konkret erzielten Zugewinns ist ein aufwendiges Verfahren notwendig, bei dem die Vermögen, die beide Ehepartner in die Ehe brachten, festgelegt werden. Sodann wird die Differenz errechnet zwischen dem, was sie beim Erbfall besitzen und dem, was sie mitbrachten. Der so errechnete Betrag ist der Zugewinn. Er wird halbiert. Die eine Hälfte ist der Zugewinnausgleich des überlebenden Partners, die andere Hälfte geht in den Nachlass ein.

Reihe »campus concret«

Beate Schwenk, Birgit Andries

Ehevertrag, Finanzen und Alterssicherung

Was Frauen beim Start in die Ehe wissen sollten

Band 36. 1998. 199 Seiten

ISBN 3-593-36061-6

Dieses Buch informiert umfassend darüber, was Frauen regeln sollten, bevor es mit dem Gang zum Scheidungsrichter zu spät ist:

- Wie sollte ein Ehevertrag aussehen, der auf die spezifische Lebenssituation von Frauen abgestimmt ist?
- Wie können die finanziellen Konsequenzen der Kindererziehungszeiten und Familienarbeit partnerschaftlich gerecht verteilt werden?
- Was müssen Frauen über Erbrecht, Vermögensverwaltung und Vermögensaufbau wissen?
- Wie können sie sich eine eigenständige, solide Alterssicherung aufbauen?
- Was steht ihnen im Falle der Scheidung zu?

Wer gemeinsam mit dem Partner Regelungen und Vereinbarungen für die wichtigsten Aspekte des Zusammenlebens trifft, steht im Konfliktfall nicht nur besser da, sondern kann Konflikte oft dadurch auch vermeiden.

Campus Verlag · Frankfurt/New York